THE SECRET OF FINANCE

金融的秘密

一部瑞士金融史

A History of Swiss Finance

[瑞士] 让-维塔·冯·穆拉尔特（**Jean-Vital von Muralt**）◎著

王淑花 蒋雨衡◎译

中国出版集团

中译出版社

图书在版编目（CIP）数据

金融的秘密：一部瑞士金融史 / (瑞士) 让 – 维塔·冯·穆拉尔特 (Jean–Vital von Muralt) 著；王淑花，蒋雨衡译 . -- 北京：中译出版社，2023.7
书名原文：The Secret of Finance: A History of Swiss Finance
ISBN 978-7-5001-7423-3

Ⅰ . ①金… Ⅱ . ①让… ②王… ③蒋… Ⅲ . ①金融—经济史—瑞士 Ⅳ . ① F835.229

中国国家版本馆 CIP 数据核字 (2023) 第 090071 号

（著作权合同登记号：图字 01–2023–2350 号）

金融的秘密：一部瑞士金融史

JINRONG DE MIMI: YI BU RUISHI JINRONG SHI

著　　者：［瑞士］让 – 维塔·冯·穆拉尔特
译　　者：王淑花　蒋雨衡
策划编辑：于　宇　李晟月
责任编辑：李晟月
营销编辑：马　萱　钟筱童

出版发行：中译出版社
地　　址：北京市西城区新街口外大街 28 号 102 号楼 4 层
电　　话：（010）68002494（编辑部）
邮　　编：100088
电子邮箱：book @ ctph. com. cn
网　　址：http ://www. ctph. com. cn

印　　刷：北京中科印刷有限公司
经　　销：新华书店
规　　格：880 mm×1230 mm　1/32
印　　张：15.625
字　　数：292 千字
版　　次：2023 年 7 月第 1 版
印　　次：2023 年 7 月第 1 次印刷

ISBN 978-7-5001-7423-3　　　　定价：89.00 元

献给我的母亲。

她一直敦促我著书，现在，笔落书成。

让她感到惊喜的是，这本书将首先在中国出版。

目　录

瑞士金融的迷思与机遇

2023 年 3 月 29 日，瑞银集团正式收购了其最大的竞争对手之一瑞士信贷银行（CS Bank，后简称"瑞士信贷"）。2023 年 3 月 10 日，美国硅谷银行因资不抵债被监管部门关闭，市场对西方银行业的担忧开始蔓延。同月 14 日，瑞士信贷发布报告称，该行对财务报告的内部控制存在"重大缺陷"。此后，瑞士信贷股票价格连续下跌，创下历史新低。瑞士信贷大股东沙特国家银行当天以监管要求等为由，宣布将不会增持瑞士信贷股票。这一消息进一步挫伤市场信心。在瑞士政府提供流动性援助并提出可兜底部分损失后，经过激烈的讨价还价，瑞银集团当天同意以 30 亿瑞士法郎（约合人民币 235 亿元）的价格收购瑞士信贷。

瑞银集团和瑞士信贷都是全球顶级的金融机构，历史悠久，口碑极高，在亚洲也具有良好声誉和庞大的客户网络。瑞士信贷濒临破产和瑞银集团收购顿时成为自 2008 年全球金融危机以来金融领域的最大新闻事件，从瑞士信贷的外部监管到内斗传闻，从瑞银集团的接盘风险到未来预期，从欧洲金融市场到美国和全球其他地方的金融结构特别是对中国的影响等，各种信息汹涌而来。一个长期低调甚至隐秘的瑞士金融突然成为传媒和学界的热点。

对于中国业界而言，这个瑞士金融的危机具有独特的意义。

第一，历史信誉。相比于美国和欧洲多数国家的金融历史，人们对瑞士金融非常陌生，它仿佛是从中世纪黑暗里悄然穿越而来的一股清流，在近百年的时间里便成为高贵而隐秘的金融圣殿。其中，加尔文新教的道德加持、法国大革命的金融运作、其欧洲战争中立国的地位以及为德国纳粹洗钱的污名等迷思都从不同角度和立场坐实了瑞士金融的独特信誉和口碑。

第二，财富管理。瑞士金融的私密性与稳健性已是全球金融体系中的重要标识，也大大提升了它最近几十年在全球财富管理市场中的竞争地位，特别是在家族财富管理领域非常活跃。大量中国的金融机构、企业和个人客户也以各种渠道将资金投入瑞士金融体系中，许多中国的家族财富管理机构也以瑞士金融模式作为样本和推广噱头。尽管瑞士股票市场的容量很小，但最近几年也不断有中国企业寻求在瑞士股票市场上市的机会。

第三，数字金融。近十年来，加密货币和区块链的蓬勃发展、瑞士政府的全力推动、达沃斯论坛的影响力等因素推动瑞士的加密谷（Crypto Valley）成为全球数字金融领域创业者关注和云集的领域之一。瑞士政府和金融机构期待数字财富管理领域成为未来金融的领跑者。

从历史、现在和未来三个维度来看，瑞士金融都有特立独行的风格，频频引发人们的好奇和关注。2023年的瑞银集团收购瑞士信贷也引发了人们对瑞士金融的关注爆点。遗憾的是，国内对瑞士金融的研究和探索还是一个盲区。瑞士银行家穆拉尔特先生的这本书填补了这个空白，而且很及时。

大约是2020年1月初，我在参加瑞士达沃斯论坛期间与穆拉尔特先生结识。他出身银行世家，长期从事财富管理领域业务，对中国市场非常看好。夜半喝茶聊天，我们聊到了瑞士的银行与欧美银行体系的许多差异。在这些差异点上，他都有从历史和哲学立场上的解读，大大丰富了我的理解。由此，我鼓励他写一本书，来普及瑞士金融的历史和理念。这几年我也介绍了几位中国同行与他交流，共同讨论。也许是受疫情影响吧，穆拉尔特先生也放慢了商业脚步，条分缕析，写出了这本非常不错的瑞士金融史。完稿之时，正巧赶上这次瑞银集团的收购事件。

通读了全书，分享以下几点感想。

第一，条条道路通金融。瑞士联邦的历史悠久，能在相对封闭的农牧业与手工业的基础上迅速成为现代富裕国家，其重要的原因之一就是它在历次欧洲战争期间建立并保持了稳定的融资网络和信用体系，并且一大批来自瑞士的金融家参与并主导了法国大革命期间的金融管理，如内克尔（Jacques Necker）曾担任路易十六时期法国财政大臣并颁布了世界上第一个政府财政预算，如克拉维埃（Etienne Claviere）也担任过法国革命政府的财政部部长，他曾因滥发纸币导致法国的公共信用破产。正是基于瑞士现代金融体系的建立，欧洲和全球的资金在战争和动乱时期的大量涌入才奠定了瑞士新兴财富管理的市场地位和传统产业的维持与提升。

第二，一方水土养一方金融。长期的中立地位和瑞士银行的系列保密法规等，夯实了瑞士金融稳健与信誉的基础，形成了近代全球金融体系中独树一帜的经营理念与风格。承继历史沿革，建立市场声誉，也是金融机构在全球化过程中不断提升信念并确定金融光谱位置的重要竞争力。

第三，当代金融的全球性。当代金融的全球化结构与运营方式导致各种不同风格与区位的金融机构具有同样的脆弱性与交互性，美国银行业的风吹草动会直接撼动以稳健著称的瑞士银行业，甚至波及中国财富管理市场。全球化带来的收益众所周知，全球化导致的风险也正在成为新的运营挑战。

第四，数字金融与元宇宙金融。数字经济和人工智能已经全面进入金融领域，而且正在深刻地影响着传统金融结构和工具。AIGC（人工智能生成内容）与 MetaFi（金融元宇宙）在财富管理领域更是一马当先。瑞士金融体系的再造将提供一个全新的商业前沿，关注瑞士金融对于开拓和提升中国财富管理市场意义重大。

2023 年是数字金融和金融元宇宙的起点。《金融的秘密：一部瑞士金融史》将给我们一个全新的历史景深和关注点，谢谢作者的分享。

王巍

全联并购公会创始会长

金融博物馆理事长

2023 年 3 月 29 日

不断演进中的银行业

　　瑞士银行业，在许多中国人心目中是一个神秘的存在。神秘，是因为瑞士的银行对客户信息的严格保密和对自身信用的坚守，但更神秘的是被瑞士银行严格保密的客户。

　　记忆中第一次与瑞士银行业打交道就是瑞士信贷，还是20世纪80年代末90年代初时，我国的工、农、建三大行刚开始做国际业务时期。那时一些银行尝试引进审贷分离制度，我们邀请了瑞士信贷的专家来做培训。课间休息，我与老师围绕效率与规范探讨审贷分离的优劣与未来趋势。那位老师最后说，实际上制度也是在不断变化的：审贷合一时间长了，会有道德风险，就需要审贷分离；分离时间长了，就会运行僵化，降低效率，管理形式化，也会出现风险，有可能还会回到审贷合一。现在看来，审贷分离并没有走回头路的迹象。不过，那之后通用公司韦尔奇的无疆界管理，实际上就是突破部门制约的一种做法，在许多科创企业也有不少这样的尝试。

　　银行是一个演化过程的结果，不是一个孤立的、固化的存在，是与经济社会互动过程的产物。存、贷、汇业务是古已有之的金融业务，最后成为银行的专业特色，是与经济、政治、军事相互作用的结果。银行也是国际的，国际经济、政治、军事的碰撞也会影响一国银行的发展。瑞士的银行，就是这样因缘际会的结果。《金融的秘密：一部瑞士金融史》展示了国际特别是欧洲经济、政治、军事历史变化中瑞士银行业的发展过程。

银行的最初形态，并不是我们现在理解的银行；瑞士的银行，一开始也不是我们心目中现在瑞士银行的样子。最初的银行，主要经营的是钱币的保管，货币的兑换、借贷，这些都是人类社会古老的业务。西方称它们为"bank"，中国称为"钱庄""票号"等，它们都不是现代意义的"银行"。瑞士银行业之所以会成为人们观念中神秘的存在，成为盎格鲁－撒克逊银行之外的一道独特的风景，除了当时瑞士经济的发展、瑞士制度的环境、瑞士人的聪明才智外，还有当时欧洲国家间贸易发展的因素。但更重要的，我觉得是由当时欧洲人之间连年不断的残酷战争造成的。无休无止的战争造成社会动荡，人民生灵涂炭，贵族们除了担心生命安全，还担心家族资产的安全，于是有了保障家族资产安全和传承的强烈需求。战争中，坚固的城堡也未必是生命和财产的安全所在。在那样一种弱肉强食的时代，瑞士能被周围互相厮杀争夺的列强确认为永久中立国实属异数。正是这样一个永久中立国的定位，使瑞士银行成为欧洲贵族们托付家族资产的最佳机构。

在清末时期的上海，最初有钱庄和票号，然后有外资银行，再后来有中国私人资本的银行。相当长时期内，三者相安无事，甚至还相互通融。原因是，它们各自的服务对象并不重叠。钱庄和票号主要服务的对象是清朝官方、官员和豪绅；外资银行服务的对象是外资贸易公司，业务主要是外币兑换、跨境汇兑及相关的存款和贷款业务；而新兴的中资私营银行服务的对象是新兴的民族工商业和市民阶层。可以说，三者都无意愿、无能力进入对方的服务领域。随着清朝的覆灭、遗老遗少的没落，钱庄和票号也就逐渐退出历史舞台，外资银行则固守自己的领地。那之后，随着抗战等政治、经济形势的变化，中国的银行业也发生了巨大的变化。

二战以后，欧洲尤其是西欧，虽然长期处于和平环境，但是社会结构已然有了大变化，贵族阶级开始式微，中产阶层大量增加，瑞士银行已经不是传统客户家族资产安全需求的唯一选择，但其严格的保密机制依然有着很强的吸引力，成了富豪逃税的避风港。然而，"9·11"事件后，随着国际反洗钱力度的加强，特别是国际反避税等协议的实施，瑞士政府和瑞士银行受到了来自国际上特别是美国的强大压力。从20世纪下半叶瑞士银行就大力走向国际，并跟随美国银行业开启激进的混业经营模式，也就是走出国门赚国际钱。所以，出现瑞银集团和瑞士信贷这样的国际系统重要性银行，并不是偶然的。

关于瑞信事件，有很多值得研究的地方。我想结合对瑞士银行业发展过程，谈谈瑞信事件对我国银行业的启示。

第一是商业银行混业经营的监管。经过几十年的发展，商业银行的经营已经不能简单地在分业经营和混业经营之间做选择。也就是说，今后的商业银行已经不能单纯地分业经营。不过，没有分业经营的选项，也不等于就是无边界的混业经营。这就需要从瑞信事件中吸取教训，正确看待混业经营，探索有效的管理方法和监管方法。从银行角度讲，一是要区分这两类业务的经营部门，隔离这两类业务的风险；二是管理好这两类业务，包括风险管理、流动性管理等。从监管角度讲，如果允许混业经营，就需要明确允许什么样的混业经营，对混业经营应该如何进行监管，需要哪些监管政策，需要哪些监管指标等。

第二是如何建立非商业银行业务（也就是所谓的投行业务）的考核指标体系。投行业务之所以会发展得这么迅猛、激进，并经常引发重大风险，与这类业务的绩效挂钩方式有关。投行业务的特点是波动性相对比较大。那么，波动性比较大的时候，考核是应该随着它的波动性来考核，还是应该适当平滑它的波动性？混合经营中，传统的商业银行业务并没有太大波动，但是因为投行业务的波动影响整个银行的当期业绩，会导致股价波动，最后又对传统商业银行业务产生影响，所以商业银行混业经营时，要解决好投行部分的考核怎么与商业银行业务的考核有所平滑、有所平衡的问题，才不至于在商业银行内部形成一种撕裂。

第三我国商业银行国际化的策略和战略。欧洲由于国家比较小，历史上相互之间贸易往来频繁，许多银行的经营都是国际化的。我国银行的"走出去"，从一定意义上说，并不是需求拉动的，而是银行的主动行为。银行的"走出去"和一般工商企业不一样。一般工商企业"走出去"，靠产品、质量、服务、价格就可以占领市场。但是银行"走出去"光靠这些是不够的。银行更需要在当地客户中建立信任，否则无法吸收存款。大多数国际性银行在其他国家做的业务主要是母国客户在当地的延伸业务、银行间业务（包括金融市场业务和银团贷款）和投行业务，一般很少介入当地客户业务。即使介入当地客户业务，往往也进行得不是很顺利，不得不经常改变策略，重组不同的业务板块，甚至退出一些业务市场。所以，我国商业银行国际化，在业务策略、客户策略、区域策略上要汲取瑞士信贷等国际性银行的教训，根据不同国家和地区的不同情况制定不同的策略和战略。

以上是我对瑞士银行业发展非常表面的分析，肤浅与曲解是难免的，或许可以为你在阅读本书的过程中提供一个批驳和嘲笑的标靶。是为序。

刘晓春

上海新金融研究院副院长

上海交通大学上海高级金融学院教授

2023 年 4 月 27 日

瑞士金融的奥秘

瑞士贸易、工业、银行业和金融中心发展简史

应金融博物馆理事长王巍博士之邀，我撰写了本书。本书的写作缘起于一则震惊海外华人朋友和客户的新闻：瑞士当局冻结了俄罗斯客户在瑞士银行的资产。这则新闻也引发了海外华人商圈深深的担忧。这种深忧合乎情理：如果之前瑞士银行履行了正当的 KYC [①] 程序，证明俄罗斯客户的资金干净合法后予以接收，而现在却冻结了其资金，那么瑞士银行的海外华人客户怎么可能会有安全感？尽管这些客户在国际上经营合法，又怎么确保他们存在瑞士银行的钱不会在某天也被冻结呢？

我只好给一些客户和朋友写信，试着分析当下的形势，并结合瑞士政府面临巨大压力的时代背景，来解释这则令人震惊

[①]　KYC（Know Your Client，了解你的客户），在开立账户过程中，必须核实客户是否遵守了所有的法律义务，以及他的钱是否干净。这被称为"了解你的客户"。——译者注

的新闻，安抚他们，以淡化该事件的影响；同时我还提醒他们要意识到，尽管瑞士政府犯了不可原谅的错误，但瑞士一直有这样一个优良传统，即对信任瑞士银行体系的人士，瑞士保护其金融资产，捍卫其利益。

在此，我必须清楚地表明立场，作为瑞士公民及瑞士银行家，我不赞成瑞士联邦委员会①对俄罗斯实施战争制裁、冻结俄罗斯客户财产的决定。瑞士政府当局在没有证据的情况下，把这些客户当作弗拉基米尔·普京（Vladimir Putin）的盟友。这是祸起萧墙之决定，危及瑞士的安全，损害了其安全营商环境的信誉。这也是个不堪设想的决定，与瑞士中立的传统是背道而驰的。这个决定将对瑞士产生严重的负面影响，改变世界对瑞士及其安全保障的看法，甚至会延伸到军事和外交领域。尽管从短期来看，这件事损害了瑞士的声誉，但我们也要相对地来看问题，要用更长远的历史眼光来看待瑞士金融中心的情况，才能理解为什么瑞士现在以及将来仍会是可靠的营商之地。

在这本书中，读者将看到不一样的故事。本书再现了瑞士成为举足轻重的世界金融中心的漫长历程，见证了瑞士在历史长河中所经历的起起落落。从瑞士跌宕起伏的经历中，读者也

---

① 瑞士联邦委员会（Federal Council）是瑞士的最高行政机关，其办公地点在伯尔尼。联邦委员会由七位权力平等代表四个政党的成员组成，每位委员负责一个或几个联邦部门。委员会主席职位（即联邦总统）采用轮值制，由七位部长轮流担任，每次任期一年。——译者注

会了解到，并非强权大国的瑞士是如何获得应对国际金融困境的丰富经验的。一旦读懂这个故事，读者就会明白，瑞士在其发展过程中曾经面临过比现在更严峻的挑战，而且总能成功克服困难。顺理成章，人们就会认可瑞士的重要性，仍将其视作世界金融的理想之地。

在此，请允许我向那些在这项工作中帮助过我的人表示感谢。首先感谢王巍博士不仅提出写此书的建议，激发了我写作的意愿，还介绍了让我心心念念的出版社并为此书写了有远见卓识的睿智荐序。没有他的支持，本书不会付梓。感谢中银证券全球首席经济学家管涛博导的荐言，与我所见略同，看好中瑞两国的金融合作前景。感谢上海新金融院副院长刘晓春教授的序言，从广阔视角放眼银行业全球发展。感谢侨领古宣辉教授荐言，警悟到本书对香港的启示。感谢中国新一代科技领英陈宇博士荐言对本书的深知灼见。感谢林晖先生及时地解决IT问题。特地感谢李文沅院士，感谢他传授在审阅、校订等方面的丰富知识并分享最佳实践经验。

我还要感谢来自金融世家的朋友胡海敏女士，她是中国金融史独立研究者和认证私人银行家。她流畅地起草了关于中国金融史几个章节的内容，以便我可以将其纳入本书中。她对瑞士和中国的金融体系的迥异但互补的发展进行了比较。与她的宝贵交流让我知道，在公元前 221 年，秦始皇嬴政就已经统一了货币，同时也看到了"飞钱"的重要性，"飞钱"可以追溯到唐朝，可以被认为是汇票的前身，汇票在欧洲出现得更晚，标志着意大利中世纪银行的开始（历史更悠久的中国"飞钱"）。她还向我介绍了宋代交子（"交子"：纸币在中国同期的兴起）、张骞和丝绸之路（张骞与丝绸之路），并告诉我清朝朝廷对贸易的垄断，以及清朝末期买办的贡献，他们通过建立汇丰银行中国分支，将现代国际金融引入中国，推动社会进步（中国买办引入国际金融和实业）。她解释了中国证券交易所的建立（中国证券交易所和当时的中国金融业），并对中国现有的金融体系提出了宝贵的见解。

我不会忘记中国国内和海外的亲朋好友。在过去的几十年里，他们帮助我了解中国文化和文明（按姓氏拼音顺序排列）：陈勇博士、杜青女士、高京晶女士、高天先生、葛明先生、霍建民博士、刘菲教授、刘军先生、潘文堂先生、乔晓博士、曲幼平女士、沈凡秀教授、温峰女士、许林子女士、王昊先生、王健南女士、叶延红教授、曾欣先生、张均炜先生、赵大威先生、郑维东先生以及其他不愿被提及或与世长辞的人士，他们的友谊永远铭记在我心。

另外，向中译出版社编辑于宇先生和李晟月女士和他们的团队表示敬意。感谢他们在甄选译者、编辑、出版等方面的辛勤工作。他们精湛的编辑贯穿于每一章节，伴随读者悠然漫步于历史画卷长廊，领悟不一样的岁月沉淀。也感谢两位译者将迥然不同文化背景的金融简史翻译成流畅中文，呈现笔者深入浅出、明快有趣的原创风格。值得一提的是，她们特地加了脚注，帮助读者实时了解背景知识，方便理解内容。

在瑞士，感谢我的妻子耐心的校订；感谢我的堂姐，苏黎世穆拉尔特家族基金会的文史馆长玛露·冯·穆拉尔特（Malou von Muralt），感谢她授权我使用基金会的珍贵图片，并获得苏黎世国家档案馆的授权。同时，感谢苏黎世州立档案馆、奥雷利（Orelli）家族、图雷蒂尼（Turretini）家族、博德默（Bodmer）家族、巴塞尔的克里斯托弗·梅里安基金会（Christoph Merian）、伯尔尼图书馆、拉萨拉兹城堡（La Sarraz）以及其他图片和文献所有者授权我发表其独家资料。我感谢托马斯·迈尔（Thomas Mayer）先生，他是圣加仑市政档案馆的退休馆长，感谢他提供关于古代圣加仑商业银行家的珍贵记录。

由衷感谢瑞士国际管理发展学院（IMD）荣誉院长罗润知（Peter Lorange）、IMD 前教务长吉姆·艾勒特（Jim Ellert）、国际商学院联盟前理事长（ISBM）约翰·赫普顿斯德（John Heptonstall）和上世纪 90 年代初将空客引进中国的罗曼·凯恩茨（Roman Kainz）先生对本书的审阅和对我写作的关心。最后感谢一直支持鼓励我们的挚友贝蒂娜·明德（Bettina Mindt）博士。

让 - 维塔·冯·穆拉尔特

2023 年 4 月

第一章

：

瑞士金融的开端

古老的逸事：罗马皇帝维斯帕先^①乃瑞士银行家之子

许多人认为，瑞士之所以成为金融中心，是受日内瓦约翰·加尔文^②的宗教思想影响，但事实并非完全如此。诚然，加尔文对人们的思想意识产生了深远的影响，尤其是对日内瓦古老的银行家家族影响较大。直到现在，这些家族都一直信奉

图 1-1　彰显罗马帝国昔日辉煌的遗迹——阿文蒂库姆（Aventicum）古罗马城门的断壁残垣

---

① Vespasian（9—79 年），亦可译作韦斯巴芗、韦斯帕芗、维斯帕西安等，罗马帝国第九位皇帝。——译者注

② 约翰·加尔文（Jean Calvin,1509—1564 年）是法国的神学家和宗教改革家，1559 年后成为日内瓦公民。他是新教的重要派别——改革宗（或称归正宗、加尔文派）的创始人。加尔文最具特点的改革，是他建立了政教合一的神学政治体系。——译者注

加尔文教义①。这个故事说来话就长了。现在的瑞士曾是罗马帝国领土的一部分，在瑞士还不存在的时候，一个叫作"阿文蒂库姆（Aventicum）"的城市就有了某种意义上的金融业。阿文蒂库姆，现称"阿旺什（Avenches）"，曾是罗马帝国赫尔维蒂亚省（当时瑞士的名字）的首府，拥有大约5万名居民，在当时算得上人口众多，但现在，它只是瑞士法语区的一个大约有4 400名居民的小镇。

图1-2　阿旺什（Avenches）古罗马圆形竞技场。如今，一些音乐会在此举办。© GSW 旅游公司

---

①　加尔文认为做官执政、经商赢利、放债取息、发财致富和担任神职一样，都是受命于上帝，财富不是罪恶，而是蒙恩的标志，只要在道德品质上不违背《圣经》，在财富使用上不挥霍浪费，就应该鼓励人积累财富。因此，在加尔文派信徒中出现了一批克勤克俭、冒险进取的新兴资产阶级实业家。另外，加尔文提倡必须努力从事日常工作与劳动，积极为社会服务，在教徒中就出现了一批视劳动为神圣、全心全意工作的劳动者。——译者注

罗马皇帝维斯帕先是在当时的省城阿文蒂库姆长大的，他的父亲是当地银行家。维斯帕先的故事对我们了解金融史非常重要，他因在罗马帝国实施重大财政改革而闻名于世。当维斯帕先初掌政权之时，罗马帝国的国库几乎弹尽粮绝。于是他决定在帝国各地建造大量公共小便池，在这儿小便的人必须付点儿尿税。这项改革一开始便引起了争议，有人叹道："太恶心了！怎么能征收尿税？尿味多臭啊！"据说，这位皇帝听到非议后手里拿了一枚小硬币，闻了闻说："怎么，这有味吗？不臭，没有一点儿气味。喏，你们瞧瞧，钱可没有气味！"（在拉丁语中，"钱没气味"表达为"pecunia non olet"）随后，他下令全面实施改革，此举盘活了罗马帝国的财政。这则逸事很有名，也是谚语"金钱无气味"（Money doesn't smell.）的出处。为了纪念这位著名的皇帝，直至现在，法语中的收费公共厕所仍被称为"维斯帕先（vespaisennes）"。很显然，作为银行家的儿子，维斯帕先从父亲那里吸取了很多经验教训。20世纪的瑞士银行家经常受到指责，人们认为在这些银行家眼里钱永远闻不出味，以此来指责他们为追逐金钱而丧失了道德。也许，这是维

图 1-3　现存于意大利那不勒斯国家考古博物馆的罗马皇帝维斯帕先（Vespasien）大理石像

斯帕先皇帝产生的深刻影响……

当我们看到位于阿旺什的古罗马剧场废墟时，就可以感受到罗马帝国的极度衰落。几个世纪以来，一个可容纳 9 000 名观众的剧场和旁边的巨大神殿一起一直被当地人当作采石场使用，附近的一些大教堂就是用这些石块建造的。尽管如此，我们也不应遗忘罗马的辉煌曾延续了一千多年的事实。罗马始建于公元前 753 年，从最初的王国发展为共和国，最后发展成为帝国，它是西方历史上面积最大、持续时间最长的帝国，其版图在公元 1 世纪得到了极大的扩张。在西欧，由于匈奴和哥特的入侵，公元 4 世纪末罗马帝国逐渐走向衰落。然而，这个帝国在拜占庭又延续了一千多年。1453 年，奥斯曼土耳其的穆斯林占领了康斯坦丁堡（现在的伊斯坦布尔），最终征服了罗马帝国。我们要清楚的是，中世纪兴起的所有帝国，包括查理曼帝国、神圣罗马帝国等，都有重现罗马帝国辉煌的野心。直

图 1-4　古罗马剧场废墟。在古罗马时期，该剧场可容纳 9 000 名观众。但是在长达两千年间，当地人一直将其和旁边的巨大神殿一起视为采石场，取用其中的石块。© GSW 旅游公司

图 1-5　阿旺什（Avenches）古罗马神殿废墟 ©Peter Stampfli

图 1-6　神殿重建图 © Franck devedjian

到今天，象征罗马帝国的鹰，仍被美国和俄罗斯所沿用，成为他们国家的象征，而罗马帝国也将永远是西方文化中帝国的典范。

漫长的封建集市交易时代

在维斯帕先时代和加尔文时代之间又发生了许多事情，可谓一言难尽。人们不能想当然地认为，中世纪金融活动的复兴延续了罗马帝国时期的辉煌。实际上罗马帝国瓦解导致了经济活动减少，贸易仅仅局限于当地农业领域，而且交易量很小。金银货币的流通也非常有限。慢慢地，封建社会拉开了帷幕。顺便提一下鲜为人知的一点，即封建主义正是罗马帝国财政衰败的结果。衰落的帝国总是难以增加税收和平衡预算……因此，为了强迫农民交税，罗马帝国晚期曾颁发政令禁止农民离开其耕种的土地。农民因此失去了自由，沦为后世所称的"农奴"。这就是农奴制的开始。那时，现称为瑞士的经济与欧洲其他国家并没有太大区别。从本质上讲，社会由贫苦的农民或农奴及上层的贵族和皇室成员组成，这些贵族成员通过占有土地获取资源。封建社会的组织形式基本上都是农村，很少有城镇，也很少有商业和金融业。那时虽然有国际贸易，但几乎可以忽略不计。查理曼大帝①曾试图通过吸纳一些犹太人进入宫廷来发展国际贸易。他们当中有些人的贸易和金融活动遍布丝

---

① 查理曼大帝（Emperor Charlemagne，742—814年）是加洛林王朝的国王，在行政、司法、军事制度及经济生产等方面都有杰出的建树，同时也大力发展了文化教育事业。他将文化重心从地中海希腊一带转移至欧洲莱茵河附近，被后世认为是欧洲历史上最重要的统治者之一，享有"欧洲之父"的荣誉。——译者注

绸之路上的各个国家，甚至还把贸易做到了中国。但当时的整个经济基本上是建立在地方自给自足的基础之上，国际贸易在其中微乎其微。

尽管东西方情况有所不同，但人们仍可以将这种经济衰退与中国历史上的一些情形进行比较。例如从三国时期到唐朝建立之间的约 400 年（220—618 年），是中国历史上最动荡的时期，人口减少了一半。在欧洲，罗马帝国衰退的速度相对较慢，其衰落持续了千年，在那段时期里，经济活动降至最低限度。

随着封建制度的发展和完善，一种新型经济逐渐形成。欧洲各地出现了拥有大片封地的新兴领主，这些领主的活动之一便是管理领地内的市场。他们组织集市，规定小麦和其他产品的质量和计量方式，征收贸易税等。从图 1-7 可以了解这种经济政策。图片显示的是格吕耶尔（Gruyères）市场，许多中国游客都知道这个地方，因为它是瑞士深受中国游客喜爱的旅游胜地。在这张图片上，有一块奇特的凿石，上面刻有六个大小不一的孔洞。这是格鲁耶尔伯爵制定的小麦官方计量器。农民到集市上卖粮时，伯爵的仆人就会将粮食倒入这些计量器具里面，以便算出确切的数量和价格。当然，伯爵也会加征领地的贸易税。

在封建市场交易时期，日内瓦、巴塞尔、苏黎世、圣加仑等城镇出现了一类新型商人，并流传着一句格言"Stadtluft

图 1-7　格吕耶尔市场上古老的谷物计量器。© GSW 旅游公司

macht frei"，意思是"城市的空气让人自由"。它说的是这样一个现象：农奴逃离土地，在城镇定居下来，从事贸易或手工业，从此成为自由人。新型商人的出现促进了城镇的经济发展，使其市场规模日渐扩大。

修道院的角色

在此有必要提一下修道院。由于教会和修道院拥有大片土地，充当了各类活动的中心，为很多人提供了工作，经常接济穷人等，它们一般在社会和经济生活中扮演着非常重要的角

图 1-8　艾因西德伦修道院的种马至今依然闻名遐迩

色，有时甚至扮演着原始工业中心的角色，拥有生产某些产品的作坊和畜牧场。例如艾因西德伦 ① （Einsiedeln）是欧洲最古老的修道院之一，那里的修道士们从古至今一直选育种牛和种马。艾因西德伦繁育的马品种非常有名，销路也很好。然而不幸的是，因为艾因西德伦的马矫健俊美，别具风姿，法国军队在 1798 年入侵瑞士时，几乎偷走了修道院所有的马，并把它们献给了法军的将军和高级军官。大部分马匹与许许多多瑞士士兵一同死于拿破仑战争。尽管马的数量锐减，但种马却意外地幸存下来。

———————

① 瑞士施维茨州（Schwyz）的一个著名修道院，至今依旧欣欣向荣。

跨越阿尔卑斯山脉的士兵和牛马贸易（从古代到 15 世纪）

从古代到中世纪，再到 15 世纪，牛马贸易连同士兵贸易，是古代瑞士非常重要的经济活动。

雇佣兵服务是瑞士历史上的一项核心活动。这项"商业"活动可以视作一种输出服务产业，既是瑞士过剩劳动力和极度贫困的山区社群谋生的方式，也是瑞士与主权邻国结盟的外交政策的一部分，例如瑞士为法国国王、米兰公国的君主、萨伏依公国的君主提供雇佣兵服务，但直到 18 世纪末，雇佣兵主要是服务于法国国王。近期的学术研究发现了鲜为人知的

图 1-9　由瑞士画家乌尔斯·格拉夫（Urs Graf）所作的瑞士长矛兵战术图

一点：这个传统由来已久，早在 13 世纪末瑞士联邦成立之前，人们就从阿尔卑斯山区向意大利和德国输出士兵，如同出口牛和马一样。瑞士人的先辈在 16 世纪和意大利的战争中借以屡屡获胜的著名瑞士步兵战术，实际上是古罗马军团的晚期作战形式。

图 1-10　抢劫和走私牛通常是瑞士雇佣军在阿尔卑斯山远征中的一项副业收入来源

图 1-11　如今依然在日内瓦的攀城节游行中展示的瑞士步兵战术

第二章

：

瑞士金融的起步

1387 年，有息贷款业务批准开展

　　中世纪的日耳曼神圣罗马基督教帝国除了由皇帝统治外，其属下的一些邦国还由公爵、伯爵甚至主教统治。日内瓦是帝国的一个公国，实行政教合一制度。日内瓦的主教既是该公国的执政者又是宗教领袖。当时，少数特殊群体垄断了诸如贷款、货币兑换、融资等活动，其中包括来自意大利北部的伦巴第人和来自法国卡奥尔人，还包括犹太人。日内瓦是当时的贸易要地，也就顺理成章地成了金融重地。因此当地自然会有许多伦巴第商人、卡奥尔商人和犹太商人。由于教会禁止有息贷款，这些商人的金融交易受阻，令他们感到非常沮丧。1387 年，日内瓦主教阿德马尔·法布里（Adhémar Fabri）为了促进经济发展，以宗教领袖而非执政者的身份，做出了一

图 2-1　阿德马尔·法布里主教于 1387 年颁布了《日内瓦特许权法案》。19 世纪画家古斯塔夫·德·博蒙特素描

个革命性的决定，颁布了一项"训谕"①，即"日内瓦特许经营令（Franchises of Geneva）"，其中明确规定在日内瓦只要计息贷款的利息是适度的，就应获得许可。现在历史学家将这项"训谕"视作第一部日内瓦宪法。

图 2-2　阿德马尔·法布里主教的印章

可以说日内瓦正是从此开始真正成为一个金融中心。阿德马尔·法布里在 1387 年发布"训谕"，而加尔文是在 1541 年才来到日内瓦，因此实际上加尔文并没有创新，他只是沿用了 154 年前日内瓦天主教执政者所创始的政策。

①　训谕是由主教做出和宣布的决定，具有法律效力。

　　显而易见的是，如果说在后来的几个世纪中，由于地理大发现和海外殖民扩张等原因，欧洲得以统治世界的话，直到中世纪晚期，14 世纪至 15 世纪，欧洲经济仍然没有走出罗马帝国从繁荣走向衰败之后留下的阴影。此外，14 世纪的一场大瘟疫把欧洲变得一贫如洗。因而，彼时欧洲大陆不像其他文明社会那样繁荣，比如说它比中国贫穷太多。这个说法可以从帖木儿东征事件中得到印证：令人毛骨悚然的帖木儿帝国创立者帖木儿（Timur）在其统治末期，打败了金帐汗国（如今的俄罗斯和乌克兰）后，考虑继续向西推进，征服西欧。但他看到西欧国家那么贫穷，觉得根本不值得大动干戈，而相比之下，中国是更有吸引力的猎物，所以他更想东征中国。

国际货币兑换和贷款组织网络

　　据我们所知，伦巴第商人是在中世纪晚期出现的第一批金融专业人士。他们大部分人都来自意大利北部伦巴第区阿斯蒂（Asti）、基耶蒂（Chieti）和其他邻近的城镇，大概于 12 世纪开展金融活动，并一直持续到 15 世纪。他们以家族为单位开展金融活动，家族领导者居住在原籍城市（大部分是阿斯蒂），但在其他有望生意兴隆的地方都设立了"办事处"（称为 casanes，意思是"房子"）。办事处不只分布在城市里，也分布在许多普通的村镇里。从事金融活动的家族总共有二十多个，经证实，其中有四个在日内瓦，即阿尔菲耶里（Alfieri）、阿西纳里（Asinari）、古蒂耶里（Guttieri）和托马（Thoma）。同样的家族组织也出现在洛桑（Lausanne）、弗里堡（Fribourg，有 7 个办事处）、萨沃伊（Savoy）、勃艮第（Burgundy）、布鲁日（Bruges）、安特卫普（Antwerp）、布鲁塞尔（Brussels）、列日（Liège）、阿拉斯（Arras）和坎布雷（Cambrai）等地。所有这些办事处都只面向少量客户发放小额高利贷和短期贷款（很少超过一年）。此外，来自法国卡奥尔市镇的放贷人和货币兑换商也形成了类似的商业网络。当然，只要有贸易和交易的地方，就有犹太人的身影。

同期中国有没有类似的组织？中国近代有没有？也许人们可以把伦巴第商人的组织与中国钱庄雏形宋代"兑换铺"[①] 相比较。中世纪的欧洲政府当局默许伦巴第商人的活动，并在一定程度上对其加以监督管理。因此，伦巴第商人的组织虽没有起到银行的作用，但却构建起了一个组织网络，而阿斯蒂则是这个网络的中心。每个家族都建立了实力雄厚的大公司，下设多个分支机构（每个分支机构都由一个家族成员管理），并

---

① 中国钱庄的服务主要与兑换货币有关。货币兑换在春秋战国时期已经存在。兑换业务则自西汉开始出现，到唐宋有所发展，始由金银店、柜坊等兼营。钱庄的雏形最早出现于宋代的四川，当时称为"兑换铺"或"交引铺"。1890 年（清光绪十六年）时，全中国一共有接近一万所钱庄。1952 年，随着最后一所钱庄国有化，自宋代以来的钱庄结构在中国大陆基本消失。钱庄系统在中国帝制时代金融业非常具代表性。

赢得了可观的利润（可惜没有找到账簿记录）。然而，从15世纪初开始，这个庞大的组织就失去了活力，退出了历史舞台。与此同时，真正的银行机构建立起来，伦巴第商人的组织慢慢地销声匿迹，或者融入这些新的银行机构中。从严格意义上说，伦巴第商人不是银行家，他们只是某些银行职能的发起

图2-3 由彼得罗·迪·米尼亚托（Pietro di Miniato）所绘的1402年的意大利货币兑换商

人。无独有偶，在同一时期，甚至早在11世纪，一些威尼斯富商或其他意大利城市的富商手头有大量闲置资金，便率先涉足了更为重要的信贷业务，造福了普通市民，也给贵族、王公甚至教会带来了便利。早在13世纪，日内瓦也出现了类似性质的信贷业务。这些中世纪的意大利金融家有时也被称作"伦巴第人"，虽然从逻辑上说他们实际并非伦巴第人。极有可能的是，现在以伦巴第为名的家族，比如日内瓦的隆奥银行（Lombard Odier）的创始人家族，就是中世纪伦巴第人的后裔。

货币兑换商（changeurs）的出现满足了人们的第二种需要，即货币汇率评估和货币兑换。"兑换商"这个词在拉丁语

中意指银行家，在日内瓦的相关记载中也有此意，甚至在 16 世纪末，change 和 bank 仍是同义词。在 11 世纪，第一批货币兑换商零星出现，大约在 12 世纪中期才形成一定规模，特别是在热那亚（Genoa）。兑换商们在街上的长椅上开摊营业，因此，"bancherius（banker）"这个称呼也逐渐传播开来，但直到 17 世纪才得到公认。这些从事货币交易的"银行家"很快便开展起了收息放贷业务。但与犹太商人和伦巴第商人不同，他们并没有止步于此。为了增加资金流动性，他们接收存款，并支付利息。他们为客户开设现金账簿，并代表客户向第三方付款。银行家们彼此签订了同业往来账户，这样就只需简单记录账目，而无须经手现金。由此，当时经济生活的第三个需求得以满足：避免或限制货币的实物转移。然而，在不同城市和国家间使用这种书面的汇兑方式也带来了一个问题。为了方便起见，不同的地区之间必须使用不同的货币来结算。这种书面记账实际上相当于一种无须经手不同货币的外汇汇兑业务。这样一来，一位银行家可以通过信用凭证或汇票，从另一个城市的同行那里为客户取一笔钱，但信用凭证或汇票会助长变相的信贷操作，即非法利用汇率来掩盖利率。汇票因其便利性成为银行信贷的特许工具，但其使用前提是必须在两地流通，因而它只适合专业银行家在重要业务上使用。

历史更悠久的中国"飞钱"

欧洲和中国之间在金融起步时间和发展状态上存在巨大差异。在中世纪时，欧洲贸易还处于初级阶段，几乎没有什么支付手段。

在中国唐朝时期，商品经济发达，内外贸易繁荣昌盛，丝绸之路上常年有来自世界各地的商队。此时，两类问题逐渐显现。一方面由于政府的税法导致货币短缺，各地州县禁止铜钱出境；另一方面商人携带大量铜钱不便于开展商品交易，于是飞钱应运而生。

飞钱类似于今天的银行汇票，是唐朝时期兴起的一种汇兑业务形式，飞钱本身不介入流通，不行使货币功能，非真正意义上的纸币，而是一种商业信用。商人可以在甲地存入，乙地支取。虽然飞钱不是纸质的，但可以视作纸币的始祖，北宋的交子正是在飞钱的基础上发展而来。

综上所述，中国的汇票早在唐朝（即公元 7 世纪）就已经存在了。人们普遍认为，汇票是在 12 世纪由欧洲的圣殿骑士团①发明的，或者大约在同一时期由意大利伦巴第商人发明的，但是它们都比中国的汇票晚了 5 个世纪。

---

① 圣殿骑士团创立于第一次十字军东征（1096—1099 年）之后，主要由信奉天主教的法国骑士组成。1129 年，圣殿骑士团得到罗马教廷的正式支持，拥有诸多特权，遂迅速扩大其规模、势力和财富。——译者注

第三章

···

中世纪晚期的原始银行

巴塞尔的城邦银行和交易所

　　读者可能会有这样的疑问：第一批银行究竟是什么时候在瑞士出现的呢？确凿有据的是，最早出现的为城邦政府银行，而非私人银行。

　　商业活动需要货币兑换管理、商业监管和信贷服务。只有那些开始用共和制取代封建制的城邦才能够提供这样的服务。在这类公立银行中，最有影响力的是巴塞尔城邦交易所（Basler Stadtwechsel），这个名称最早出现在 15 世纪的一些文献中。巴塞尔城邦交易所的发展速度相当缓慢，其发展模式与邻近城市斯特拉斯堡的公立交易所类似。货币兑换商［安德烈亚斯·比肖夫（Andreas Bischoff）和海因里希·大卫（Heinrich David）是最早的两个货币兑换商］与当局政府共担风险，共享利润，形成了一种有限合作关系。用现在的话来说，这是一种公私合营关系。1504 年，巴塞尔城邦交易所重组，成为巴塞尔城邦政府辖下的一家公立银行。在 16 世纪和 17 世纪，这家银行一直是瑞士第一大公立银行。在 16 世纪的头几十年里，货币兑换商作为贝尔行会（Bear Guild）的成员也可以铸造货币。巴塞尔城邦交易所几经变更，不断丰富其银行职能，具有了现代意义上的综合性银行的特征。其主要职能是货币兑换。通过垄断新流通货币的发行权，它扮演了中央银行的角色，并且是唯一有权回收流通中需要重熔的劣币、买卖金银锭（铸币）的银行。除了这些基本服务之外，它还能提供现代银行的各种服务。作为一家储蓄银行，该银行由城邦政府提供担保。

如果从巴塞尔城邦银行（Basle State Bank）的丰富职能来看，似乎可以将该银行视作瑞银集团、国际结算银行（BIS）和现在的巴塞尔州立银行（Basle Canton's Bank）的早期复合体，虽然它和这些机构之间没有传承关系。巴塞尔城邦银行向商人、运输行、工匠、贵族、教堂和修道院，以及瑞士和德国的城市提供贷款。它最初以质押方式发放贷款，从 1533 年开始以担保、债券、抵押贷款和汇票的方式发放，分别规定了固定的贷款期限。公共管理部门、商人和工匠也在此办理转账业务。此外，该银行还受理到期款项支付业务。早在 1574 年，巴塞尔城邦银行就参与了资产管理，在 1608 年它参与了巴塞尔破产事务管理。

在公共贷款议付领域，巴塞尔城邦银行的业务范围远不止于其所在区域。从成立之初到 17 世纪初，其贷款业务遍布各地，贷款对象包括当地的绅士、巴登（Baden）的总督、萨伏伊（Savoy）、符腾堡（Württemberg）和奥尔良 - 隆格维尔（Orléans-Longueville）的公爵、法兰西的国王（从弗朗西斯一世到亨利四世），以及通过恩西赛姆（Ensisheim 与各皇室关系密切的阿尔萨斯领主）摄政为皇室发放贷款。作为瑞士唯一一家发放贷款的银行，巴塞尔城邦银行吸纳了方圆几百公里范围内寻求投资的私人和修道院的资金：它以预制债券的方式筹募贷款，银行家只需在债券上注明债券认购人的姓名、金额、利息和到期日。一旦筹集到既定的贷款金额，筹募就结束了。待贷款到期时，银行偿还客户本金，付年息。早在 16 世纪初，巴塞尔城邦银行就用这种方法革新了放贷方式，克服了意大利人在 15 世纪始创的复杂放贷流程问题，这远远早于里昂的"大银行（grand parti）"（成立于 1555 年，是法国里昂的第一家国有银行）。巴塞尔城邦银行与巴塞尔、圣加仑和日内瓦的商人和私人银行家建立国际合作关系，使用汇票或强制性借据（德语为"Schuldschein"）进行资金转账业务，前卫的巴塞尔城邦银行还在集市外贴现或承兑汇票。它的蓬勃发展为公共财政提供了高额利润，最高可达巴塞尔城邦政府普通预算的12%。1567 年，巴塞尔城邦银行成为在日内瓦创建的公立银行的典范，但在 1581 年，该日内瓦公立银行因经营不善而被破产结算。

伯尔尼城邦债务管理局

值得注意的是，即使巴塞尔城邦银行特别成功，建立这样一家银行的想法本身也并非源自巴塞尔，而是受到了伯尔尼城邦债务管理局①（Städtische Schuld Berns）的启发。这可在年代更早的文献中找到依据。那么伯尔尼城邦债务管理局又是个什么样的机构呢？我们可以看到，当时的城邦政府逐渐取代了封建政权。随着时间的推移，城市居民更加富足，有了投资理财的需求，但那时还没有现代债券、贷款等市场，因此政府亲自接管了这项业务，这就是成立伯尔尼城邦债务管理局的缘由。为了避免变成高利贷，它维持了较低的利率，并先向伯尔尼地区的私人放贷，然后逐渐扩展业务，向越来越多身份显耀的债务人放贷，如欧洲各国的王公贵族。

作为城邦行政管理机构的伯尔尼城邦债务管理局一直没有中断运营，经过 400 多年的积累，到 1798 年时，已经有了一大笔财富。我们之后会了解到这笔财富的去向。

---

① 关于这个话题，可参阅：Gilomen, Hans–Jörg, Die städtische Schuld Berns und der Basler Rentenmarkt im XV. Jahrhundert, in Basler Zeitschrift für Geschichte und Altertumskunde, 1982。

苏黎世早期的证券市场：
授权交易人——现代证券经纪人的前身

当时苏黎世的情况如何？饶有趣味的是，虽然苏黎世在19世纪成为瑞士银行业的中心，但在之前很长一段时间里，它在金融领域寂寂无名。苏黎世资本市场早期的交易形式是授权交易（sensals）。授权交易人是由苏黎世市政府授予证券交易特权的特殊职业群体，是古时的一种证券经纪人。然而，当人们谈论到16世纪之前到18世纪的苏黎世证券时，都认为当时的证券仍然非常原始，基本上就是本票、抵押贷款和一些汇票，仅此而已。在离市政厅不远的利马特（Limmat）河畔有

图3-1　乌林格（Uhlinger）创作的蚀刻版画——1740年苏黎世的"蔬菜桥"（现在的市政厅桥）© 苏黎世中央图书馆（Zentralbibliothek Zürich）

一座"蔬菜桥"（Gemüsebrücke），苏黎世的授权交易人就在桥头的两三个小店里买卖这些"证券"。当时，苏黎世只有两三个由市议会任命的交易人。然而，从 16 世纪开始，其他商业银行家开始在苏黎世开展业务，并借丝绸贸易和工业的蓬勃发展之机，为苏黎世的经济发展提供资金。

"交子"：纸币在中国同期的兴起

在这里，我们可以再次看到欧洲的金融发展落后于中国的程度，在中国，10 世纪就出现了纸币，而欧洲在 18 世纪末的大动荡之后才出现纸币。

约 10 世纪末，在中国四川出现了纸币"交子"，这是世界上最早的纸币。"交子"最初只是一种代替货币交易的信用凭证，即代金券。存款人把现金（金属货币）交付给铺户，铺户把存款人存放现金的数额临时填写在用楮树皮做的纸质券面上，再交还存款人，这种临时填写存款金额的楮纸券就是"交子"。

第四章

∶

集市

日内瓦集市（13—15 世纪）

日内瓦的情况有所不同。早在银行进入人们的视野之前，日内瓦跟欧洲其他地方一样，金融活动都发生在世界各国商人云集的贸易集市上，当然日内瓦的集市上也少不了伦巴第商人、卡奥尔商人（Cahorsins）、犹太商人、贷款商和货币兑换商的身影。从 12 世纪开始，随着大型集市的出现，国际信贷发展起来。人们在集市进行汇票交易，促进了大规模非现金批发交易的发展。在 12 世纪和 13 世纪，香槟领地（位于法国东部）的执政伯爵雄心勃勃地发展经济，规模巨大的集市便在那里蓬勃发展起来。据证实，征得执政伯爵同意后入驻集市的犹太商人极大地促进了香槟集市的发展。

公元 1200 年左右，每个宗教辖区的集市一般在主要的宗教节日之际举办，后来集市的影响力开始跨越地区和教区，时间跨度也从一天变成好几天。日内瓦处于意大利、法国北部和

图 4-1　日内瓦中世纪集市示意图 © 日内瓦图书馆（Bibliothèque de Genève, Ms. fr. 160, fol. 82 www.e-codices.ch）

荷兰的城市之间，这些城市当时都已成为重要的早期工业中心和消费中心。得天独厚的地理位置使日内瓦的集市成了国际商业交易聚集地。直到 1262 年才有文献首次提到日内瓦集市，这个记录远远晚于集市出现的时间。记录中着重提到，集市支付已经发展得颇为先进了。这意味着集市成了商业信贷支付的代名词，集市上的商人建立了多边信任，承诺在指定的集市上为货物付款。

日内瓦集市在 14 世纪得到长足发展，成为意大利商人（威尼斯商人、佛罗伦萨商人、托斯卡纳商人、热那亚商人以及皮埃蒙特商人）在阿尔卑斯山以北的交易平台。通过日内瓦集市，英国羊毛销往意大利、佛兰芒、法国或伊比利亚半岛的作坊。集市也成为热那亚丝绸、纺织染料、香料、上等葡萄酒、豪华武器、手稿等货物的最佳交易场所。因此，日内瓦集市上的货币和信贷流动十分频繁，黄金和白银等贵金属的交易自然而然成为商品贸易的一部分。我们并不清楚早在 14 世纪

"银行家"是否定居在日内瓦，但许多经常光顾集市的商人是货币经营商、兑换商和簿记员，他们的业务包括预支货款、收取定金、执行付款、发行和承兑（或已经背书的）汇票和支票。由此，日内瓦银行应运而生。其他重要的集市则在大不列颠东南部、佛兰德斯和莱茵河河谷举办。如上所述，可能是由于日内瓦的主教们实行了灵活的财政政策，日内瓦集市才得以成为瑞士最大的集市。

日内瓦集市由此也成为欧洲最古老、最重要的集市之一，1450 年左右达到鼎盛时期，然后逐渐衰落，后来被里昂集市取代。日内瓦集市每年举行四次，分别是在国王日、复活节、圣彼得节（8 月 1 日）和万圣节，时间跨度为 7 天、10 天或 15 天。前往赶集的商人都受到了当地领主（主教）的保护。他们有的来自邻近地区（萨沃伊、沃德、瓦莱、皮埃蒙特、瑞士各城邦、勃艮第、多芬、普罗旺斯），也有的来自天南海北。在 15 世纪，日内瓦集市上的大部分商人是意大利人，主要是意大利银行家，其次是来自莱茵河和多瑙河流域的德国商人、法兰西王国商人和荷兰商人。日内瓦集市是意大利和欧洲西北部大型商业和银行交易中至关重要的汇票交易地。日内瓦集市出售的商品中以高档商品居多，包括纺织品（纺织成品、丝绸）、香料、染料、金属、武器和兽皮。

日内瓦集市衰落，祖扎赫集市兴起

日内瓦集市衰落的原因纷繁复杂。1462 年法兰西国王路易十一授予竞争对手里昂集市特权，其他商业中心也加入了竞争行列，日常消费品取代高档商品导致高档商品贸易萎缩，勃艮第战争中日内瓦站在失败的公爵一边，以及宗教改革带来的麻烦等，这些都给日内瓦集市带来了影响。虽然集市仍有商品贸易，但其银行业务首先萎缩了。意大利商人去往里昂，日内瓦的"德国侨民"从意大利人手中接管了集市的控制权。1550 年之后，日内瓦大型集市消失了，而在祖扎赫（Zurzach）兴起了规模较小的集市。祖扎赫是现在瑞士莱茵河上的一个小镇，紧邻德国边境，位于巴塞尔和苏黎世以北。

可能早在 12 世纪，祖扎赫集市就已经存在了，并在圣维蕾娜（St. Verena）节（9 月 1 日）和圣灵降临节[①]举办。在 18 世纪，集市的持续时间从最初的 3 天增加到 10 天。与日内瓦不同的是，即便在货流量下降时，祖扎赫集市仍能发挥金融功能。从 17 世纪末开始，祖扎赫集市除了进行贸易支付、贷款，还从事汇票交易，它逐渐成了一个金融结算中

① 天主教礼仪年规定，每年复活节后第 50 日为"圣灵降临节"，圣灵降临节为复活节后第七个星期日，其重要性仅次于复活节。从宗教上说，这个节日为期一周。——译者注

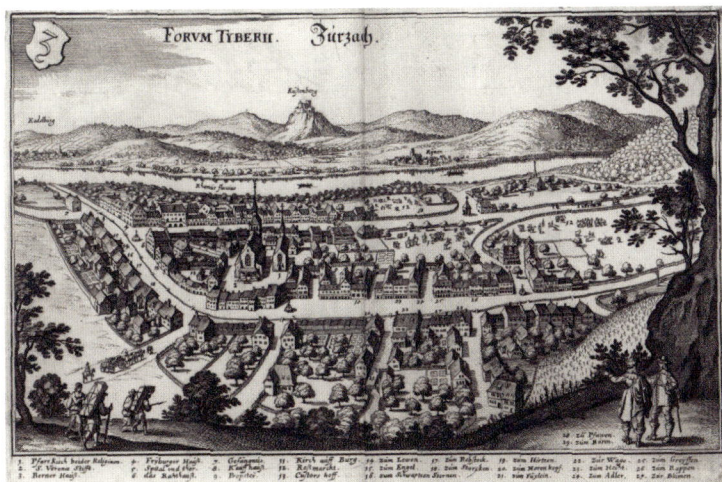

图 4-2　祖扎赫旧貌

心，与里昂、阿姆斯特丹、纽伦堡、法兰克福和莱比锡共同构成大型支付系统。尽管祖扎赫只具有区域性的商业影响力，但对瑞士和德国南部来说却尤为重要。祖扎赫与沙夫豪斯、伯尔尼等城市共同构建起从康斯坦斯湖到阿尔萨斯的莱茵河湾的区域商业网络，祖扎赫则是这个网络的中心，因而它开始在瑞士的结算业务中发挥重要作用。难能可贵的是，在犹太人被禁止进入瑞士城市的时代，祖扎赫集市是瑞士为数不多的允许犹太商人发挥重要作用的商业中心之一。随着时间的推移，祖扎赫集市渐渐进入鼎盛时期，到 16 世纪颇具规模，并一直延续至 18 世纪。在 17 世纪，祖扎赫集市的服务范围辐射至从日内瓦到德国纽伦堡的大片区域，其中瑞士的顾客遍布城市和乡镇，而在 18 世纪，其大多数瑞士顾客来自巴塞尔和苏黎世。虽然祖扎赫集市销售的商品不如在日内瓦集市销售的商品高档，但进口货物也在祖扎赫集市进行分销。在 16 世纪和 17 世纪，祖扎赫集市以销售纺织品为主，同时也销售皮革、毛皮、香料、金属、食品、马和牛。在 18 世纪，兽皮与咖啡、茶、烟草一样，越来越畅销。祖扎赫集市的衰落始于欧洲大陆的三十年战争（1618—1648 年）期间，在 18 世纪颓势更加明显，彼时，所有的集市都纷纷凋零，并且大型集市规模再度缩小。

尽管不大容易理解这种集市所处的特殊文化和宗教环境，但有必要提及祖扎赫集市的盛行背景，其中包括许多习俗和传统，特别是宗教传统。

首先，我们必须提到，祖扎赫集市总是在 9 月 1 日的圣维蕾娜（St Verena）日举行。圣维蕾娜是一位天主教圣徒，古往今来在瑞士德语区，当地人对她虔信有加。在瑞士，许多女孩在领洗时取名维蕾娜，或者维蕾妮（Vreni），维蕾娜丽（Vreneli），意思是小维蕾娜。人们不应低估圣维蕾娜在瑞士风俗人情里的重要性。

圣维蕾娜于公元 260 年出生，320 年去世并葬在祖扎赫。她来自一个埃及信仰基督教的贵族家庭，随后秘密皈依了基督教的罗马底比斯军团来到瑞士。因信仰，军团团长圣莫里斯和 6 600 多将士一起，被罗马皇帝集体处死，在今日瑞士圣莫

里斯（St Mauric）殉教。公元 287 年，圣维蕾娜埋葬了殉道的
军团将士后，隐居在祖扎赫，照顾穷人，护理病人，她奇迹般
地治愈了许多人的疑难杂症，使瑞士德语区和德国南部的日尔
曼人皈依了基督教。她是基督教最早被封圣的教徒之一。人们
在祖扎赫建了一座教堂纪念她。在中世纪充满宗教色彩的文明
中，祖扎赫的集市在圣维蕾娜日举行，因为人们相信集市受到
圣维蕾娜的庇护。

　　瑞士决定铸造金币时，选了年轻女子肖像作金币标志，瑞
士人称其为小维蕾娜丽（Vreneli）金币。小维蕾娜丽金币在储
蓄者和收藏者中非常受欢迎。所以，可以说，祖扎赫集市和它
的庇护人圣维蕾娜在瑞士金融史和瑞士民间文化上留下了深刻
的印记。 不是说金币是要献给圣维蕾娜，但圣维蕾娜广为流
传的神迹足以被铸成金币。

　　直到 1856 年，每年在祖扎赫集市上都有一个异乎寻常的
传统："Dirnentanz" 或 "Hurentanz"，字面意思是"烟花女郎
舞会"。大约 200 名来自周边地区的烟花女子受邀在集市竞舞，
并选出戴冠花魁（Hurenkönigin）。烟花女郎舞会一结束，马
市（Rossmarkt）随即开始。当局曾多次禁止这个伤风败俗的
活动，但徒劳无功。人们可能会对这种令人好奇的传统感到惊
讶，当然在集市上看到一些烟花女子也是司空见惯的事，但这
里的传统有着深厚的宗教和历史渊源，在中世纪甚至被教会圣
化了。原因如下：

1308 年 5 月 1 日，哈布斯堡王朝的第一任国王阿尔布雷希特一世（Albrecht I）在镇压暴乱途中，于祖扎赫附近被共治君主鲁道夫二世的儿子约翰刺杀，国王被刺落马时，现场恰巧有一善良烟花女子路过，她扶起遇刺国王，竭尽所能照顾，但没过多时，国王就在她的怀里咽气了。为了纪念这一事件，哈布斯堡家族捐建了皇田修道院（Königsfelden）。阿尔布雷希特的女儿、匈牙利女王、圣女艾格尼丝（Agnes）出资设立了祖扎赫奖，以纪念烟花女的善举。行至此处的烟花女可在修道院门口领取一顿餐饮和一笔小钱。多位历史学家证实了这个故事，包括阿吉迪厄斯·楚迪（Aegidius Tschudi），他是祖扎赫所在的巴登县地方长官，著有著名的《阿吉迪厄斯·楚迪编年史》（*Chronicle of Aegidius Tschudi*），这是第一部也是最著名的瑞士历史著作。

图 4-3　一枚小维蕾娜丽（Vreneli）金币

图 4-4　圣维蕾娜的慈悲，维蕾娜为麻风病人洗头（斯瓦比亚，绘于约 1525 年）

图 4-5　皇田修道院教堂（Königsfelden Monastery）© Roland ZH

第五章

意大利发明的银行业

人们说：现代银行技术是意大利人始创的。但是，天晓得这是不是呢？就像意大利面是由马可·波罗（Marco Polo）等意大利旅行家从中国带回来的一样，银行技术也可能是意大利人从金融业更发达的中国效仿而来的。这可能才是意大利人被视为银行始创者的原因。

文艺复兴时期的国际金融和美第奇家族

公元 1400 年之后不久，第一批来到日内瓦的银行家是意大利人，他们定居在日内瓦湖畔，在此购置产业，雇用人手（通常是意大利人），生意遍布整个欧洲。他们中的大部分都是佛罗伦萨人，创办了包括美第奇（Medici）、黛拉卡撒和瓜达尼公司（Della Casa and Guadagni）、法雷利和圭多蒂（Fastelli and Guidotti）、安东尼奥·齐菲利亚兹（Antonio Gianfigliazzi）、帕齐（Pazzi）、皮蒂和黛拉卢娜（Pitti and della Luna）、巴隆伽里（Baroncelli）、邦达齐奥·达·潘扎诺（Bindaccio da Panzano）等公司。此外还有来自比萨的卢凯塞（Lucchese）、泰格瑞米和弗兰乔蒂（Tegrimi and Franciotti）、斯特凡诺·塞费德里吉（Stefano Serfederighi）以及巴托洛梅奥·达·斯科诺连（Bartolomeo da Scorno）公司。来自热那亚的公司以朱斯蒂尼亚尼（Giustiniani）和格里马尔迪（Grimaldi）为代表，而科纳和索兰佐（Corner and Soranzo）公司则来自威尼斯。日内瓦的这些银行机构中，有些基本上是独立运营的子公司，总部设在佛罗伦萨、威尼斯、热那亚或罗马。美第奇银行就是一个典型的例子。

瑞士当时被这些家族分成了几个区域中心，这些中心多多少少都与欧洲的贸易、工业和金融网络有联系。那时还没有现代意义上的银行。

当时几乎没有常设银行机构，但日内瓦美第奇家族的大型国际银行是唯一的特例。美第奇家族是意大利佛罗伦萨医师起家的名门望族，声名显赫。乔瓦尼（Giovanni，1360—1429 年）创立了美第奇银行，该银行很快便成为欧洲主要的信贷机构，并在重要的城市都设有分支机构。美第奇家族兼有多重身份，他们是商人、贷款商、货币兑换商、企业家，尤其是罗马教廷的银行家。1434 年，老科西莫（Cosimo the Elder）成功地执掌佛罗伦萨政权，1532 年，佛罗伦萨成为公国。美第奇家族进一步扩大统治范围，于 1569 年建立了托斯卡纳大公国，并

一直延续到 1737 年。当美第
奇家族单纯靠银行业务无利
可图时，他们获取了政治权
力，从而实现华丽转身，从
银行家转变为统治者。但下
文我们还是主要关注美第奇
家族的金融发家史。

15 世纪美第奇家族创办
了当时基督教世界规模最大
的金融公司，可与 16 世纪
的富格尔家族[①]（Fuggers）或

图 5-1　布龙齐诺（Bronzino）所绘
的老科西莫·德·美第奇（Cosimo
de Medicis）画像

19 世纪的罗斯柴尔德家族（Rotschilds）媲美。它是一家佛罗
伦萨的控股公司，在意大利各地（罗马、佛罗伦萨、威尼斯、
米兰、那不勒斯等）和阿尔卑斯山脉以北（日内瓦、阿维尼
翁、布鲁日、伦敦、里昂）有十几家子公司，在北欧和中欧
（卢贝克、克拉克夫、巴塞尔等）有工厂和办事处，在佛罗伦
萨还有几家纺织公司。美第奇银行的雏形可以追溯到 14 世纪
末。美第奇银行的发展如火如荼，由于与罗马宫廷建立了紧密
联系，美第奇银行垄断了从世界各地向罗马圣教会总司库缴纳
资金的转账业务。

---

① 富格尔家族（又译福格家族、佛该尔家族）是 15 世纪到 16 世纪德意志著名
的工商业和银行业家族。——译者注

此时，日内瓦成为美第奇家族的重要办公地点。大概是在 1420 年之后不久，美第奇家族第一次在日内瓦设立了一间简易的办公室，隶属于罗马分公司。但根据美第奇家族收藏的佛罗伦萨史料来看，第一份有关日内瓦的文件显示，在 1425 年，美第奇家族就在日内瓦设立了独立运营的分支机构米歇尔·迪·费罗公司（Michele di Ferro & Cie）。该分公司主要从事金融业务，经常使用汇票开展信贷和投机交易，也进行更纯粹的商业活动。随着日内瓦集市日渐式微，该分公司也于 1466 年搬到了里昂。美第奇银行的代表出席了宗教界的巴塞尔大公会议（1431—1449 年），并在巴塞尔开设了一家代理行，于 1433 年至 1443 年之间办理当地临时性的金融业务。

尽管美第奇家族持有大部分投资资本，但人们在提及美第奇公司时，也总会以常驻合伙人的名字指代它。1426 年，亚美利哥·本奇（Amerigo Benci）与迪·费罗（di Ferro）一起

图 5-2 中世纪欧洲商业银行场景

成为美第奇家族的合伙人，并在次年接替了迪·费罗的位置。
在日内瓦分行成立后，本奇被任命为该控股公司的总经理。本
奇后来成为 15 世纪最伟大的银行家。1438 年或 1439 年，还
不到 20 岁的弗朗西斯科·萨塞蒂（Francesco Sassetti）从佛罗
伦萨来到日内瓦做本奇的学徒。在日内瓦的 20 年里，他先从
雇员做起，然后成为合伙人（1446 年），最后成为董事（1448
年），可以算是日内瓦最杰出的商人了。1459 年，他回到佛
罗伦萨，接管了美第奇公司的综合业务管理工作。萨塞蒂既
是老科西莫·德·美第奇、其子彼得罗（Pietro）的心腹，也
深得其孙"伟大的洛伦佐（Lorenzo）"[1]的信任。1490 年，就
在公司破产前几个月，萨塞蒂突然离世（据传是由于心脏病
突发）。

　　美第奇控股公司的重组资产负债表显示，日内瓦是个有利
可图的地方，它在美第奇家族的业务中占据了相当大的份额。
虽然公司的利润逐年变化，但通常会在投入资本的 30% 到
50%。不管怎样，其投入资本仍然远远低于营业额。这是当时
所有银行的共同特点，它们可用相当有限的实缴资本募集巨额
资金。银行的股份资本每三年或四年进行更新和扩张。但是，
重新分配给合伙人（美第奇家族、他们的合伙人和合作者）的
利润并没有再投资到公司中去。

---

　　① 人们将洛伦佐称为"伟大的洛伦佐"，他代表着佛罗伦萨的辉煌巅峰。——
译者注

图 5-3　中世纪意大利佛罗伦萨银行

　　用当代术语来说，美第奇家族在当时的金融界，就相当于现在的华尔街一线投资银行（后简称"投行"）集团。

小型佛罗伦萨银行：黛拉卡撒和瓜达尼公司

　　黛拉卡撒和瓜达尼公司曾活跃在日内瓦，该公司在1450年至1464年的一些分类账簿都被保存了下来。这家公司颇耐人寻味，从规模和影响力上来看，都算是中等，其投资回报率要比美第奇公司的小得多。与当时所有公司（包括美第奇公司）类似，它是一家混合经营公司，既经营商业业务（占1453—1454年资产负债表的54%），也从事银行业务。外汇业务是其银行业务中最重要的部分，也是风险最高的部分。

　　举例来说，在1453—1454财政年度，黛拉卡撒和瓜达尼公司的营业额总计为937 329埃居[①]。然而，其利润却并没有

————————

　　① 埃居是一种法国古货币，当时在欧洲几个国家流通。

相应增长：在 1453—1454 年，该公司只挣了 83 埃居，而在 1462—1464 年反而损失了 212 埃居。公司通过货币兑换、现金预付款、信贷、贸易等其他业务弥补了这部分损失。该公司主要与意大利（以佛罗伦萨、威尼斯和米兰为首）、阿维尼翁、布鲁日和蒙彼利埃开展此类业务；偶尔也与巴塞罗那、巴黎、伦敦、安特卫普等地有业务往来。

在鼎盛时期，佛罗伦萨人在日内瓦的势力非常强大，以至于人们开始谈论在日内瓦建立一个佛罗伦萨人的"国家"。这个"国家"在 1446 年 1 月 1 日颁布了自己的法令。虽然这个"国家"的活动及其"执政官（总统）"的身份并不为人所知，但美第奇家族的代表似乎在其中占据主导地位。

第六章

：

亚麻时代

大拉文斯堡贸易公司：富格尔家族的先驱（14—16世纪）

　　1463—1464 年，由于日内瓦集市日渐衰落，里昂集市的吸引力越来越大，因此佛罗伦萨商人离开了日内瓦，这继而又加剧了日内瓦集市的衰退。除此之外，还有更深层次的原因。传统的集市贸易和支付系统开始慢慢演变成更固定的支付方式。同时，大型商业的重心正在从意大利向德国南部和荷兰转移，而且信贷期限明显延长，意大利银行家们对此几乎毫无准备。日内瓦的衰落似乎是结构性变化的最初征兆之一，在美第奇家族的时代之后，这一变化将迎来富格尔家

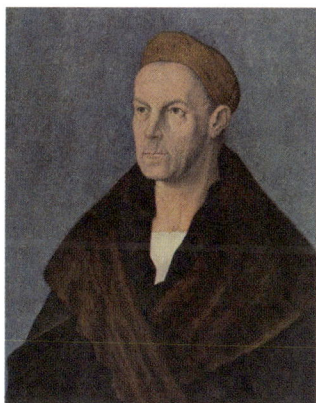

图 6-1　由阿尔布雷特·丢勒（Albrecht Dürer）所绘的"富翁"雅各布·富格尔（Jacob Fugger，1459—1525 年）

族的时代。

瑞士的金融重心则从日内瓦转移到了圣加仑，预示着从美第奇体系到富格尔体系的转变，在两者的过渡阶段，大拉文斯堡贸易公司趁势崛起。

我们必须认识到纺织品的重要性，尤其是亚麻，亚麻是纺织工业的重要原料。亚麻纤维强韧、柔细，其强度是棉纤维的1.5 倍、绢丝的 1.6 倍。亚麻精品价如黄金。古埃及人将亚麻引进了地中海沿岸国家，1854 年人们在瑞士湖底发现的亚麻残片距今一万年以前，这是世界上发现的最古老亚麻织物。中世纪起，亚麻从瑞士传到法国、英国、比利时等国家。如今人们几乎完全忘记了大拉文斯堡贸易公司曾是当时这个关键行业的龙头老大。由于该公司国际化水平非常高，其国际支付、贸易和信贷网络逐渐取代了以前的金融交易组织。在此之前，意大利北部的几个家族、伦巴第家族、卡霍尔家族和犹太人构建了金融组织，掌管金融交易，并从中产生了一些金融世家，其中最著名的是美第奇家族。大拉文斯堡贸易公司发挥的重要作用可与美第奇公司相提并论。虽然大拉文斯堡贸易公司并不完全是一家银行，但它从事金融交易，并建立了欧洲金融网络。

大拉文斯堡贸易公司成立于 1380 年左右。1380—1530 年，它成为中世纪后期资本最雄厚、贸易范围最广的商业公司。大拉文斯堡贸易公司属于跨国贸易公司，由莫特利（Mötteli）、哈姆皮斯（Humpis）和蒙特普拉特（Muntprat）三个互有姻亲关系的商人家族合并而成，并由极为有钱有势的莫特利家族领导。这些家族在纺织业和金融业获取暴利后，就顺理成章地晋升为贵族阶层，并在现在瑞士的苏尔茨贝格和阿尔邦等地获得了几个领地。阿尔邦如今是图尔戈维亚（瑞士东北部）的一个小城镇。

在封建主义向现代经济转变，从中世纪向文艺复兴过渡的时期里，莫特利家族是当时社会沿革的一个缩影，因为当时在瑞士地位最高的封建贵族世家中，有位萨克斯（Sax）男爵入赘了莫特利家族。虽然那时在高等贵族眼中，入赘商业家族是令人蒙羞的行为，但这种事还是发生了。如今，莫特利家族仍然生活在图尔戈维亚，从事农业生产，但已不像昔日那般富甲天下。然而，人们对其辉煌的历史仍然记忆犹新，当地人用这样一句话来形容人间事物的脆弱易变：

图 6-2 莫特利·冯·拉彭斯泰因家族受封后的领地之一——苏尔茨贝格城堡（Castle Sulzberg）

"一切都有尽头，甚至是莫特利家族的财富（Alles hat ein Ende, sogar das Mötteli Gut）"。

大拉文斯堡贸易公司出口纺织品、金属原料和五金制品、皮草和皮革，主要进口香料、糖、大米、南方的水果和宝石等

图 6-3　盛开着美丽蓝色花朵的一片亚麻地

图 6-4　亚麻织物的漂白处理

图 6-5　靠马背来运输的圣加仑珍贵的亚麻织物

高端商品，但其主营商品是亚麻和亚麻织物。该公司早期从事亚麻布和普通单面绒布（一种织物，其经线由亚麻制成，纬线由进口棉花制成）贸易。施瓦本、阿尔高和康斯坦茨湖地区以种植亚麻为主，为纺织亚麻布提供原材料。

大拉文斯堡贸易公司的贸易网络分布很广，中心和总部设在拉文斯堡，在圣加仑、康斯坦茨和梅明根都设有业务分支机构。此外，它与比伯拉赫、乌尔姆、旺根、坎普顿和林道等邻近城镇有着密切联系，这些城镇不仅是当时重要的纺织品产地，还是法兰克福和纽伦堡集市的重要交易地。早期，人们在这里收购亚麻。由于这些区域地处南北转运路线上的重要位置，大拉文斯堡贸易公司在这些今天已是瑞士的疆土上建立了稳固的业务基础，尤其是在圣加仑。由于在布艺行业的重要地位，圣加仑成为该公司的主要贸易中心，为公司提供漂白场地和出口布艺产品。伯尔尼也是如此，因其优越的地理位置，该公司还在那里临时设置了佣金代理商。在伯尔尼人的敦促下，瑞士联邦多次在国际上维护该公司的利益（在法国法院、萨沃伊和意大利）。该公司在苏黎世和卢塞恩有重要的联营公司，从1454年起，在日内瓦也设有一个代理公司。该公司的大部分业务都在瑞士，且密切参与瑞士事务。因此，它可以被视作瑞士经济和金融史上的重要组成部分。

大拉文斯堡贸易公司的主要分支机构设在意大利的威尼斯、米兰、热那亚，日内瓦，法国的里昂、阿维尼翁，西班牙的巴塞罗那、萨拉戈萨、瓦伦西亚和佛兰德斯的布鲁日。此外，公司在许多地方都设有办事处，部分由合伙人管理，部分由当地人管理。拉文斯堡和里昂之间的交易情况示例如下：公司在里昂出售亚麻布、天鹅绒、丝绸、香料、热带水果、糖、米、油、染料，然后又在里昂买回来自意大利或西班牙的其他商品，在欧洲北部出售。

从拉文斯堡到里昂的贸易要途经康斯坦茨、苏黎世、伯尔尼、日内瓦最后到达里昂，陆路运输也是如此来回往返。如果要将货物再运到瓦伦西亚，则要继续经过阿维尼翁，到达艾格莫特，然后将货物发出，再经巴塞罗那、托尔托萨运到瓦伦西亚。在纽伦堡、克拉科夫和维也纳，公司主要购买金属产品，出售香料和热带水果，没有黄金和白银交易，也没有货币（现金）交易。贸易基本上是通过汇票进行的。莫特利、哈姆皮斯和蒙特普拉特这三个强大的商人家族之间的合作关系在他们各自的商业网络之间创造了协同效应，并通过最大限度地降低物流成本来战胜竞争对手。大拉文斯堡贸易公司在其需要立足的所有战略地点都有子公司，德语称为"Gelieger"。从波兰到西班牙，欧洲各地都有 Gelieger。人们不难想象，这些商人是多么地勇于担当、敢于冒险。其中，莫特利家族是最有活力的，他们甚至在西班牙的格拉纳达王国有一个强大的商业立足点，而格拉纳达在当时是一个穆斯林王国。据我们所知，这是当时圣加仑商人家族在一个穆斯林王国的唯一商业据点。

迪斯巴赫－瓦特公司

　　紧随大拉文斯堡贸易公司之后的另一个著名的亚麻贸易公司是迪斯巴赫－瓦特公司（Diesbach-Watt）。迪斯巴赫家族来自伯尔尼，是金匠出身，后来发家致富，获得了贵族身份。他们即便已经完全融入了骑士和贵族阶层，但并没有忽视商业。1420 年，伯尔尼的尼克劳斯·冯·迪斯巴赫（Niklaus von Diesbach，1375—1436 年）与圣加仑的彼得（Peter）和哈格·冯·瓦特（Hug von Watt）效仿大拉文斯堡贸易公司成立了一家公司。该公司的账簿记载了 1420 年至 1460 年的账目详情。来自圣加仑的瓦特家族是富商，他们在欧洲东北部拥有一个庞大的客户群。因此，直到 15 世纪 40 年代末，迪斯巴赫－瓦特都是一家"跨国公司"，总部设在伯尔尼，圣加仑为其供应亚麻布。公司的核心业务是纺织品贸易，其副营产品也多种多样：公司在德国南部（乌尔姆、奥格斯堡、梅明根和比伯拉赫）购买毛毡，制成毛毡帽，出口到西里西亚、波兰，甚至西班牙的巴塞罗那。公司在日内瓦、法国南部和西班牙销售布匹，在波兰的弗罗茨瓦夫和克拉科夫销售棉布，还从英国、布拉班特、北德和莱茵地区向东德和波兰交易毛织物。反过来，公司从西里西亚和波兰购买蜡和毛皮，包括华沙、克拉科夫、布雷斯劳和波森市场上的貂皮、松鼠皮、兔皮、水貂皮和貂皮，然后主要在德国南部出售。该公司还向德国出口波兰的

图 6-6 这幅玻璃画对瑞士金融领域的历史学家来说非常重要，因为它是 1520 年为伯尔尼的路易斯·冯·迪斯巴赫（Louis von Diesbach，1484—1539 年）和尤弗罗辛·莫特利·冯·拉彭斯坦（Euphrosine Mötteli von Rappenstein，1546 年去世）的婚礼制作的。人们可以认出这些家徽（两只金狮象征迪斯巴赫，乌鸦象征莫特利）。路易斯·迪斯巴赫是迪斯巴赫－瓦特公司创始人的孙子。有趣的是，他与大拉文斯堡贸易公司的创始人莫特利家族的一位女继承人结婚。这证明了两家公司之间的家族联系，以及 15 和 16 世纪瑞士经济精英的延续性。这也表明，在 1520 年，也就是在巨大的发家致富成功后，富裕的莫特利家族转向了新的贵族地位和封建生活方式。© 瑞士弗里堡罗蒙玻璃画研究中心（Vitrocentre Romont，St-Barthélemy Chapel）。摄影师 Yves Eigenmann

牛。公司的经营范围甚至还包括轻金属产品（主要是纽伦堡的黄铜和上匈牙利矿业城镇的铜），主要将其销往东欧、意大利和西班牙。公司在克拉科夫销售意大利的花缎、天鹅绒和羊毛纺织品，并把金线和天蓝石通过巴塞罗那运往加泰罗尼亚和阿拉贡。反过来，公司从西班牙主要购买藏红花和其他地中海产品，包括棉花、珊瑚、椰枣、糖、果酱、莫瓦西亚葡萄酒①、玫瑰利口酒、丁香、姜、小茴香、肉豆蔻、肉桂、胡椒、香、靛蓝（一种纺织染料）和卤砂（sal ammoniac，用于冶金）。

圣加仑市档案馆保存着圣加仑长途贸易的完整统计数据。数据显示，圣加仑的贸易路线通往瑞士中部，到达日内瓦、里昂和阿维尼翁，然后经格雷森隘口延伸到米兰和热那亚，经阿尔贝格－布伦纳到达威尼斯，再经法兰克福集市到达莱茵河下游和伦敦，经康斯坦茨湖和拉文斯堡到达纽伦堡、莱比锡、奥得河畔法兰克福以及布雷斯劳和克拉科夫，最后经帕绍和维也纳到达匈牙利和克拉科夫。反向的贸易路线上运送的是染料、来自殖民地和东方的货物。圣加仑布料的总产量从 1400 年的 2 000 件增加到 1530 年的 10 000 件。我们在档案馆中可以看到一个目录列表，上面总共列出了 35 家公司（有 15 世纪的标记），其中最重要的是瓦特公司（迪斯巴赫－瓦特公司的合伙

---

① 莫瓦西亚葡萄酒，一种晚收甜葡萄酒，美味而昂贵。

人）及其后继者，来自拉文斯堡的莫特利公司①，该公司是圣加仑的龙头公司。15世纪下半叶的第二大公司，来自康斯坦茨的佐利科弗家族公司也赫然在列。

历史学家汉斯－康拉德·佩耶（Hans-Conrad Peyer）博士除了写过有关穆拉尔特家族在苏黎世从事丝绸和金融业务的史书外②，也证实大拉文斯堡贸易公司的创始人莫特利家族在15世纪末定居圣加仑，并新开设了一家独立的瑞士跨国贸易和金融公司，继续开展迪斯巴赫－瓦特公司的业务。因此，15世纪至16世纪，莫特利家族在圣加仑和瑞士金融业的早期发展中真正地发挥了作用。汉斯－康拉德·佩耶还证实了莫特利家族的继承人是佐利科弗家族（Zollikofer）。

迪斯巴赫－瓦特公司是15世纪的一只"独角兽"，但它的重要性不如大拉文斯堡贸易公司，而且存续时间也比大拉文斯堡贸易公司短。这两家圣加仑公司成了未来国际金融业的摇篮，这要归功于莫特利家族起到的关键作用。

迪斯巴赫－瓦特公司的贸易活动所涉及的地域范围极其广阔，甚至比其经营的商品范围还要广，而且其经营范围远超其他贸易公司。这种广泛的活动需要高效的通信、完善的贸易站、有

① 参阅：H. C. Peyer, Leinwandgewerbe und Fernhandel der Stadt St. Gallen von den Anfängen bis 1520。

② 参阅：H. C. Peyer, Die Seidenfirma Muralt an der Sihl, (für die Familie bearbeitet von Staatsarchivar), Lausanne, Rencontre, 1966。

针对性的营销策略、新的合作伙伴以及伯尔尼、圣加仑和纽伦堡的新资本注入。该公司在 15 世纪 40 年代达到了鼎盛，但从 1445 年开始，由于德国南部和瑞士联邦之间发生战争，公司的亏损越来越严重。公司的管理也因合伙人之间的纠纷而陷入瘫痪。在经营了至少 30 年之后，公司于 1460 年左右因经营不善而解散。

拉文斯堡和迪斯巴赫－瓦特的故事中最有趣的是，这两家公司都在贸易方式上极具创新性，可以视为富格尔和韦尔瑟 [①]（Welser）这两个赫赫有名的金融和贸易家族的先驱。富格尔家族和韦尔瑟家族来自奥格斯堡，实力非常强大，"富翁"雅各布·富格尔能够资助神圣罗马日耳曼帝国的查理五世当选皇帝，韦尔瑟本人（从同一位查理五世皇帝那里）得到了整个委内瑞拉，作为他的封地。事实上，富格尔家族和韦尔瑟家族一开始只是效仿了莫特利家族、迪斯巴赫家族和瓦特家族这些先驱者。

欧洲金融业的结算组织：圣加仑的商业银行家公司蓬勃发展

可能是由于大拉文斯堡贸易公司、迪斯巴赫－瓦特公司及

---

① 韦尔瑟家族（Welser，又译韦尔泽家族、维尔泽家族、韦尔沙尔家族等）是 15 世纪和 16 世纪德意志著名的工商业和高利贷家族。在奥格斯堡，经营对外贸易和银行业务，其分支遍布整个西欧。曾对哈布斯堡王朝和法国、波兰等国国王进行贷款，取得许多经济特权。与富格尔家族共同资助查理五世，取得掠夺美洲殖民地的权利，并在委内瑞拉建立殖民地。17 世纪初破产。——译者注

图 6-7　圣加伦远眺和市郊的亚麻漂洗场 © 圣加伦市政史料馆

其后继者莫特利和佐利科弗公司的存在，圣加仑市及其商界在欧洲金融界拥有国际地位。许多小型家族公司纷纷效仿大拉文斯堡贸易公司和迪斯巴赫－瓦特公司。当时公司的合伙人数量明显趋于减少，从最初多达 20 个人减少到 7 人以下。从文献中我们可以发现，用于支付和汇款的汇票日趋重要，而回程运费问题和运输风险（行驶速度只有每小时 4 公里、抢劫、突袭、没有保险）非常棘手。尽管困难重重，但贸易还是发展起来了，圣加仑的城邦财富在一个世纪内，从 18 万基尔德（Gulden）①增加到 36 万基尔德。1507 年，佐利科弗家族的财富高达 24 450 基尔德。

①　Gulden 是德语和荷兰语中金币的历史术语，相当于英语术语 guilder，这里按英语发音译为基尔德。——译者注

这个时代里出现了几个纺织品商人世家和银行世家，每一个研究起来都非常有意思。我们先说说佐利科弗家族和纪里家族（Zili）。这两个家族接续了莫特利家族和瓦特家族，以及后来的霍格家族（Hogger）。这些家族声名鹊起，在某段时期（16 至 19 世纪）成为纺织业巨头和金融家，其中有些家族（如佐利科弗家族）的

图 6-8　罗多尔夫二世神圣罗马帝国皇帝在 1578 年授予莱昂哈特·佐利科弗·冯·阿尔滕克林根（Leonhart Zollikofer von Altenklingen）的贵族文书

影响力遍及欧洲。来自圣加仑的吉格家族（Giger）也在 18 世纪的国际金融业中声名卓著。但如果看一下婚姻关系，人们就会发现，一般当一个家族的某个人与莫特利、瓦特，以及后来的佐利科弗、纪里或霍格家族联姻时，这个家族就开始蒸蒸日上了。几乎可以说，这个家族通过联姻就可以跻身于商业贵族之列了。①

随着时间的推移，圣加仑商业银行家的组织在里昂等几

---

①　对这些家族和纺织品制造商之间可能存在的连续性进行研究是很有意义的，特别是在 19 世纪初由于拿破仑的大陆封锁而出现的丝带工业家（见我们的第七章）。在此不继续探索。

个欧洲金融中心建立起来（就像以前的伦巴第商人组织和意大利人的"国家"一样，其作用类似）。这显然是商业银行家参与大拉文斯堡贸易公司和迪斯巴赫－瓦特公司的欧洲金融网络的成果。繁盛时期的佐利科弗家族 [1]，在法国被称为"Sollicoffre"，是欧洲金融网络的核心，其经营的商业帝国从瑞士一直延续到 18 世纪的里昂、马赛和西班牙。之所以能做到这一点，是因为作为瑞士人，他们享有法兰西国王授予的特殊权益，可以免遭法西兰新教徒通常所受的限制。

因此，我们可以说，圣加仑商业家族取代了中世纪的伦巴第商人、卡奥尔商人和犹太商人，建立了一个贯穿中世纪晚期、文艺复兴时期和现代社会的全新欧洲金融网络。上文所说的圣加仑商业银行家组织在瑞士和国际金融业务中发挥了结算机构的作用。我们会看到，这些组织将成为未来国际新教贸易和金融网络的支柱之一。

家族在亚麻时代发挥着重要作用并不为奇。很明显，即使在今天，家族关系仍然在私人银行业务中发挥着作用，特别是在日内瓦。这种特定行业现象在各个时代都很常见。在 19 世纪以及当代，瑞士钟表贸易的巨大发展仍然只涉及来自日内

---

① 参阅：Friedländer, Ueli. Medaillen und Allianzjetons zum kaiserlichen Adelsbrief 1578 der St. Galler Familie Zollikofer von Altenklingen. Article in Schweizer Münzblätter Nr 66, 2016。

图 6-9 洛朗一世·佐利科弗（Laurent I Zollikofer）[1]

图 6-10 洛朗一世·佐利科弗婚礼纪念玻璃画 © 罗蒙玻璃画研究中心（Vitrocentre Romont）[2]

瓦、沃州的汝谷、纳沙泰尔、索勒尔、巴塞尔等州的少数家族和一些犹太家族，古往今来他们凭借家族关系在全世界范围内销售钟表。以今天希腊的船主家族为例，他们的家族数量屈指可数，而且几乎都来自爱琴海的同一个小岛，但他们控制着很

---

[1] 洛朗一世·佐利科弗（Laurent I Zollikofer）家族的族长之一，在1575年，他的个人财富和家族财富都达到了顶峰。他统治着一个欧洲的贸易和金融帝国。

佐利科弗家族购买了过去属于克林根（Klingen）贵族的阿尔滕克林根庄园。他们拆除了旧城堡，并委托现代建筑师按照新的时尚建造了新的城堡。如今阿尔滕克林根城堡仍然属于佐利科弗家族。此为私人收藏品。

[2] 1544年，为了庆祝洛朗一世·佐利科弗的婚礼，人们按照传统制作了一幅玻璃画。而且，令人惊讶的是，他娶的是多萝西娅·冯·瓦特（Dorothea von Watt），她是迪斯巴赫－瓦特公司创始人的孙女，也是圣加仑的改革者约阿希姆·冯·瓦特（Joachim von Watt，又名瓦迪安）的女儿。玻璃画在阿尔滕克林根城堡，维戈尔廷根。

图 6-11　如今的阿尔滕克林根城堡 ©Joachim Kohler Bremen

大一部分国际航运业（虽然他们现在不得不防备强大的竞争对手——中国）。

谁是瓦迪安

圣加仑的改革者名叫约阿希姆·瓦迪安（Joachim Vadian）。他是什么样的人呢？"瓦迪安"这个名字是"瓦特"的拉丁文版本。当时文艺复兴时期的人文主义者喜欢将名字翻译成拉丁文

图 6-12　位于圣加仑的宗教改革者约阿希姆·瓦迪安纪念碑 © 圣加仑旅游局

或希腊文。大家肯定没想到吧？著名宗教改革家瓦迪安是遐迩闻名的迪斯巴赫 – 瓦特公司一个合伙人的儿子，该公司与大拉文斯堡贸易公司一起，在圣加仑建立欧洲金融网络方面发挥了重要作用。这很有意思吧？

其实这也并不奇怪。瓦迪安是一位博学多识且扬名后世的学者。多亏家里富有，他才能负担得起学习的费用。但他并不愿意继续做家族生意，而是更愿意追随当时的宗教改革思潮（但他还是把女儿嫁给了洛朗一世·佐利科弗）。金融无法与宗教分离，而宗教又与政治密不可分，这更加突出了与亚麻有关的贸易和金融在瑞士金融发展中的重要作用。

现代性与宗教改革前后的变化（15—18 世纪）

人们经常会提到德国著名学者马克斯·韦伯[1]（Max Weber）的论点，他指出资本主义精神是新教伦理的直接产物。这当然有一定的道理，因为在改革者看来，致富是上帝的福祉，这是一种与天主教完全不同的思想。当然，这对日内瓦和其他新教银行家的思想有所影响。然而，正如我们所看到的，加尔文本身并没有带来显著的经济进步，相反，作为日内

---

[1] 马克斯·韦伯（1864—1920 年），是德国的社会学家、历史学家、经济学家、哲学家、法学家。他与卡尔·马克思和埃米尔·杜尔凯姆一起被公认为现代西方社会学的奠基人。——译者注

瓦的政治和宗教统治者，他的时期恰恰是经济长期停滞的开始。日内瓦的情况与苏黎世类似，其经济重新崛起实际上是因为后来意大利商人家族的到来，他们带来了商业知识，振兴了丝绸业和丝绸贸易，创造了新的繁荣。

瑞士历史上的宗教改革：宗教改革家不止加尔文

此外，不得不说，宗教改革本身从一开始就与金融有关，特别是在瑞士的德语区。由于民众抵制出售赎罪券，基于神学动机的宗教改革运动在民间产生了巨大的影响力。一直以来，教会都宣扬虔诚的行为会使个人的罪孽得到上帝的宽恕，例如

图 6-13　宗教改革墙，在日内瓦大学里，1909 年开建。左起为威廉·法瑞尔 (William Farel, 1489—1565)、约翰·加尔文 (Jean Calvin, 1509—1564 年)、泰奥多尔·德贝兹 (Theodore Beza, 1519—1605 年)、约翰·诺克斯 (John Knox, 1513—1572 年)。© Roland Zumbüh

参加某些神圣的庆祝活动、朝圣等。但在 16 世纪初，天主教会产生了巨大的资金需求，这是因为教皇儒勒二世（Jules II）在政治上野心勃勃，他还计划在罗马建造宏伟的圣彼得大教堂——现在人们仍然可以欣赏到这座大教堂。教皇需要钱，于是教会开始出售赎罪券。如果一个人支付一定数额的钱，

图 6-14 由老卢卡斯·克拉纳赫（Lucas Cranach the Elder）创作的蚀刻画教皇儒勒二世决定出售赎罪券

图 6-15 一幅中世纪的木质蚀刻画，画上描绘了赎罪券的交易场景。这种交易引发了很多丑闻，事实上，它是 16 世纪基督教改革的一个主要原因

图6-16　苏黎世的宗教改革者乌尔里希·茨温利（1484—1531年）

就会收到一份文书，证明他的罪孽已经得到赦免，可以升入天堂。这本来就骇人听闻，但还有更糟糕的：收取赎罪金的任务有时会落到无耻之徒手里，例如，引起马丁·路德抗议的德国多米尼加修道士约翰·特泽尔（Johann Tezel），而在瑞士则有一个名叫萨姆森（Samson）的无耻修道士。

这个萨姆森自称得到了神灵启示，他走遍全国，在各个市场上向大批民众传教，之后人们便排队等候，付钱请他在赦免文书上签字。这种做法在当时的风俗习惯中很受欢迎。但实际上到了夜色降临，萨姆森就把白天收来的钱的一半花在酒馆和妓院里，引发了丑闻。乌尔里希·茨温利①（Ulrich Zwingli）的宗教改革论断之所以广为大众所接受，是因为这个丑闻起到了推波助澜的作用，这比所有的神学论辩更能说明问题。

---

　　①　乌尔里希·茨温利（1484—1531年）是瑞士宗教改革家，他强调一切均应以圣经为依据，主张凡圣经无明文规定的，均不足为凭。他否认罗马教会的权威，反对出售赎罪券，主张得救唯靠信心，否定炼狱等。——译者注

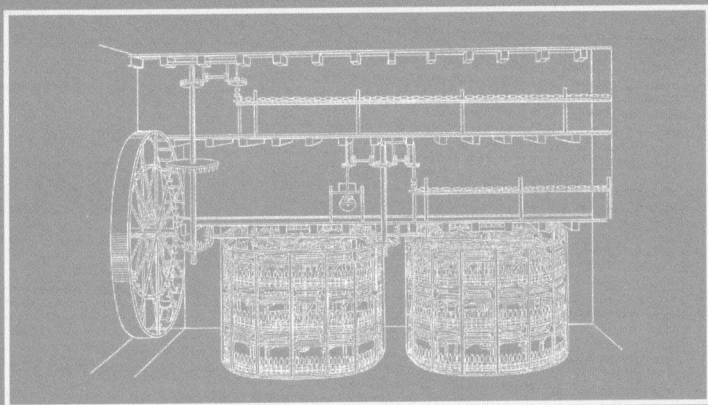

第七章 ：

丝绸时代

张骞与丝绸之路

在中国，丝绸当然是经济发展的一个重要因素，其历史也更加悠久。

西汉时期（公元前 202—公元 8 年），汉王朝时常受到北方匈奴袭扰，汉武帝两次派遣张骞出使西域第二波斯帝国（公元前 247—公元 224 年），希望可以与第二波斯帝国建立军事联盟夹击匈奴。出于政治与军事目的的两次出使，开辟了东西方商贸的互通。由张骞开拓的丝绸之路通过第二波斯帝国和其后的王朝连接罗马共和国（公元前 509—公元前 27 年）与罗马帝国（公元前 27—公元 1453 年），逐步成为古代东西方商贸往来的生命线。

丝绸贸易和丝绸产业的鼎盛、衰落和复兴

16世纪发生了基督教改革运动①，其最直接、最实际的影响之一便是新教难民从意大利北部抵达了瑞士。他们给瑞士带来了丝绸贸易和丝绸产业，对苏黎世的影响尤为明显。苏黎世是瑞士联邦重要的市和城邦，但在茨温利改革时期，与日内瓦、巴塞尔和圣加仑相比，苏黎世在经济方面望其项背。然而，丝绸产业的复兴一夜之间振兴了苏黎世的经济，新教的确在其中发挥了不可小觑的作用。

丝绸是一种织物，起源于中国，通过丝绸之路传播到欧洲，然后风靡到意大利和欧洲大陆的其他地方。在封建时代宫廷奢华的生活方式中，丝绸当然算是时尚前沿。贵族们喜欢穿着华丽的丝绸服饰。在这场时尚热潮中，苏黎世也不甘落后。相反，根据著名的马内塞古抄本（Codex Manesse）②，苏黎世所有王公和贵妇都穿着丝绸服饰以示高贵。此外，丝绸也是教堂庄严宗教仪式上的装饰品。但人们必须承认，自瑞士联邦诞

---

① 宗教改革指始于欧洲16世纪基督教宗教改革运动。该运动奠定了新教基础，同时也分化了天主教会所主导的政教体系。——译者注

② 马内塞是一名苏黎世骑士，因这部华美的诗歌手稿而著名。这部诗歌手抄本的创作时间是在1304年至1340年间，是唯一一部全面收录中古高地德语宫廷诗歌的作品，展示了中世纪瑞士和整个德国骑士生活的宏伟画卷。

生之后，为反抗哈布斯堡①家族的统治，人们的生活方式变得更加节俭，丝绸贸易也随之销声匿迹了。

广大公众，甚至瑞士人，几乎完全忽略了这样一个令人啼笑皆非的事实：宗教改革的初衷是要摒弃天主教庆典的奢华，但正是宗教改革意外导致了丝绸经济的复苏，而后者在以后的三个世纪中成为瑞士工业、贸易和金融发展的主要驱动力。

新教难民复兴了丝绸产业（16—18 世纪）

由于严重的宗教冲突，当时所有的欧洲国家都分裂为两个完全不可调和的阵营。1555 年，人们决定通过《奥格斯堡和约》解决这一冲突，确定了"教随国立（cujus region, ejus religio）"的原则，这意味着每个国家的人民必须信仰其统治者选择的宗教。例如在瑞士，新教徒必须离开天主教政府统治的地区，加入新教统治区。瑞士联邦议会（古代瑞士联邦各城邦使节的官方会议）强制执行这一和平协议，命令天主教州的新教徒离开他们的家园，加入新教州。意大利北部地区，即现

---

① 哈布斯堡王朝（Hapsburg Empire，公元 6 世纪—1918 年）也称哈普斯堡家族，或称奥地利王朝，是欧洲历史上最为显赫、统治地域最广的王室之一。哈布斯堡家族发源于阿尔萨斯，后扩张至瑞士北部的阿尔高州，并在 1020 年筑起鹰堡，名为哈布斯堡。14 世纪期间，新成立的瑞士联邦不断向德国南部扩张，导致哈布斯堡家族失去祖先建立的鹰堡。自此，哈布斯堡王朝的基地正式由瑞士北部的鹰堡，转移到奥地利的维也纳。——译者注

图 7-1 1555 年，穆拉尔蒂（冯·穆拉尔特家族）正在穿越阿尔卑斯山前往苏黎世。© 冯·奥雷利家族

在的瑞士德欣州（Tessin，又称提契诺州），当时是在乌里、施维茨和昂特瓦尔德几个天主教州的共同统治之下。冯·穆拉尔特（von Muralt）的祖先曾经是德欣州的世代领主，过着相当舒适惬意的生活，但他们是宗教改革的支持者，于是便只得遵循联邦议会的决议，远走他乡。他们和另外一些新教家庭一起在苏黎世定居下来，其中包括冯·奥雷利（Orelli）家族。他们在当地受到了真心实意的欢迎，但过了一段时间，他们迫切需要从事某种经济活动来维持生活。由于他们懂得蚕丝的制造技术，而且跟意大利北部仍有联系，知道去哪里获取蚕茧，便想到了把蚕丝贸易引入苏黎世。冯·奥雷利家族采取了同样的做法。冯·穆拉尔特家族和冯·奥雷利家族频繁通婚。结果，在苏黎世有几个世纪历史的丝绸产业在销声匿迹后又强势回归，并繁荣兴旺起来。

冯·穆拉尔特和冯·奥雷利家族的丝绸公司发展壮大，成为对苏黎世经济贡献最大的公司，也是欧洲最大的纺织公司之一。他们的经商之道非常简单，即在意大利购买蚕茧，在苏黎世缫丝，生产各种生丝和织品，然后将其出口到德国和欧洲北部。

接下来我们将以冯·穆拉尔特公司为例进行分析，因为该公司的完整原始账簿一直保存至今，成为历史学家可以研究的极为罕见的史料。今天我们仍然可以看到 17 世纪的原始账簿。下文是其中两个资产负债表的示例。我们可以在苏黎世进出口税务署（Pfundzoll）的官方统计数据中看到销售额，这些数据说明当局对出口货品征收了关税。

表 7-1　黄金价值表

1 千克黄金价值 ①		826 千克黄金价值
人民币	442 055	365 137 000
美元	63 953	52 825 000
欧元	57 473	47 473 000
瑞郎	57 201	47 248 000

在 1657 年前后，冯·穆拉尔特公司的销售额大约是 23 万弗罗林（弗罗林或基尔德是一种黄金货币，1 个弗罗林或基尔德相当于大约 3.54 克或 3.5 克黄金）。如果按照销售额为 23 万苏黎世弗罗林来计算，再加上大约 6 000 弗罗林进口关税，总

① 按照 2023 年 4 月 28 日报价。

销售额则为 23.6 万弗罗林。根据目前的黄金价格，我们可以计算出，在 1657 年，冯·穆拉尔特公司的货物出口价值约为纯金 826 千克或人民币 365 137 000 元。也许，与现代公司相比，这似乎是微不足道的小数字，但我们正在谈论的是一个完全不同的时代。按照 17 世纪的欧洲经济规模来看，这个数字相当可观[①]。

图 7-2　冯·穆拉尔特丝绸和金融公司于 1610 年在苏黎世成立，图为该公司的原始账簿。© 苏黎世国家档案馆

① 根据美国历史学家汗德弗里斯（Jan De Vries）的估计，欧洲人口（不包括俄罗斯和奥斯曼帝国）在 1500 年为 6 160 万，1550 年为 7 020 万，1600 年为 7 800 万；1650 年回落到 7 460 万。

图 7-3　创始人约翰－安东·冯·穆拉尔特（Johan-Anton von Muralt, 1581—1667 年）© 冯·穆拉尔特家族基金会

图 7-4　加斯帕德·冯·穆拉尔特（Gaspard von Muralt, 1627—1718 年），曾任苏黎世城邦的总督，继其叔叔约翰·安东之后，担任管理合伙人，扩大了公司业务，并登上了权力的顶峰。© 冯·穆拉尔特家族基金会

图 7-5　约翰内斯·冯·穆拉尔特（Johannes von Muralt, 1665—1726 年）稳定了业务，甚至实现了适度的扩张。© 冯·穆拉尔特家族基金会

图 7-6 汉斯－康拉德·冯·穆拉尔特（Hans-Conrad von Muralt，1687—1747 年），曾担任苏黎世城邦总督。有生之年，他一直在追逐权力。© 冯·穆拉尔特家族基金会

图 7-7 芭芭拉·冯·穆拉尔特（Barbara von Muralt，1625—1716 年），公司的隐名合伙人，一生未婚，以 5% 的利率将其财产投入家族企业中。© 冯·穆拉尔特家族基金会

表 7-2 1657 年冯·穆拉尔特丝绸和金融公司的资产负债表

资产（弗罗林）		负债（弗罗林）	
不动产	5 834	合伙人资金账户	75 201
现金	11 075	母公司账户	15 988
货物		各种借款（7）	3 225
加莱蒂①	13 540	运输	200
斯特鲁西	14 873	押金	809
拉科蒂亚	3 431	损益	199
丝绸	14 696		

---

① 加莱蒂（galetti）、斯特鲁西（strusi）、拉科蒂亚（racotti）等，是不同品质生丝的意大利语名称。

续表

资产（弗罗林）		负债（弗罗林）	
其他货物	1 026		
染料	597		
意大利车马费	6 974		
各种债务（55）	23 576		
	95 622		**95 622**

表 7-3　1695 年冯·穆拉尔特丝绸和金融公司的资产负债表 [①]

资产（弗罗林）		负债（弗罗林）	
现金	9 515	资本账户	152 544
成品	532	经常账户	5 801
各种货品	868	23 个借款人	19 669
布料（来自供应商）	24 040		
丝绸	16 334		
11 个客户的商品	20 540		
65 个债权人（客户）	106 185		——
	178 014		**178 014**

图 7-8　苏黎世的一个金币（4 弗罗林）[②]

---

① 数据来自于账簿。

② 正面可以看到查理曼大帝，背面是两位苏黎世殉道者费利克斯（Felix）和雷古拉（Regula）。他们是被斩首的，因此手捧自己的头颅。

表 7-4　资产负债表总额

1 千克黄金价值		1657 年	1695 年
		334.68 千克黄金	623.00 千克黄金
人民币	442 055	147 946 967	275 400 265
美元	63 953	21 403 790	39 842 719
欧元	57 473	19 235 064	35 805 679
瑞郎	57 201	19 144 334	35 636 223

　　我们也可以尝试使用现代的方法去计算资产负债表的总额。1657 年的资产负债表总额是 95 622 苏黎世弗罗林，即 334 677 克或 334.68 千克黄金。1695 年的资产负债表总额价值 178 014 弗罗林，即 623 千克黄金。

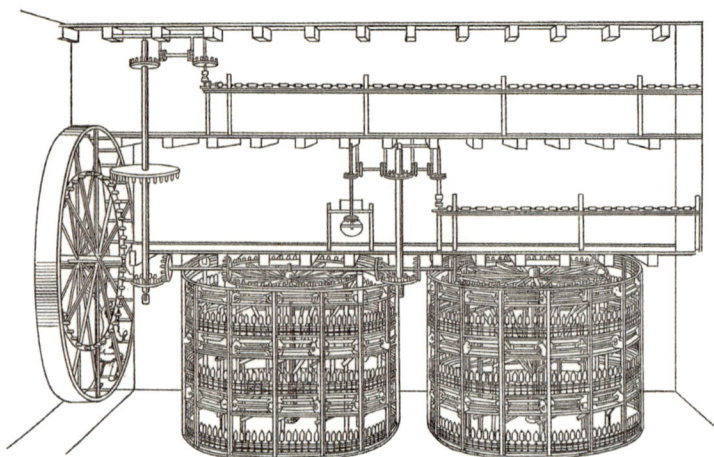

图 7-9　冯·穆拉尔特工厂的缫丝机

图 7-10　右一，艾萨克·哈特维尔斯（Isaac Hatteviers），阿姆斯特丹冯·穆拉尔特丝绸厂的总管（1631 年）

其他苏黎世企业家族也顺势跟风，创建了类似的丝绸公司，于是，在 17 世纪和 18 世纪，丝绸成了苏黎世经济的支柱。丝绸业必然需要国际支付组织的支撑，因此，丝绸业的发展也推动了苏黎世金融基础设施的发展。直到 20 世纪初，冯·穆拉尔特家族将丝绸公司卖给了意大利银行家和纺织实业家朱塞佩·迪·蒙特尔（Giuseppe di Montel）男爵，一个可以跟意大利罗斯柴尔德男爵相提并论的人。当时，该公司依然极其兴旺，它既是一家银行（称为丝泰银行 Banco Sete），也是一家丝绸制造和贸易企业，在瑞士、意大利和匈牙利拥有 6 000 多名员工。

图 7-11　马丁·博德默－冯·穆拉尔特（Martin Bodmer-von Muralt，1835—1908 年），冯·穆拉尔特丝绸公司和丝泰银行最后掌门人。© 博德默家族

一开始，苏黎世不具备进行国际金融交易的条件，此类交易必须通过圣加仑和巴塞尔的商业银行家以及一些意大利商人才能进行。但随着时间的推移，冯·穆拉尔特公司建立了自己的支付机构，这可以算是近代以前苏黎世金融业基础的一部分。当时苏黎世政府也使用冯·穆拉尔特公司的支付系统，即泰丝银行，进行国际支付。此外，冯·穆拉尔特家族还负责瑞士各海外军团军官的薪金支付业务。

冯·穆拉尔特等丝绸公司的繁荣兴旺一直持续到 18 世纪末，在 19 世纪，这些公司逐渐从丝绸制造和贸易转向越来越纯粹的银行业务。因此，这些公司是现代瑞士金融中心的源头。我们之所以重点关注了冯·穆拉尔特公司，是因为我们可以直接获取第一手的相关信息，例如，根据手头掌握的账簿，我们就能了解穆拉尔特丝绸公司在整个 18 世纪的销售情况。

日内瓦的大精品店

有权有势的意大利新教富贵家族从卢卡来到日内瓦寻求宗教庇护。他们凭借雄厚的资本，合伙成立了一家名为大精品店（Grande Boutique）的合资公司。他们生产的真丝不仅供给当地工匠，也用于出口（用废蚕茧缫丝，为纬纱、欧根纱和箔染色）。他们还出产天鹅绒、塔夫绸和镶边饰物，销往欧洲的集市。他们把订单交给镇上小家庭作坊的能工巧匠来完成。行会监督工匠的培训，监控原材料和产品的质量以及采用的技术，有时会拒绝采纳商人所要求的创新。在 16 世纪和 17 世纪的日内瓦，大精品店成为第一个新教徒庇护所。从 1556 年到 1628 年，该公司既是意大利商人的贸易站点，又是将大多数卢塞斯（Luccese）家族成员凝聚在一起的联营企业，有些家族成员参与企业的生产和商业活动，也有些成员为公司注入资本。1556 年弗朗西斯科·米歇里（Francesco Micheli）刚创建该公司时，它只是一个简易贸易站，后来其他公司加入进来，公司形成了联营财团的新组织形式：1582 年阿诺菲尼（Arnolfini）家族、迪奥达蒂（Diodati）家族和巴尔巴尼（Balbani）家族先后加入该公司，1593 年布拉马奇（Burlamacchi）家族的加入，

尤其是弗朗西斯科·图雷蒂尼（Francesco Turrettini）的加入，使得联营公司实力大增，变得真正强大起来。

从 1593 年到 1628 年去世，弗朗西斯科·图雷蒂尼管理的九家公司成为日内瓦丝绸业最强大的行业标杆。这些公司汇集了从意大利卢卡迁来的家族

图 7-12　弗朗西斯科·图雷蒂尼，卢卡的前任最高行政官，大精品店的推动者。
© 图雷蒂尼家族

以及苏黎世的菲利克斯·冯·奥雷利（Felix von Orelli）和格奥尔格·格斯纳（Georg Gessner）公司的技术和资本，后者是与瑞士北部、德国和荷兰生意往来的中间商。其资本从 1594 年的 18 000 埃居上升到 1619 年的 150 000 埃居，在最好的年份，年利润在资本的 15% 到 30% 之间浮动。公司之"大"，不仅在于其生意伙伴或养活的丝绸从业者数量众多，而且在于它在对外贸易中占据重要地位。公司的成功离不开弗朗西斯科·图雷蒂尼建立的庞大网络，借此公司可以优惠条件获取原材料（通过阿姆斯特丹或西班牙从中国进口蚕丝），并降低生产成本，例如，使用苏黎世农村的劳动力来缫丝。卢塞斯家族作为日内瓦的银行家家族，拥有丰富的金融业务经验，也对大精品店的成功起到了举足轻重的作用。

伊丽莎白·博拉克

伊丽莎白·博拉克（Elisabeth Bolacre，1613—1693 年），是一位工商界女豪杰，在 17 世纪经营着一家大镀金厂。她的母亲出生在一个带有意大利血统的佩里萨里（Pelissari）家族，是卢卡宗教难民创立的大精品店丝绸利益团体中的活跃分子。她的父亲尼古拉斯·博拉克（Nicolas Bolacre）是位商人，来自图尔的新教家庭，也是在日内瓦的宗教难民。1637 年，博拉克嫁给了同为商人的皮埃尔·佩尔德里奥（Pierre Perdriau），但在 1641 年就成了寡妇。尽管她在 1655 年与雅各布·安德里恩（Jacob Andrion）再婚，但她自力更生、独当一面，这在当时非同寻常。实际上，她的生意迅猛发展，而她的两个丈夫却并没有参与其中，她的成功全靠自己奋斗。

在 1641—1690 年，伊丽莎白·博拉克从她第一任丈夫那里继承了生意，并进行了大力发展。

图 7-13 著名的伊丽莎白·博拉克唯一流传于世的肖像（微型画，此画为瑞士私人收藏品）

一开始公司生意并不好。她专门制作金线和银线，金线和银线可与蚕丝一起织成珍贵的面料，彰显"优越感"；也可以用在花边装饰中，纽扣制造商、蕾丝制造商常把它们用于绳线或丝带的装饰。由于她的不懈努力、非凡的创造力和敏锐的管理意识，伊丽莎白·博拉克经营的公司开始欣欣向荣，雇佣了多达1 200 名员工。17 世纪下半叶见证了人们对奢侈品的狂热，伊丽莎白·博拉克的公司也在烫金丝绸的制造和销售方面处于领先地位。

伊丽莎白·博拉克采用的生产方法与苏黎世的丝绸制造商穆拉尔特和奥雷利相同，主要是雇用工人，为其提供原材料，工人可在家里和小车间里进行生产制作。可以据此推断，在 17 世纪，女性劳动力也参与了丝绸生产，并在烫金丝绸的

制作中发挥了重要作用。伊丽莎白·博拉克可以被看作现代资本主义老板的先驱，她与工人订立雇佣合同，雇员依靠公司谋生，有时从公司获取住房和工具。她给雇员提供有息贷款，并组织年轻人做学徒。作为交换，年轻人承诺只为她的公司工作。伊丽莎白·博拉克的业务繁荣兴旺，成为日内瓦重要的纳税人之一，其财产规模在日内瓦仅次于让－安托万·卢林（Jean-Antoine Lullin）①，位列第二。她是一位拥有强大政治影响力的重要经济人物。许多仍然活跃的传统日内瓦私人银行家族都是她的后裔，因此她的故事对我们了解日内瓦金融中心来说非常重要。

庭院式佩斯塔洛齐银行

汉斯－雅各布·佩斯塔洛齐，（Hans-Jacob Pestalozzi，1707—1782 年）于 1759 年在塔尔霍夫（或称山谷中庭院，公司以其所在地命名）建立了另一家丝绸贸易公司，这又是一个由丝绸公司发展成苏黎世私人银行的例子。和穆拉尔特丝绸公司一样，它在成立之初是一家丝绸面料公司，与其他苏黎世丝绸公司并无二致，通常都是在意大利北部购买原材料进行加工，然后在瑞士、德国和法国销售。渐渐地，该公司转向了纯

① 我们将在稍后的故事中了解到让–安托万·卢林，他是日内瓦私人银行的创始人之一。

粹做银行业务。

1802 年，佩斯塔洛齐去世，他的妻子克利奥斐·冯·奥雷利（Cleophea von Orelli，1750—1820 年）膝下无子。她聪慧过人、精力充沛，利用自己的聪明才智把公司从破产的边缘挽救回来，甚至还取得了巨大的商业成功。这多亏了一种新的染色工艺，凭借这种工艺，她制作了在德国非常流行的火红色丝巾。她邀请雇员约翰·斯佩

图 7-14　1777 年，佩斯塔洛齐·冯·奥雷利（Pestalozzi von Orelli）。亚历山大·斯皮塞斯格（Alexander Speissegger）绘制的肖像画。© 冯·奥雷利家族

利（Johann Speerli，1781—1858 年）和两个侄子汉斯－康拉德·冯·奥雷利一世（Hans-Conrad von Oreli I，1784—1833 年）和约翰内斯·冯·奥雷利（Johannes von Orelli，1785—1844 年）成为公司的商业伙伴和继承人。1831 年至 1833 年期间，汉斯－康拉德·冯·奥雷利一世的儿子汉斯－康拉德·冯·奥雷利二世（Hans-Conrad von Oreli II）担任苏黎世丝绸业在纽约的第一任代表。从 19 世纪 30 年代开始，该家族越来越专注于银行业务，最终公司发展成为名副其实的银行。自那以后，

图 7-15　银行所在的优雅庭院

这家银行被称为庭院式奥雷利银行（Orelli im Thalhof）[1]。除了提供传统的汇票业务和透支便利外，该银行还推出了小额商业贷款业务[2]，这在当时的苏黎世尚属新事物。庭院式佩斯塔洛齐 – 奥雷利公司的历史值得回顾，不仅因为这是丝绸行业向现代银行业过渡的一个完美范例，也是因为克利奥斐·冯·奥雷利的非凡个性、卓越才华和商业头脑使得公司繁荣兴旺。在18、19世纪，能成为杰出商界领袖的女性简直是凤毛麟角。

冯·奥雷利家族（奥雷利在德语中读作奥瑞尔，就像穆拉尔蒂读作穆拉尔特，佩斯塔洛齐读作佩斯塔卢兹一样）与冯·穆拉尔特家族关系密切。在18世纪，冯·奥雷利家族创办了一家出版社。如今这家出版社仍以奥雷利 – 福斯利（Oreli-Füssli）的名义存在，从事瑞士官方纸币的印刷业务[3]。

---

①　庭院式奥雷利银行一直很兴旺，直到1973年被巴塞尔萨拉辛尔私人银行收购。

②　参阅：Peyer, Hans Conrad, Von Handel und Bank im alten Zürich. Zürich 1968, S. 92–100。

③　参阅：https://www.ofs.ch/products–services/banknotes。

苏黎世的瑞狮银行

以前苏黎世并没有类似巴塞尔城邦银行或伯尔尼城邦债务管理局这样的机构。1755 年，苏黎世城邦的司库约翰 – 雅各布·洛伊（Johann-Jacob Leu）成立了城邦有息贷款委员会（当时的名称是"Staatliche Zinskommission"），其目的是将苏黎世富人和苏黎世政府的钱投资于国际债券，并向外国投资者、私人或政府发放贷款，而这正是中世纪以来巴塞尔城邦银行和伯尔尼城邦债务管理局所做的事情。这个委员会以其创始人和首任主席的名字命名为"洛伊公司"（Leu & Compagnie），后来成为一家声誉卓著的国际银行—瑞狮银行，经营了 266 年，最后成为瑞士信贷（Credit Suisse）的子公司。瑞狮银行传统上面向高端客户，利润相当可观，它本可以继续保持高特银行的优势，但 2007 年 1 月 26 日，瑞士信贷首席执行官布雷迪·杜德恒（Brady Dougan）愚蠢地撤用此名，这简直就是一种犯罪行为，因为这就像是大笔一挥就抹去了 266 年的文化。瑞狮银行是瑞士文化遗产的一部分。

洛伊是著名的学者，也是苏黎世瓷器制造业的创始人，

图 7-16　1755 年瑞狮银行的保险箱

图 7-17　约翰·雅各布·洛伊的蚀刻版画 [①]

图 7-18　约翰·雅各布·洛伊的官方肖像画 [②]

他个性鲜明，见多识广，思想开明。当时欧洲的每个君主都希望拥有自己的瓷器制造业。多亏了洛伊，苏黎世城邦也有了瓷器制造业，这是相当大的成就。从下面这两幅画像中，我们可以看到，瑞狮银行的创始人是开创新世界的划时代杰出人物，他创立的银行成为瑞士文化的一部分。只可惜布雷迪·杜德恒无法理解这一点。

[①]　约翰·雅各布·洛伊是一个思想开明的人，同时也是古代苏黎世城邦的传统统治者，他处于两个世界之间的过渡阶段。由法国艺术家博格内（Borgnet）创作的蚀刻版画，博格内也是让－雅克·卢梭（Jean-Jacques Rousseau）小说的插画师。画中洛伊穿着时尚的法国服装，就像法国百科全书派的一员。

[②]　由苏黎世画家老福斯利（Füssli the Elder）创作。他身着彰显城邦财务主管身份的庄严服装

图 7-19　由苏黎世制造的展现中国风情的迷人瓷器

图 7-20　其他精美的苏黎世瓷器产品

约翰－雅各布·洛伊也是苏黎世瓷器制造业的创始人，明智的管理者原本可以将此作为 21 世纪瑞狮银行的营销卖点。

巴塞尔丝带王朝

巴塞尔、日内瓦和苏黎世的丝绸业都与现代银行业务的发展密切相关。如同苏黎世和日内瓦的丝绸商那样，从巴塞尔城邦银行创立到私人银行出现，再到大型现代商业银行出现的这段时间里，巴塞尔的丝绸制造商家族也进行了大量的金融活动。然而，巴塞尔丝绸业与苏黎世和日内瓦丝绸业的发展模式不大相同。苏黎世的冯·穆拉尔特家族以及其他丝绸制造商和交易商（奥雷利、魏德米勒、戈斯魏勒、申茨、埃舍尔等）主要生产生丝，而不是如里昂的高档面料。直到 18 世纪，苏黎世的制造商才开始生产绉绸和纱罗。

而巴塞尔的制造商专门生产一种具有高附加值的产品：丝带。

丝带生产主要发生在 17 世纪下半叶。在 16 世纪早期，巴塞尔与日内瓦的情况类似，意大利、法国和佛兰德的难民商人（来自索金、巴蒂尔、帕萨凡特、维尔特曼）引领了丝绸业的发展，他们建立了企业，生产丝纱，纺织天鹅绒和丝带。然

图 7-21 典型的古代巴塞尔豪华丝带 © 巴塞尔博物馆

而，由于受到严格的行会限制，城市商人将大部分丝带的生产挪到了巴塞尔的农村和波伦特雷主教区，甚至搬去了索罗图恩和伯尔尼。

图 7-22 巴塞尔女工在织带机上纺织丝带 © 巴塞尔博物馆

但有一位人士引发了丝带生产行业的革命，这位人士就是伊曼纽尔·霍夫曼（Emmanuel Hoffmann，1643—1702年）。他是跨国制药和化学公司罗氏（Roche）的创始人弗里茨·霍夫曼罗氏（Fritz Hoffmann-La Roche）的祖先。伊曼纽尔在阿姆斯特丹发现了一种新型织带机，这种织带机可以同时纺织多达 16 条丝带，而不是每次只能织一条。1667 年，他使用假名，乔装打扮，成功地将其中一台织带机秘密带出了荷兰，并运到了巴塞尔（这是被严格禁止的）。这种技术传播彻底改变了巴塞尔的织带行业。当然，这在行会中引起了极大的不满，但市议会认识到织带机带来的好处，非常支持这项新技术。条形织带机的采用决定了巴塞尔织带行业的命运。从那时起，企业家用这些大型织带机（1900 年可织多达 54 条织带）生产塔夫绸和箔带，并且很快就出口到世界各地。当时不论是女性还是男性，都非常喜欢各种尺寸、颜色和图案的丝带，所以丝带产品十分畅销。巴塞尔丝带显然是这个利基市场的领头羊，这就是为什么后来同时出了几个丝带家族的原因。巴塞尔

图 7-23　约翰－鲁道夫·嘉基－梅里安（Johann- Rudolf Geigy-Merian 1830—1917 年）[1]

图 7-24　巴塞尔丝带厂（Basler Bandfabrik）的股份[2]

农村的丝带生产几乎一直持续到 20 世纪初。

　　在这个时代，公私合作的重商主义[3]精神大行其道，为了防止德国对巴塞尔丝带施加高额关税限制进口，巴塞尔州议会通过外交手段成功地与德国皇帝进行了交涉。因此，这种新产

---

　　①　重商主义（mercantilism）是在 16 世纪到 18 世纪之间盛行的经济理论、经济政策，是民族主义和国家主义在经济上的一种表现形式。——译者注

　　②　公司创始人的曾孙，合成染料（如苯胺）的生产先驱。他将公司发展壮大，同时他也是一位政治家。

　　③　该厂于 1897 年成立。该股份是由上述约翰－鲁道夫·嘉基－梅里安（Johann-Rudolf Geigy-Merian）在 1830—1917 年认购的，这证明了在 18—20 世纪宏大的巴塞尔化学工业和金融业与丝带制造业的紧密交织。

品迅速发展起来，到了 18 世纪，丝带产业极为发达。

让我们看看巴塞尔的织带机数量，来了解这个行业的发展状况：1670 年，有 359 台织带机；1754 年，有 1 238 台织带机；1789 年，有 2 321 台织带机。

由于取得了举世瞩目的经济成就，巴塞尔的商人华丽转身，迈入了优雅的贵族行列，并为自己和公司建造了真正的宫殿，如今这些宫殿也让游客们赏心悦目。著名的蓝白厦就是典型的例子。这座 18 世纪的商厦俯视莱茵河，曾是繁荣的巴塞尔丝带制造企业的总部。

1777 年，哈布斯堡帝国的皇帝约瑟夫二世从巴黎返回维也纳的途中，在巴塞尔短暂停留。他是一个现代化的推进者，一心

图 7-25 巴塞尔的蓝白厦建于 1762-68 年。既是业主的家庭住宅，也是制造和贸易公司的总部，彰显了丝带行业的辉煌时代。©Gryffindor

图 7-26　蓝白厦的内部庭院

图 7-27　蓝白厦优雅的内饰

想要在他的帝国发展经济。他也曾试图在奥地利建立丝带制造企业，但以失败告终。因此，他避开了官方安排的招待会，直接前往巴塞尔最重要的丝绸贸易商行蓝白厦，向大厦的主人、商业巨头汉斯·弗朗茨·萨拉辛（Hans Franz Sarasin）讨教成功的秘诀。萨拉辛先生可能会这样回答约瑟夫二世：巴塞尔成功的秘密在于免交关税，无论是制造商还是工人，都享受这个政策。

现代化学、制药企业与现代银行业的先驱

17 世纪伊曼纽尔·霍夫曼把新型织带机引入巴塞尔，他的家谱值得一看。其家谱展示了丝带行业与现代化学和制药工业之间的联系。从中可见，现在仍兴旺发达的跨国公司罗氏的创始人是伊曼纽尔·霍夫曼的直系第 7 代的后人，即第 8 代子孙。值得一提的是，弗里茨·霍夫曼的母亲伊丽莎白·梅里安（Elisabeth Merian）是约翰 – 雅各布·梅里安公司（Johan-Jacob Merian）的后代，后者是梅里安兄弟公司（Frères Merian）创始人克里斯托弗·梅里安（Christoph Merian）

图 7-28　巴塞尔罗氏制药集团总部

伊曼纽尔·霍夫曼（Emanuel Hoffmann，1643—1702 年）
（将新型条形织带机引入巴塞尔的人）
&1667 萨琳娜穆勒（Catharina Müller，1644—1712 年）

汉斯·雅各布·霍夫曼（Hans Jacob Hoffmann，1672—1718 年）
（丝带制造商）
&1711 芭拉·施特赫林（Barbara Stähelin，1678—1760 年）

伊曼纽尔·霍夫曼（Emanuel Hoffmann，1712—1765 年）
（丝带制造商）
&1733 安娜·卡特琳娜·福卡特（Anna Catharina Forcart，1712—1776 年）

伊曼纽尔霍夫曼（Emanuel Hoffmann，1739—1807 年）
（丝带制造商，领主）
&1761 瓦莱里亚·韦尔特曼（Valeria Werthemann，1741—1819 年）

安德里亚斯·霍夫曼（Andreas Hoffmann，1769—1832 年）
（丝带制造商，巴塞尔议会成员）
&1795 伊丽莎白梅里安（Elisabeth Merian，1778—1809 年）

安娜·凯瑟琳娜·霍夫曼
（Anna Catharina Hoffmann，1796—1871 年）
&1815 莱昂哈德·冯·德·穆尔
（Leonhard von der Mühll，1786—1856 年）
（丝绸制造商）

伊丽莎白·冯·德·穆尔
（Elisabeth von der Mühll，1824—1905 年）
&1842 海因里希·梅里安
（Heinrich Merian，1818—1874 年）
（领主）

伊丽莎白·埃利斯·梅里安
（Elisabeth Elise Merian，1845—1913 年）

伊曼纽尔·霍夫曼
（Emanuel Hoffmann，1798—1861 年）
&1822 玛丽亚·海伦娜·普莱斯维克
（Maria Helena Preiswerk，
1804—1876 年）

弗里茨·霍夫曼（Friedrich (Fritz)
Hoffmann，1838—1897 年）
（丝绸制造商和贸易商）

弗里茨·霍夫曼（Friederich (Fritz) Hoffmann，1868—1920 年）
（霍夫曼罗氏公司创始人）
& 阿黛尔·拉罗什（Adèle La Roche，1876—1938 年）

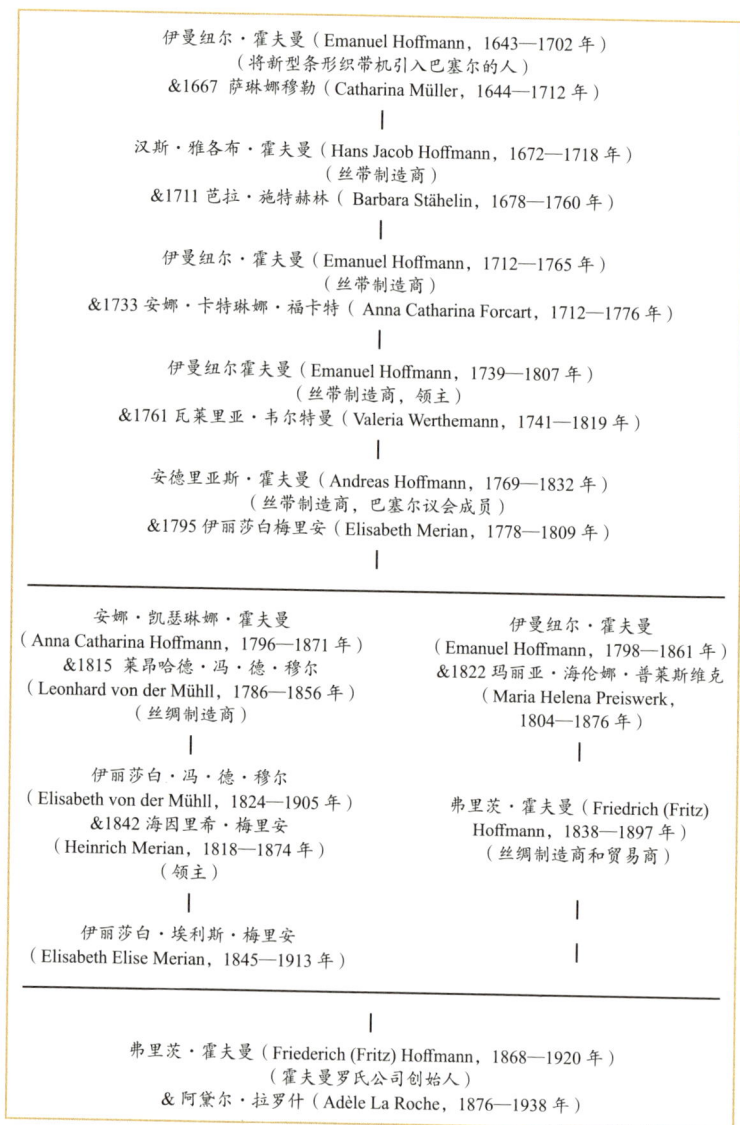

图 7-29　巴塞尔霍夫曼家族的家谱

的兄弟和商业伙伴，我们将在拿破仑的大陆封锁一章中详述。

从丝带到先正达

这一章提及的经济史遗产是双重的。一方面，制造精美的丝带需要染料。最初染料取自天然植物，如靛蓝、茜草、粉黛、红花、明矾、胭脂虫、紫胶等。但在 19 世纪，人们逐渐发现了苯胺等新的化学染色材料。从前的丝带制造业家族便兴建了一个新的行业来生产这些化学产品。随着时间的推移，这些巴塞尔的大型化工公司也进入了制药行业（化学制药），这就是巴塞尔之所以成为世界制药工业中心，并拥有了罗氏、诺华（Novartis）等知名企业的原因。引入 16 条织布机的人也是罗氏创始人的祖先，这就不是一个巧合了。

中国读者可能有兴趣了解瑞士农用化学品公司先正达（Synenta）的起源，该公司在 2016 年 2 月被中国化工巨头中国化工集团以价值 430 亿美元（438 亿瑞郎）的交易收购后，现在由中国人掌控。先正达公司本来是从诺华公司剥离出来的，专门从事农业化工业务。先正达的起源可以追溯到 1758 年，当时约翰·鲁道夫·嘉基（Johann

图 7-30 先正达的标识

107

Rudolf Geigy，1733—1793 年，见下文家谱）开始做销售化学产品和药物的小生意。公司世世代代由家族经营，大约 100 年后，随着约翰·鲁道夫·嘉基 – 梅里安（Johann Rudolf Geigy-Merian，1830—1917 年）开始生产用于丝绸、羊毛和木材的天然和化学染色产品，公司自此繁荣起来。公司地处巴塞尔，而巴塞尔位于莱茵河畔，是瑞士、法国、德国和北欧之间的原材料交换和贸易中心，因此公司业务在巴塞尔飞速增长。

嘉基

嘉基公司（GEIGY）是巴塞尔最大的化工公司之一，鲁道夫·嘉基（Rudolf Geigy）和卡尔·嘉基（Carl Geigy），以

图 7-31　约翰·鲁道夫·嘉基和他的妻子安娜 – 盖姆塞斯，以及他们的孩子。在创建公司的 1758 年，他并不知道自己实际上是先正达这个全球跨国公司的创始人。

及他们的表兄弟阿方斯·科赫林（Alphons Koechlin）和卡尔·科赫林（Carl Koechlin）都是嘉基公司的合伙人。

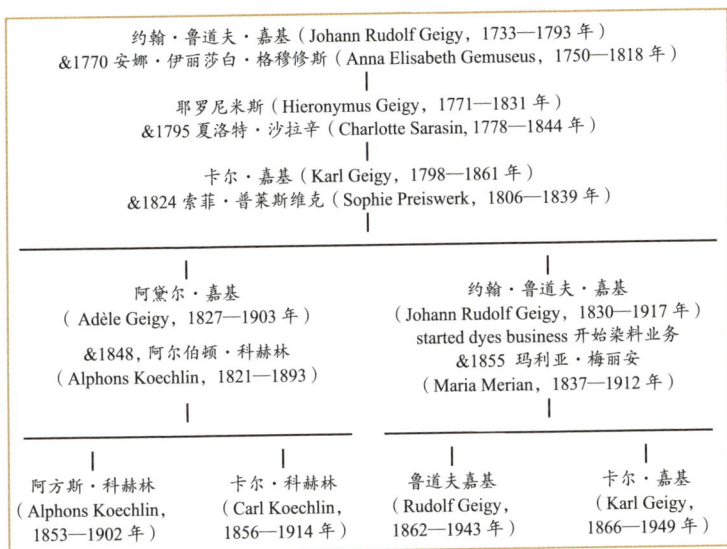

约翰·鲁道夫·嘉基（Johann Rudolf Geigy，1733—1793 年）
&1770 安娜·伊丽莎白·格穆修斯（Anna Elisabeth Gemuseus，1750—1818 年）

耶罗尼米斯（Hieronymus Geigy，1771—1831 年）
&1795 夏洛特·沙拉辛（Charlotte Sarasin，1778—1844 年）

卡尔·嘉基（Karl Geigy，1798—1861 年）
&1824 索菲·普莱斯维克（Sophie Preiswerk，1806—1839 年）

阿黛尔·嘉基
（Adèle Geigy，1827—1903 年）

&1848，阿尔伯顿·科赫林
（Alphons Koechlin，1821—1893）

约翰·鲁道夫·嘉基
（Johann Rudolf Geigy，1830—1917 年）
started dyes business 开始染料业务
&1855 玛利亚·梅丽安
（Maria Merian，1837—1912 年）

阿方斯·科赫林
（Alphons Koechlin，
1853—1902 年）

卡尔·科赫林
（Carl Koechlin，
1856—1914 年）

鲁道夫嘉基
（Rudolf Geigy，
1862—1943 年）

卡尔·嘉基
（Karl Geigy，
1866—1949 年）

图 7-32　嘉基家族图谱

汽巴

1859 年，法国商人亚历山大·克拉维尔（Alexandre Clavel）开始生产品红和紫红染料。品红是取代茜草的一种红色纺织品染料，紫红则是一种紫色苯胺染料，以倒挂金钟花来命名。尽管紫红染料的生产污染性强（当时人们不太关注环保），产品却很畅销。为了生产这些产品，克拉维尔于 1884

年成立了一家名为汽巴（CIBA）的公司，即巴塞尔的化工公司。

山德士

山德士（Sandoz）成立于 1886 年，也专门生产染料。

汽巴、嘉基和山德士是三家非常成功的公司。嘉基公司专门从事农用化学品业务，但在 1960 年，其农用化学品的销售额只占 40%。后来，汽巴、嘉基和山德士三家合并。首先，1970年，汽巴与嘉基合并，成立了汽巴–嘉基公司（CIBA-GEIGY）。1996 年，山德士与汽巴–嘉基公司以 270 亿美元的价格合并，成立了诺华公司，诺华一跃成为全球领先的化学制药集团，2022 年销售额超过 500 亿美元。但诺华的业务过于多元化，专门从事农业化工业务的子公司先正达就从诺华独立出来。因此，先正达可以算是鲁道夫·嘉基所创立公司的延续，该公司一直专门从事农业化工业务。2016 年 2 月 3 日中国上市公司中国化工的友好收购是当时中国企业规模最大的海外收购。如今引人注目的是，一家大型中国企业正在继承巴塞尔古老丝带制造行业的传统！

丝带制造及其相关金融活动的另一项遗产是私人银行传统的发扬光大。因为制造丝带的家族也将他们的资本用于投资发展现代产业，为此他们创建了许多私人银行，这就是后来的瑞士银行公司（Swiss Bank Corporation）的起源。瑞士银行公司是瑞士最大的商业银行之一，现在是瑞银集团的一部分。我们将专门用一章来讨论这个问题。

清朝廷授权的贸易垄断（1686—1856 年）

让我们把视线转向中国。17 世纪后期，与欧洲法国国王路易十四同期的清朝康熙皇帝放宽了海禁政策，来华外国商人与日俱增。清朝廷授权的贸易垄断机制在中国启动。1686 年，广东政府招募了 13 家有实力的行商，指定他们与洋船上的外商做生意并代海关征缴关税。从此，近代中国历史上著名的"广州十三行"诞生。随着口岸贸易的发展，这些行商因办事效率高、应变能力强和诚实守信而深受外商欢迎。1757 年（乾隆二十二年），清朝下令实行闭关锁国政策，仅保留广州一地作为对外通商港口。这促使广州十三行成为当时中国唯一合法的进出口渠道。在此后的 100 年中，广东十三行向清朝政府提供了 40% 的关税收入。1856 年第二次鸦片战争爆发后，一场大火降临十三行，使这些拥有 100 多年历史的商馆彻底化为灰烬。一段中外贸易历史因鸦片战争而结束，然而，中央集权对外贸易制度却始终在延续。

历史推进到这一时期，海上贸易开始逐步替代内贸，中国商人的视野也随之扩展。从广州十三行起，中国的少部分富裕者开始形成了最早的海外投资意识，官方上他们作为宫廷授权的代理机构，个体上许多行商已经陆续抵达南洋、欧洲，并考虑将钱进一步盘活投资。如，十三行的领衔商人伍秉鉴是英国东印度公司最大的债权人。他的投资也涉及了美国的保险和证券行业。伍秉鉴的后人还在家族史料中找到其通过巴林央行投资美国铁路的凭证，据悉1858—1879年，伍氏收到了125万美元的投资红利。

第八章

⋮

路易十四及其影响：
国际新教金融

塞缪尔·伯纳德和瑞士金融

想要了解在 17 和 18 世纪瑞士新教金融网络如何实现了国际化，并形成了一体化的欧洲组织，我们必须回到历史长河中去追寻踪迹。

瑞士历史学家马丁·科尔纳（Martin Körne，1936—2002 年）①② 证实，从 16 世纪开始，瑞士联邦已经是一个完整统一的联邦体，实际上运行得相当好。当时，瑞士联邦表面上是

图 8-1　法国国王路易十四肖像画 ①

① 参阅：Martin Körner, Solidarités finan-cières suisses au XVIème siècle, Lausanne, 1980. Luzern's Staatsfinanzen 1415—1798, Lucerne 1981。

② 海辛特·里戈（Hyacinthe Rigaud）所绘的法国国王路易十四的肖像画，保存于马德里的普拉多博物馆（Museum Prado）。

一个松散的组织，由 13 个政治体制和经济状况迥然不同的小共和国 / 城邦组成。虽然天主教和基督教新教之间完全分立，但联邦各成员同心协力地分担任务和职能。例如，卢塞恩和弗里堡等信奉天主教，比较贫穷，基本上依靠农业经济，并向大的天主教君主国供给士兵。伯尔尼则是瑞士联邦里的一个特例，是一个实力强大的小共和国，是新教国，下属有德语区和法语区，由于政府公共管理做得非常好，所以非常富有。然而，像弗里堡和卢塞恩一样，伯尔尼没有或者几乎没有发展任何早期工业，也没有任何重要的金融体系，主要为法兰西国王提供军事服务。另外，巴塞尔、日内瓦和圣加仑都有早期工业。苏黎世也有早期工业，但它的金融体系不如巴塞尔、圣加仑和日内瓦发达。然而，卢塞恩、弗里堡和伯尔尼这些不够现代化的农业经济体，总是可以依托巴塞尔、圣加仑和日内瓦金融服务业的帮助，有时也依靠苏黎世的帮助。这一体制的成果之一就是，瑞士举国上下成为周边国家的资本净输出方。因此，海外的瑞士银行家逐渐成了这些过剩资本的分配者和放贷人，他们有时会利用欧洲交战国的资金匮乏来谋取利益，这种情况在天主教国王路易十四时期的战争中体现得非常明显。在向路易十四输出资本的过程中是瑞士新教徒充当了中间人。

在 17 和 18 世纪，国王路易十四统治之下的法兰西王国是欧洲实力最强的大国，但长期处于财政困境。路易十四时期长

年累月的战争① 导致他长期资金
匮乏。特别是西班牙王位继承战
争（1701—1715 年）差点毁了法
兰西王国。

　　西班牙王位继承战争是一场
由哈布斯堡王朝最后一位西班牙
国王查理二世的遗嘱引发的欧洲
冲突，查理二世将他的王国和西
班牙帝国遗赠给法国安茹公爵菲
利普（Philippe of Anjou），即路易

图 8-2　塞缪尔·伯纳德的画
像，由约瑟夫·维维安（Joseph
Vivien）所绘。© 鲁昂美术博物馆

十四的孙子。大不列颠联合王国、荷兰联合王国和奥地利以及
神圣罗马帝国都不接受这种打破欧洲权力平衡的变化，于是在
1702 年与法国开战。为了能够支撑战事，法兰西国王不得不
依靠塞缪尔·伯纳德（Samuel Bernard），他是出身于荷兰裔新
教家庭的新教徒，一位非常精明的银行家。作家伏尔泰因为与
他有债务纠纷而憎恶他，说他是一个犹太人（但没有证据表明
塞缪尔·伯纳德是一个犹太人）。无论如何，塞缪尔·伯纳德
非常务实，在废除南特赦令后，他为了避免麻烦立马皈依了天
主教。

---

　　① 路易十四执政期间（1661—1715 年），法国发动了三次重大的战争以及两次
小规模的冲突，使他在 1680 年开始成为西欧霸主，但战争负担使他亲手缔造的
伟大形象和超高名气在晚年丧失殆尽。——译者注

图 8-3　安东尼·卢林（Antoine Lullin）②

路易十四不得不依靠一个新教银行家来资助他的战争，这是相当不可思议的，因为这位国王极其反对新教，而且曾在 1685 年废除了以宽容新教而结束了宗教战争的南特敕令。正如一句英语俗语所说的：没有永远的敌人，只有永远的利益。塞缪尔·伯纳德是太阳王路易十四 ① 时期最伟大的银行家。他的职业生涯起点是在巴黎做布商。他创立了几内亚公司（Compagnie de Guinée），专门从事三角奴隶贸易（在南特、非洲和圣多明各之间），并获得巨额财富。1700 年后，伯纳德成为法兰西王国的头号金融家，为皇室财政提供了累计至少 2 亿法镑 / 里弗尔的贷款。他是一个精明的商人，个人大发横财，但也为路易十四提供了巨大帮助。他在欧洲特别是在瑞士和荷兰联合王国新教金融界享有良好的个人声誉。尽管人民在

---

①　路易十四 15 岁时参演了著名的宫廷芭蕾《夜之舞蹈》。在这部舞剧的高潮部分，路易十四的弟弟扮演启明星出场，宣布太阳驾到。路易十四登场时身着光芒四射的金黄色服装，王冠上还装饰着鸵鸟的羽毛，给无数人留下了深刻印象。"太阳王"从此成为路易十四的官方绰号。——译者注

②　塞缪尔·伯纳德的一位重要的日内瓦联络人，是当时日内瓦最富有的银行家。现在仍有一家日内瓦银行叫弗里尔·卢林。此画由瑞士私人收藏。

挨饿，政府濒临破产，但伯纳德在国外的信用贷款使法兰西王国立于不败之地。因此，塞缪尔·伯纳德被赐予荣誉，授予贵族身份（库贝尔伯爵）。圣西蒙公爵在其回忆录中称伯纳德为"欧洲最著名和最富有的银行家"。

塞缪尔·伯纳德可以被认为是瑞士，特别是与国际接轨的日内瓦新教金融辉煌传统之父。他利用这个网络为路易十四的西班牙王位继承战争提供了资金。这场战争持续了14年，事实证明这对他个人及其合作伙伴来说，是一场收益颇丰的生意。也可以说真正的日内瓦新教金融的创始人不是加尔文，而是任用了新教银行家塞缪尔·伯纳德的路易十四。

太阳王路易十四对新教徒进行迫害，无意中成为瑞士联邦的创新助推器。特别是，他把成千上万的新教难民，也就是所谓的胡格诺派①，赶到了瑞士境内。而随着这些难民家庭同时来到瑞士的还有资本、创新和人脉。例如，私人银行伦巴第 - 奥迪尔 - 达里尔 - 亨奇（Lombard-Odier-Darier-Hentsch）可以追溯到四个胡格诺派家族，他们都是为了逃避迫害而在日内瓦定居。许多胡格诺派家族在荷兰、英国和美国都有亲戚，这张人际关系网络使得日内瓦、苏黎世和巴塞尔在世界贸易版图上占有了一席之地。

---

①　胡格诺派是基督教新教加尔文教派在法国的称谓。

路易十四王朝的破产及其后果（1710—1715 年）

为了尝试建立更稳固的财政基础，重振法兰西王国的财政，早在 1707 年，塞缪尔·伯纳德就提出了由皇家银行发行纸币以促进贸易的想法，但遭到了路易十四的反对。我们会看到，后来这个想法曾数次浮出水面，最后由瑞士银行家仿照英格兰银行的模式，在拿破仑时代以法兰西银行的名义付诸实施。

然而，从实际情况看，法兰西王国拖欠了债务，1710—1715 年，其债务慢慢积少成巨，却没有正式宣布破产。由于塞缪尔·伯纳德的个人声望，他仍然能够从国外筹集到资金。法国的债务体系是建立在类似汇票贴现制度基础上的，大体上可以与当今的美国国库券相提并论，所以它允许这种不履行债务的行为。超级大国的信用是建立在军事实力之上的，因此它可以发行国库券汇票。流通中的汇票提供了不可或缺的流动资金，但国家并未将其视为债务。在路易十四统治末期，国库弹尽粮绝，国家摇摇欲坠。即将到期的债务达到了 4.5 亿法镑 / 里弗尔①，债务总额估计为 25 亿法镑 / 里弗尔，也就是说，大约相当于 10 年的国库收入。法兰西王国不仅不再向食利者支付利息，还开征新税（1695 年设立的人头税和 1710 年设立

---

① 里弗尔是法兰西王国的货币。又译作"锂"或"法镑"。最初作为货币的重量单位，相当于一磅白银。里弗尔作为货币名称最早出现于查理曼大帝时代。——译者注

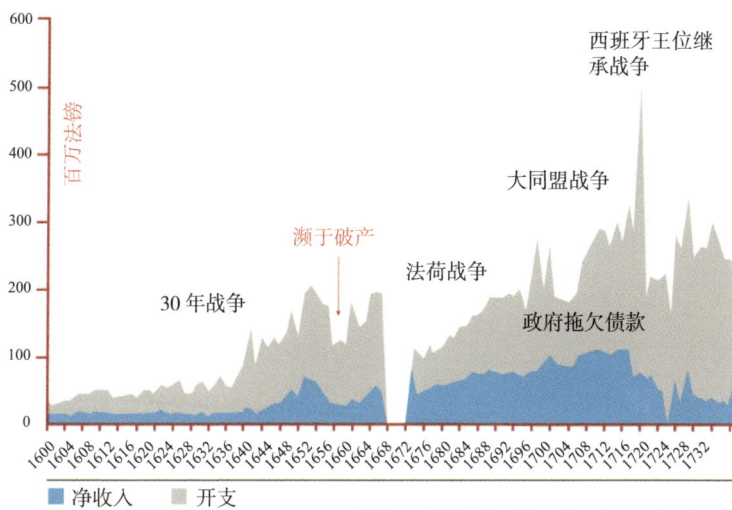

图 8-4　1600—1715 年（路易十四去世）法兰西王国的开支和收入
数据来源：阿兰·盖瑞，法国经济社会文明年鉴（n°2 Annales ESC 1978）

的 1/10 税）获取年金。如此一来，法国君主政体滥用其金融家的信用，达到了史无前例的程度！

约翰·劳"计划"的失败及其对瑞士的启示（1720 年）

约翰·劳（John Law）是一位独树一帜的苏格兰冒险家，像塞缪尔·伯纳德一样，他萌生了建立皇家银行的想法，该银行可以通过发行纸币来吸收皇家债务。这个计划在 1708 年遭到了路易十四的反对，但在路易十四死后，他的继任者摄政王奥尔良公爵菲利普给了约翰·劳将其想法付诸实施的机会。法兰西王国历经几十年的战争，当时的财政状况极为糟糕，摄政王迫切地想解决债务问题，于是接受了约翰·劳的计划。

从理性的角度看，约翰·劳的方案是正确的。"重金主义"理论认为，国家的财富仅由其持有的贵金属数量来衡量，而约翰·劳的经济观点与该理论相反。作为古典经济学派的先驱，他认为货币纯属交换媒介，不能构成财富本身，国家的财富首先取决于贸易。这一点是正确的，有可能使法国经济重新焕发活力。当时由于流通中的货币出现短缺，法国经济一直萎靡不振，但约翰·劳的计划在法国实施后，却产生了金融泡沫，最终酿成一场灾难。

1716 年约翰·劳利用摄政王授予的特权创建了通用银行（Banque Générale，一家股份制公司），该银行依靠其姊妹公司——永久东印度公司（Compagnie perpétuelle des Indes）的殖民活动，最终吸收了几乎所有法国的殖民贸易资金以及大部分税收。但是，这种准垄断行为，再加上大张旗鼓的宣传，导致了人们对股份的肆意炒作以及股价的过度上涨。当时该银行的资本达到了 100 万法镑／里弗尔，分为 2 000 股，每股 500 法镑／里弗尔，其中四分之一以现金支付，其余以"国债券"形式支付。由于年金非常高（7.5%），该银行立即大获成功。

1717 年 4 月 10 日，一项新法令的颁布扩大了通用银行的特权。这项法令规定，通用银行发行的票据可以即期兑换，用

来支付税款，因此其资本增加
到了 600 万法镑 / 里弗尔。1717
年 8 月 23 日，约翰·劳获得
了路易斯安那公司（Louisiana
Company）的经营特权。9 月 6
日，约翰·劳为法国在美洲和塞
内加尔的殖民地创建了西方公司
（Compagnie d'Occident），很 快
就被戏称为密西西比公司。从那
时起，他掌握了路易斯安那的商
业垄断权，为期 25 年，目标是
在 10 年内每年向该殖民地输送

图 8-5　苏格兰金融家约翰·劳
（John Law，1671—1729 年），
密西西比计划的发起人。© 苏格
兰国家肖像馆

6 000 名白人和 3 000 名黑人，以与西班牙和英国抗衡。该公
司的资本后来达到了 1 亿法镑 / 里弗尔，分为 20 万股，可以
用政府债券支付，有 4% 的股息。约翰·劳再次成功了：为了
吸引资本，他把路易斯安那描绘成一片充满机遇的土地，但一
开始殖民地居民的数量并不多，大多数人是为了逃避苦役才来
到路易斯安那。尽管如此，一番运作下来，约翰·劳还是帮助
政府清偿了 6 000 万法镑 / 里弗尔的公共债务。

　　由于每次发行的股票都被公众大量超额认购，面值被分为
所谓的女儿股和孙女股（发行面值较小的新股），女儿股和孙
女股的面值立即涨破天花板，引发投机狂潮。这跟比特币和其

图 8-6 （讽刺画）昆坎波瓦大街上的驼背人（图片右侧穿绿色衣服的人），人们都想在他的背上签合同图好运

他加密货币的情况类似，无名小卒通过投资密西西比的股票一夜暴富。女仆暴富的故事也流传开来，据说她们用工资购买了密西西比的股票，变得比伯爵夫人还富有。全民陷入了投机狂潮。在这个迷信的国度，离奇夸张之事比比皆是。通用银行位于昆坎波瓦大街（rue Quincampoix），有驼背的人在那里乞讨，而迷信的说法是，如果一个人摸了驼背之人的背，就会交好运。因此，每个人都扔给他一个硬币，想摸摸这个可怜人的后背，很快驼背之人就成了富翁。

不幸的是，这些股份并不代表真正的价值，因为在现实中约翰·劳只是承诺开发密西西比神话般的财富，但事实上什么都没有做。在某一时间点上，公众开始怀疑了。为了拼命加快密西西比地区的建设，政府下令搜捕所有的流浪汉、坏蛋和妓女，把他们送到路易斯安那去。当然，这没有产生任何经济效果，但却在文学作品中留下了痕迹。小说《玛侬·莱斯科特》（*Manon Lescaut*）是法国文学名著之一，讲述了 18 世纪初一个轻佻女子的动人故事。小说中的人物玛侬·莱斯科特被带上了一艘前往密西西比的船，她的情人格里厄骑士（knight des Grieux）拼命想要救她，但却枉费力气。他只得跟随她来到了美国，最后两个人都在那里悲惨地死去。

1720 年，公众对所谓的"计划"完全失去了信心，股东们开始要求用黄金兑付股份，但遭到了拒绝，而一些有权有势的王公贵族（孔蒂王子和波旁公爵）却获准拿走了他们的利润，驾着满载黄金的马车离开了银行。从那一刻起，挤兑开始，约翰·劳的计划全盘破灭了。约翰·劳不得不逃之夭夭，在赌场里靠打牌谋生，悲惨地度过余生。而皇家银行则建立了一个签证制度来清算债务，按照这个制度，要求兑付股份的人必须先获得一张签证，而签证的发放与否以及发放多少都是随机确定的。换句话说，都成了拖欠不还的债务，一切终以悲剧收场。

所谓的密西西比事件，对瑞士的金融和银行业产生了重要且深远的影响，因为在法国的瑞士金融家中，一些人炒作密西西比股票并在适当的时机抛售，从而获得巨额利润。他们为路易十四的战争提供资金，巧妙地应对密西西比的泡沫。随着所有这些事件的发生，一个同质化的银行家社会阶层在日内瓦、纳沙泰尔、巴塞尔、巴黎、阿姆斯特丹、伦敦，还有圣加仑等地出现了，他们通过联姻和商业往来紧密联系在一起，形成了一个具有重要意义的国际网络。

瑞士新教金融在欧洲一席之地的确立

我们来说说三个在塞缪尔·伯纳德之后声名鹊起的重要瑞士银行家家族，它们分别是德·塞卢森（de Thellusson，法语拼写）家族、冯·吉格（von Giger，德语拼写）或德·吉格尔（de Guiguer，法语拼写）家族以及德·霍格（de Hogger，法语拼写）家族。有趣的是，它们都与圣加仑有关系。艾萨克·德·塞卢森（Isaac de Thellusson）的母亲出生在吉格尔家族，是路易·德·吉格尔（Louis de Guiger）的妹妹。路易·德·吉格尔在日内瓦有一家银行，艾萨克·德·塞卢森在那里做学徒。在经历了一些波折之后，艾萨克·德·塞卢森在日内瓦创立了自己的银行——塞卢森公司（Thellusson & Co）。在西班牙王位继承战争时期，他通过塞缪尔·伯纳德的金融网络，获得了巨大的成功。艾萨克·德·塞卢森留在了日内瓦，并在日内瓦政府任职，开启了他的政治生涯，并取得了辉煌成就。他是日内瓦"否定派"政党的代表，该党派极其保守，反对所有形式的变革。

图 8-7　普兰金斯男爵路易·德·吉格尔（Louis de Guiguer, 1675—1747 年）的肖像画，由拉吉利埃（Largillière）所绘，保存于普兰金斯城堡。© 瑞士国家博物馆

图 8-8　由雅辛特·里戈德（Hyacinthe Rigaud）所绘的艾萨克·塞卢森（1690—1755 年）的肖像画

图 8-9　艾萨克 - 路易斯·德·塞卢森（1727—1790 年）男爵（Baron Isaac-Louis de Thellusson）的画像，由利奥塔尔（Liotard）所绘。© 温特斯的莱因哈特基金会

艾萨克·德·塞卢森的子孙后代都很富有。德·塞卢森家族成为国际金融世家，在法国、英国等各个国家都拥有巨额资产，其英国分支，彼得 - 艾萨克·塞卢森（Peter-Isaac Thellusson，1761—1808），因所谓的塞卢森案而闻名。他在遗嘱中写道，其财产在三代以内不得由子孙继承，而应该对资产进行管理，不断累计利息，最后由第四代子孙后代继承，那时的继承人就会是世界上最富有的人。这个愿景至少是遗嘱中隐含的意思。这份遗嘱在英国法庭上遭到攻击，法庭裁定这份遗嘱非法。如今的英国富人更愿意使用信托作为遗产继承的替代方案，借此将财富代代相传。

现在我们来看看艾萨克·德·塞卢森的舅舅路易·德·吉格尔。德·吉格尔家族来自圣加仑的布商。路易·德·吉格尔在里昂成为一名商业银行家，是众多来自圣加仑的商业银行家中的一员。后来他去往巴黎，与一位名叫图尔顿（Tourton）的法国银行家合伙经营银行业务，成为鼎鼎有名的银行家。他还在上文提到的著名的密西西比泡沫投机活动中获得了巨额收益。他用这笔巨额财富购买位于沃州临近尼永的普兰金斯庄园，并把普兰金斯城堡整修得富丽堂皇。普兰金斯城堡现在是瑞士国家博物馆的一部分，中国游客在瑞士旅行时可以一饱眼福。

　　德·霍格家族是地地道道的圣加仑人。有趣的是，德·霍格家徽与久负盛名的莫特利家徽相同，莫特利是中世纪大拉文斯堡贸易公司的创始人。一些历史学家认为这只是一个巧合，但笔者不相信这里有什么巧合。这可能意味着莫特利家族和德·霍格家族之间有血缘关系。德·霍格家族是纺织品贸易商和制造商，在 18 世纪初成为银行家。霍格兄弟公司在马克－弗里德里希·德·霍格和丹尼尔·德·霍格（Marc Friedrich de Hogger and Daniel de Hogger，1659—1731 年）的领导下，曾多年在法国国王的宫廷里开展大规模金融业务。从1680 年起，马克·弗里德里希开始管理霍格兄弟公司的里昂分公司，在 18 世纪初的头几年中，它是法国皇室主要御用银行之一（向法国皇室供应贵金属、向军队支付工资以及负责法国向瑞典支付抚恤金）。霍格在 1713年被授予瑞典的世袭贵族身份。1715 年，他买下了科佩（Coppet）男爵的领地

图 8-10　德·霍格家徽，上面有乌鸦，与莫特利家徽的相同

（紧挨着另一个圣加仑吉格尔家族的普兰金斯男爵的领地），从1719年起，他作为瑞典驻瑞士改革后各州的代表居住在那里。

我们可以看到，在约翰·劳意外破产之后，塞卢森和吉格尔公司兴旺起来，因为德·塞卢森从不相信这种投机行为，也从未参与其中。因此，在约翰·劳破产后，他赢得了智者的声誉，他的生意也蒸蒸日上。德·吉格尔参与了投机活动，但能抓住时机获取利润，这在当时实属罕见。相反，安东尼·德·霍格（Antoine de Hogger）在密西西比泡沫事件前，是比德·塞卢森和德·吉格尔更有名的银行家，但由于皇家财政拖欠债款，他损失了约1亿法镑。因此，德·霍格家族在那次严重损失之后，基本上在金融界退居后位了。其他霍格家族成员在阿姆斯特丹金融中心留下了美名，例如保罗－伊万·德·霍格（Paul-Ivan de Hogger，1760—1816年）成为荷兰银行的总裁。在18世纪，德·霍格家族有些人投身军旅（这不需要同样的金融投资），主要是为法国和瑞典效力。此外，他们在俄罗斯也拥有很高的地位，口碑极佳。

从密西西比泡沫结束后，直到法国大革命到来之前，资深的瑞士新教银行家再次大获成功。虽然那时这个社会群体已经有了新的成员，但德·塞卢森家族、德·吉格尔家族和德·霍格家族仍然是特殊精英群体的榜样，可以与清朝的买办商人相提并论，不同的是，这些银行家虽然活跃在法兰西王国，但他们并不属于这个王国，与法国人的宗教教派也不同。

他们在自己的祖国瑞士以外的地方做生意，但始终保持着瑞士人的身份，并在瑞士保留了银行机构。他们的一些后裔如今仍然活跃在传统的瑞士和特别是日内瓦的银行家家族中。

"高特银行"的诞生

事实上，新教银行家创造了一种被称为"高特银行"的新型金融，可以将其描述为：少数因婚姻和宗教相互关联的家族，通过与统治者（此处指的是法国王室）的密切关系控制着的大型金融业务，他们向统治者提供其亟须的服务，满足其金融需求。作为回报，统治者授予他们许多特权，他们在管理银行的方式上几乎完全自由，不必公开账目，也不必遵守任何有关事务管理的特殊规定。只要其所作所为对统治者有利，他们就几乎不受任何约束。

可以说，塞缪尔·伯纳德派的新教银行家，特别是 18 世纪的瑞士私人银行家，创建了这种"商业模式"，后来罗斯柴尔德和其他犹太银行家族也模仿并发展了这种模式。这种模式与现代商业银行的模式完全不同，有时也被称为"佩雷尔（Pereire）"模式或"动产信贷银行（Crédit Mobilier）"[①]模

---

① 动产信贷银行是法国的一家银行公司，由佩雷尔创立，是 19 世纪中叶世界上最重要，最有影响力的金融机构之一。通过调动法国中产阶级投资者的储蓄作为大规模贷款计划的资金，在为众多铁路和其他基础设施项目提供资金方面发挥了重要作用。——译者注

式，1856 年在苏黎世成立的瑞士信贷银行就是其中一个典型
例子。不同的是，瑞士信贷银行的创始人阿尔弗雷德·埃舍尔
（Alfred Escher）来自一个典型的苏黎世丝绸制造商和贸易商
家庭，与法兰西银行的一些瑞士创始人共同参与过 18 世纪的
高特银行业务。这个世界真的很小。值得注意的是，我们在本
书中研究的所有金融史上的重大演变，最终都是极少数个人和
家族的行动与磋商的结果，他们当中很多是瑞士人。

日内瓦私人银行的特殊文化

在此，我们想介绍一下日内瓦私人银行家的传统精神，他
们与合伙人共同经营无限合伙企业，共同承担连带责任。但实
际上如今这已不复存在，因为日内瓦银行家公开了他们的账
目，银行已成为股份有限公司。因此，我们必须使用过去式来
讲述了。

从 15 世纪末到 18 世纪初，私人银行家这个全新而典型的
日内瓦职业群体慢慢一步步地出现在公众视野中。从那时起一
直到今天，他们以其独特的思维方式浸润着商界。在超过两个
半世纪的时间里，这个职业几乎始终保持其业务类型，尤其是
保持了开展业务的传统精神和风格。私人银行家不会轻易将业
务易手他人：他们通常都来自同一个小范围联姻家族群体，代
代相传，延续家族业务。在这方面，日内瓦并不是个例。巴黎

和伦敦、阿姆斯特丹和哥本哈根、热那亚和马赛、里昂和法兰克福等十几个欧洲市场同时成立了私人银行，这在巴黎也被称为"高特银行"。

私人银行本质上就是一种家族生意。其他地区也会效仿其经营方式，最终私人银行家将一张联系紧密的网络扩展到整个欧洲大陆（并向海外扩张）。日内瓦当地有许多蓬勃发展的银行公司，因此在这方面尤为出类拔萃。由于几乎没有可用的统计数据，我们只能推测它们的营业额（和利润）规模。另外，最重要的原因还在于日内瓦在国际上所扮演的角色。在 18 世纪，日内瓦私人银行是整个欧洲网络的汇聚点和活动中心，通常也是决策中心，与当时所有重大事件都有直接关系。

人们不可能从历史角度对私人银行作出一个放之四海而皆准的定义，因为私人银行家非常抵触被某个概念所圈圈，更有甚者，他们总是抵触法律规定的约束。这就是为什么直到现在私人银行也没有法律意义上的公司定义。私人银行曾经是承担无限责任的合伙人企业。私人银行悠久的传统使人们对它产生了信任，即使是 1934 年的瑞士《联邦银行法》（Federal Banking Act）也赋予了私人银行家极大的自由，并对其一直坚持的酌处权原则给予了合法地位（私人银行家甚至没有义务平衡其资产负债表，也没有义务保持资产和负债之间的法定比例）。每位银行家都在不断调整对自身职业的认识，有时这种认识并不明确。私人银行家所从事的活动不受任何公司或法律约束。这种不受约束指的是，从法律上讲，私人银行业对所有人开放，并且是一个可自由发挥个人想象力的行业，而在 18 世纪人们尤其不缺乏想象力。但私人银行业的成功是有限制条件的，甚至条件极为苛刻，想要成功必须具备以下三个条件：

第一，自己拥有大量资金；

第二，拥有广泛的人脉；

第三，拥有敏锐的商业直觉。

那些没有满足这三个条件就冒险涉足这个行业的人都失败了：在 18 世纪和 19 世纪初，银行破产的情况很多。这就是优胜劣汰，适者生存。这种严格汰选使日内瓦以及其他地方的私人银行成为一个既封闭又安全的国际交易场所，并使其安然渡过各种危机和变革。然而，私人银行之所以具有稳定性，其实还另有原因：私人银行家之间从未有过任何真正意义上的竞争。在银行家团结一致的精神面前，竞争意识似乎一直在减弱，即使（或许尤其是）危急关头，银行家也非常团结，比如在 1720 年，苏格兰人约翰·劳在巴黎的"计划"全盘崩溃带来惨烈打击时，或者在大革命的动荡时期，他们都一如既往地团结一致。

18 世纪以日内瓦为核心的新教银行领域彰显了这种团结一致的精神。日内瓦市的银行家服务于一个与自身社会背景大致相同的独特客户群体。商业资产阶级虽然数量有限，但遍布整个欧洲。他们团结一致，结成一张关系网，这样就很难区分哪些银行仍然算是日内瓦的银行：只有极少数算是纯粹的日内瓦银行，几乎所有银行都或多或少与日内瓦有关联。第一代私人银行仍是来自背景相同的日内瓦银行，一直存续到18世纪30年代，主要包括马克·卢林（Marc Lullin）、巴泰勒米·法夫尔（Barthélemy Favre）、马莱和克莱默（Mallet & Cramer）、萨拉丁（Saladins）、里利埃和德拉里夫（Rilliet & Delarive）等银行。第二代私人银行主要出现在18世纪下半叶，分散在欧洲各地，例如里利埃（Rilliets）、卢林（Lullins）、百达（Pictet）、萨拉丁（Saladin）、塞隆（Sellon）和塞卢森（Thélusson）等银行，主要驻扎在巴黎和伦敦；布迪尼斯（Butinis）银行主要在巴黎和马赛；安德烈（André's）银行在巴黎、伦敦和热那亚；特隆钦斯（Tronchins）银行的业务在巴黎和里昂；布瓦西耶（Boissiers）银行的业务在热那亚和伦敦；奥伯茨（Auberts）银行的业务在伦敦和都灵；卡泽诺夫斯（Cazenoves）银行的业务分布在阿姆斯特丹和伦敦；夏波鲁日（Chapeaurouges）银行驻扎在汉堡；米拉博（Mirabauds）银行的业务开始于意大利的米兰。

私人银行家的作用

17世纪末，私人银行家在日内瓦以及其他地方迅速崛起，精准响应了大型贸易公司（东印度公司等）和一些工厂（如法国圣戈班皇家玻璃制造公司，该公司如今仍在蓬勃发展）的资本需求。其次是战争的资金调动需求（从西班牙王位继承战争开始，资助食品、弹药以及武器的供应，等等），所以日内瓦私人银行需要起到调节货币供求的作用。私人银行为首都（如巴黎、伦敦）和大型港口（如马赛、汉堡）带来了其短缺的资金。反之，在日内瓦、瑞士和意大利，私人银行吸走了导致利率过低（降至 2% 或 3%）并引发通货膨胀的过剩资本。

日内瓦私人银行很少从事商业票据贴现业务，这种业务在日内瓦的需求量不大。日内瓦私人银行几乎不吸收存款，也不发放短期贷款，因为短期贷款的回报太低了。与伦敦或巴黎不同，日内瓦私人银行对短期或零售业务不感兴趣，通常运营与政府相关或与大大小小的上市公司有关的长期业务。因此，私人银行家也是经纪人，他们接受委托，发行债券，或者帮助公司和工厂在证券交易所发行股票。他们认购终身年金或永续年金。所有这些长期业务的目的都是基于对不确定未来的承诺，满足债务人当前的需求。最终，私人银行家专注于一些巨额财富的管理。

随后，法国大革命爆发了。革命这种事不可能进入私人银行家的盘算之中，因此他们没有预见到它的到来。法国大革命对大多数人来说是场灾难，对有些人来说，甚至是场灭顶之灾。日内瓦的私人银行家通常都很谨慎，但在 1770 年至 1790年间，他们比以往任何时候都更多地参与了法国的商业活动……这些活动在 1763 年给日内瓦带来了 300 万法镑的收入，甚至在 1785 年带来了 1 200 万法镑的收入。18 世纪末，高特银行业的危机影响深远，但并不是毁灭性的。更何况法国大革命后的政府并没有减少对金钱的需求。另外，危机不仅反映了这种政治动荡，而且还反映了经济和社会结构的转变。银行家与经济和社会结构之间的密切联系不亚于与政治制度之间的关系。与苏黎世和巴塞尔的银行家相同，日内瓦的私人银行家也没能预见工业革命的到来。他们对工业革命无动于衷，因为它的到来扰乱了他们的习惯，打乱了他们的战略。无论是心态使然，还是新兴产业的需求使然，他们都不愿意承担新兴产业带来的风险。即使新的生产方式已经证明了自己，并在 1820 年左右对资本产生了越来越大的吸引力，大多数私人银行家仍然对此置之不理。从 18 世纪到 19 世纪，"私人"银行家（这个称呼现在比以往任何时候都更合适）仍然忠实于他们的原则：为了自己，也为了与自己社会背景类似、但不是创业精英的保守客户群体，保持长期业务的持续性、储蓄的安全性和谨慎性。私人银行家族仍然是以前的那些家族。它们在经历了动荡不安之后重新集结，整顿好自己的事务，面对崭新的时代。这些家族创建了那些今天我们耳熟能详的银行：费里尔－卢林（MM.Ferrier, Lullin & Cie，1795）；亨奇（Hentsch & Cie，1796）；隆奥（Lombard, Odier & Cie，1798）；百达（Pictet & Cie，1805）；以及后来纳沙泰尔的博浩特（Bonhôte，1815），早期业务在米兰的米拉博（Mirabaud & Cie，1819）；波迪尔（Bordier & Cie，1844）；戈内特（Gonet & Cie，1845）；达里耶（Darier & Cie，1880）。所有这些银行在法律上都是作为合伙人企业成立的，其合伙人仍然承担连带责任。

直到最近（2014 年），瑞士百达银行和米拉博等传统的日内瓦私人银行才放弃了纯粹的无限合伙人法律形式，转为股份有限公司。然而，它们仍然将合营作为主要结构，仍然由创始人家族控股（股份有限合伙公司）。2002 年，隆奥、达里耶和亨奇合并，可以说，这个新银行已经不再真正掌握在最初的创始人家族手中了。但是，当初的精神传统大部分传承了下来。

除了这些私人银行以经久不衰而著称以外，许多私人银行家也声名显赫，例如，慈善家让 – 加布里埃尔·艾纳尔（Jean-Gabriel Eynard）曾在 1820—1860 年间担任托斯卡纳大公和其他几个王室家族的财务顾问。

19 世纪重新组建的私人银行集团不像 18 世纪的银行那样雄心勃勃。日内瓦私人银行家不再是主宰国家事务、贸易和工业的金融大师，他们基本上退回到财富管理的老本行中去了。他们成功地运用了以往的原则，保持政策的连续性、谨慎性，倡导相互信任、团结同行、富有想象力和洞察力。他们坚决远离有风险的投机活动。与投行相比，他们的资产负债表规模仍然不大。他们的作用并非微不足道，而是比较有限。但他们仍然享有特殊的威望，并带有一丝神秘感。

19世纪，为更好地为经济和公众服务，私人银行系统进行了革新。日内瓦也适度开展了变革，但产生了些许混乱。传统的日内瓦银私人银行家逐渐结盟，并在19世纪40年代形成两个派系。"四方（Quartet）"派〔亨奇、隆奥、德·坎多乐（de Candolle）、图雷特尼（Turrettini）；路易-百达〕严格遵循传统。自1849年以来，"全能（Omnium）"派聚集了其他一些对工业证券感兴趣的私人银行家，他们的兴趣主要集中在马赛、那不勒斯等地以及日内瓦（1861年）的天然气生产公司，他们偶尔也为当地经济服务，但通常与外国企业有联系。许多公司都是根据当下的具体需要而建，大多数规模很小，而且总是昙花一现。

经济发展需要大型的现代商业银行。但值得注意的是，也许是因为传统私人银行实力强大，在日内瓦所有创建现代商业银行的努力都功亏一篑。实际上，在瑞士，大型商业银行主要是在苏黎世和巴塞尔这两个德语区发展和壮大起来的：瑞士信贷银行位于苏黎世，瑞士银行公司位于巴塞尔，而瑞士联合银行则是由圣加仑的一家银行与苏黎世附近的工业城市温特图尔的一家银行合并而成。诚然，大型的瑞士德语区全能银行也在日内瓦开设了子公司，为日内瓦现代工业的发展做出了贡献。但是，所有创建典型的日内瓦商业银行的尝试都失败了。19世纪末和20世纪初，日内瓦私人银行家传统家族试图踏足商业银行业务领域，但旋即败北。日内瓦仅有的几家非私人银行基本上都是储蓄和贷款银行，例如法国松鼠储蓄银行和日内瓦按揭银行（Banque Hypothécaire），后来合并为日内瓦州立银行（Banque Cantonale），现在是一家州政府银行。

显然，日内瓦拥有一种古老而独特的私人银行文化，遵循这种文化传统的私人银行一般不会在客户所在国设立海外分支机构。这种传统使私人银行特别适合对财富管理有特定需求的客户。

阿尔伯特·加勒廷：美利坚合众国的瑞士开国元勋

最后但同样重要的是，在关于日内瓦金融艺术的这一章中，我们不能不提到一位声名卓著的绅士，他是这一辉煌传统的典型代表，在美国发挥了历史性作用：阿尔伯特·加勒廷（Albert Gallatin，1761—1849 年），或称德·加勒廷（de Gallatin）。

阿尔伯特·加勒廷出身于日内瓦的一个名门望族，家世显赫。虽然生于日内瓦贵族社会，但他并不是像塞卢森家族①那样的"否定派"，反对所有形式的变革，也不像艾蒂安·克拉维埃（Etienne Clavière）家族那样站在革命的平等主义一边。尽管加勒廷是让－雅克·卢梭的崇拜者，他的家族与伏尔泰私交甚深，但他似乎对当时的日内瓦暴力政治冲突并不感兴趣，

---

① 正如我们所理解的那样，日内瓦的否定派是一个保守的贵族政党，一贯反对一切变革。

也没有参与法国大革命的日
内瓦各种活动。他赞成启蒙
运动的新思想，但他更倾向
于更加温和的美国革命。加
勒廷在政治上和性情上都是
一个温和派。

加勒廷在日内瓦新教贵
族圈最优越的环境中接受教
育。金融、银行业务和贸易
是这些贵族们生来就要被传

图 8-11　阿尔伯特·加勒廷肖像图[①]

授的技能，与之并重的还有加尔文教和公民观。父母去世后，
加勒廷由家族挚友凯瑟琳·百达（Catherine Pictet）抚养长大，
凯瑟琳膝下无子，将他视为己出，并根据古老的日内瓦加尔文
主义价值观，培养他克勤克俭的精神。凯瑟琳·百达的家族如
今仍然拥有著名的私人银行瑞士百达银行。加勒廷先在加尔文
学院学习，这是一所由加尔文本人创办的学院。12 岁时，他成
了日内瓦学院（Leges Academiae Genevensis，现在的日内瓦大
学的前身）的寄宿学生，当时许多来自世界各地名门望族的年
轻绅士也在那里学习。经过 7 年的广泛学习，他以数学、哲学
和拉丁文学科排名第一的成绩于 1779 年 5 月毕业。在此我们可

① 1801—1814 年担任美国财政部长，这幅画由吉尔伯特·斯图尔特（Gilbert
Stuart）绘，存于纽约大都会艺术博物馆。

以看到，尽管加勒廷 19 岁就去了美国，但这位沉稳早慧的神童已经在日内瓦政治和经济的传统中接受了全面的学科训练。

　　加勒廷在加尔文学院的一个同学在其命运中发挥了巨大作用，他的这位好友是本杰明·富兰克林（Benjamin Franklin）的孙子本杰明·富兰克林 – 巴奇（Benjamin Franklin-Bache）①。与富兰克林 – 巴奇的友谊激发了加勒廷拥抱美国革命理想的愿望。1780 年 4 月，怀揣着本杰明·富兰克林本人的推荐信，年轻的加勒廷与他的朋友亨利·塞雷（Henri Serre）一起前往美国。这封推荐信为加勒廷打开了美国新精英圈子的大门。毫无疑问，如果没有他与富兰克林 – 巴奇的友谊，没有本杰明·富兰克林的推荐信，加勒廷的事业发展就会是另一番景象。

　　这封推荐信言简意亥，是富兰克林在法国写的，当时富兰克林正在那里争取法国政府对美国革命党人的帮助。这封信是写给他的女婿理查德·巴奇（Richard Bache）的，当时理查德·巴奇在美国上流社会非常有影响力：

　　致：费城邮政总局局长理查德·巴奇

　　法国帕西，1780 年 5 月 24 日

---

　　① 本杰明·富兰克林–巴奇（1769 年 8 月 12 日—1798 年 9 月 10 日），是商人、海上保险承保人和美国邮局创始人理查德·巴奇和美国国父本杰明·富兰克林的女儿萨拉·富兰克林二人之子。英年早逝的富兰克林 – 巴奇是著名的记者，也是一家报纸的创始人，他是杰斐逊共和党人，和加勒廷一样对联邦主义财政政策略有褒贬。

亲爱的儿子，

加勒廷和塞雷斯是两位来自日内瓦的年轻绅士，家境优越，品行端正。他们想去美国看看，如果他们到了费城，请以礼相待，予以建议和支持。

深爱你的父亲

本杰明·富兰克林

前往美国让加勒廷躲过了法国大革命和拿破仑战争的动荡。加勒廷最初的计划是买田置地，美国的土地价格比瑞士的便宜，在1786年（25岁）获得遗产时，他实现了自己的计划。他的母亲出身地主家庭（罗拉兹，沃州），这让他一直对农业着迷。因此，他可以在弗吉尼亚州的里奇蒙德（后来成为宾夕法尼亚州的一部分）购买一个大庄园，这使他进入了华盛顿、杰斐逊等弗吉尼亚贵族的圈子。虽然身为移民，但得到了美国当时的统治阶级地主阶层的接受，他很快就融入了美国社会和政治生活。

加勒廷在哈佛大学教法语（1781—1783年），同时还经商，后来在弗吉尼亚州当农场主。1795年，他与好友让-路易·巴多莱（Jean-Louis Badollet）和让-安东尼·卡泽诺夫（Jean-Antoine Cazenove）创立了新日内瓦镇，他们均来自典型的日内瓦银行家家族。不久之后，加勒廷开始了辉煌的政治生涯，1789年担任宾夕法尼亚州制宪会议的代表，第二年（1790

年）赢得了众议院的选举，1793 年入选美国参议院，作为反对亚历山大·汉密尔顿经济政策的领导人而受到关注，他认为汉密尔顿的经济政策代价过高。然而，他的政治路线没有得到党内大多数人的支持，最后因不符合必要的公民身份要求而被免职。回到宾夕法尼亚州后，加勒廷安抚了许多在威士忌叛乱中反对增税的愤怒农场主。他承诺，如果再次当选华盛顿特区议员，他将关心减税的问题。事实上，他的政治生涯在 1795 年再次当选为美国众议院议员时东山再起。在那里，他帮助建立了众议院筹款委员会（House Ways and Means Committee），这是一个非常重要的公共财政委员会，使他在政府的财政事务和预算政策方面不可替代。

日内瓦高级金融传统的背景使加勒廷能够得心应手地完成这些困难的任务。凭借出众的能力，他很快就获得了良好的声誉，成了民主共和党财政事务的主要发言人，该党和他一样，反对汉密尔顿的联邦主义经济计划。加勒廷是托马斯·杰斐逊①的政治盟友，他帮助杰斐逊在 1800 年争议激烈的总统选举中获胜。凭借审慎娴熟的公共财政专家的声誉，加勒廷被任命为财政部长（目前由珍妮特·耶伦担任这一职务），并在麦迪逊担任总统期间留任。与此同时，加勒廷在政治上与汉密尔顿达成了和解，尽管任参议员时加勒廷反对过汉密尔顿的经济

---

① 托马斯·杰斐逊是美国的开国元勋，从 1801 年到 1809 年担任美国第三任总统。

图 8-12 美国财政部大楼后的广场上加勒廷的雕像①

观点，但作为财政部长，他实际上实施了汉密尔顿的经济政策。加勒廷是美国第四任财政部长，从 1801 年 5 月 14 日到 1814 年 2 月 8 日一直任财政部长，成为美国历史上任职时间最长的财政部长。他通常也被称为美国的瑞士开国元勋。

尽管身为移民，有时还会因法语口音而被取笑，加勒廷在新大陆建立了非凡的事业。这无疑是基于他对金融业务的深刻理解。这些知识使他成为华盛顿、杰斐逊、麦迪逊等新美国国

---

① 美国财政部大楼前是汉密尔顿的雕像，楼后的广场上是加勒廷的雕像，表示汉密尔顿创立了财政机构，加勒廷完善了财政体系。

家领导人的左膀右臂。这些领导人通常是金融学和经济学门外汉。杰斐逊的传记作者杜马斯·马龙（Dumas Malone）写道："杰斐逊有能力成为自己的国务卿，但没有能力成为自己的财政部长"①。对汉密尔顿就不能这么说，因为汉密尔顿年轻时曾在一家与西印度群岛有贸易往来的商业公司工作，汉密尔顿也认为加勒廷是一位知识渊博的专家。

加勒廷在财政部任职期间，减少了政府开支，制定了政府开支的核查和平衡制度。他大力支持从拿破仑时期的法国购买路易斯安那土地，并安排了资金，在这笔交易中，他也许不得不与他的瑞士同胞让－弗雷德里克·佩雷戈和让－康拉德·霍廷格等拿破仑的银行家们打交道。读者们还记得，路易斯安那是法国的殖民地，也叫密西西比，开发密西西比是约翰·劳的皇家银行的目的，在路易十四的国家破产后，这笔税收应该是有助于恢复法国的信贷体系。1803 年，总是缺钱的拿破仑将这片领土整个卖给了美国，价格低得离谱，为 1 500 万美元。我们必须认识到，这笔交易中购置的土地不仅包括现在美国路易斯安那州的领土，还包括怀俄明州、科罗拉多州、新墨西哥州、德克萨斯州、明尼苏达州和北达科他州的大部分地区，以及整个南达科他州、蒙大拿州、内布拉斯加州、堪萨斯州、阿肯色州、密苏里州、俄克拉荷马州和爱荷华州，共计约

---

① Dumas Malone, Jefferson the President: First Term, 1801—1805, p. 57

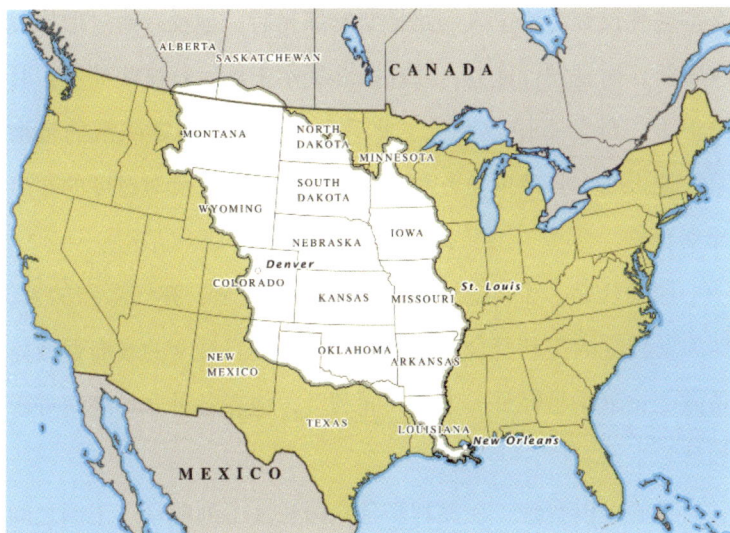

图 8-13 白色的部分是在路易斯安那购地案中购置的全部土地，相当于当今美国国土的 22%

2 145 000 平方公里，大约相当于法国、德国、意大利、西班牙、波兰和英国面积的总和。购买路易斯安那州可不是一笔小生意。

加勒廷的另一项成就是他的国道发展计划。国道，也被称为坎伯兰公路，建成后成了美国东西走向的大动脉。国道今天仍然存在。

而沿海内河道也是加勒廷的设想。

通常，加勒廷通常反对政府举债，但为了得到路易斯安那州，他认为值得这样做，因为最终得到的是实际资产。此外，他认为用于国家公路网等持久基础设施的支出是一种投资，他支持这种投资。决定收购路易斯安那州后，他没有通过增加税收融资，而是发行债券，并在国际资本市场发行这些债券，其中很大一部分在伦敦发行。此后，作为一个保守谨慎的金融家，他再三主张减少债务和公共开支。他一直反对过度的军事开支。

加勒廷是一个聪慧、谨慎、勤奋、能干、脾气温和的人，他为新独立的美利坚合众国提供运作良好且健全的政府财政体系做的贡献举足轻重。为了共同利益，他在各种立场之间寻求和解和平衡。

人们可以看到，在美利坚合众国和大不列颠联合王国之间的贸易战中，加勒廷的态度就是一个很好的例子，这场贸易战是从拿破仑针对英国的大陆封锁开始的。当时法国和英国的海军，为了损害对方国家的商业利益，把目标对准了美国等中立国的船只。这使美国当局处于进退两难的境地，因为美国本想继续与英法双方进行贸易，但现在无法进行了。英国海军充满敌意，在公海上毫不犹豫地登上美国船只，抓捕美国水手，指责他们是逃兵，因为他们以前是英国国民，并将他们绞死。

这一事件激怒了美国人，因此，杰斐逊总统决定对所有国家的所有贸易施行禁运。这是一个典型的美国式的自我惩罚，而不是双赢的决定，这项法案被称为 1807 年禁运法案（Embargo Act of 1807）。我们知道禁运往往会产生反作用，这次禁运毁了美国的航运业，甚至毁了美国的贸易，在美国造成

图 8-14 这 幅 美国漫画反映出禁运（Embargo）适得其反，反噬了美国商人，"Ograbme"的 是 "embargo"的字母反写

了严重的经济危机，引发了社会动荡。可以预见，现在美国对中国的贸易战，也会引发同样的后果。我们知道美国对搬起石头砸自己脚的事总是乐此不疲。

加勒廷反对禁运。他给杰斐逊总统写了一封信，信中说道："至于希望禁运能……促使英国更好地对待我们，我认为是完全没有根据的……政府的禁令所造成的危害总是比预想的要大"①。冲突的升级，会演变成为一场可怕的战争。美国当时甚至试图入侵加拿大，但没有成功（由于美国还没有完全消化路易斯安那州，所以加拿大对美国来说是无法吞下的）。一般要到双方都意识到战争的结局适得其反时方罢手。最后，从逻辑上讲，睿智的金融家加勒廷一直反对冲突，他被选为美英之

① 参阅：Adams, Henry (1879). Gallatin to Jefferson, December 1807. The Writings of Albert Gallatin. Vol. 1. Philadelphia: Lippincott.

图 8-15　英国首席代表甘比尔勋爵（身着刺绣外交礼服）正在与美国总统约翰·昆西·亚当斯（身着更显民主的素雅套装）握手①

间和平条约的谈判代表。此条约就是 1814 年 12 月 24 日在根特市签署的根特条约，根特市现在属于比利时。①

　　人们希望如今在华盛顿有一个加勒廷，他可能会说服美国政府的同事对中国采取更明智的贸易政策，并停做损人不利己的事。

　　加勒廷帮助建立了美国第二银行。在哈姆雷特创立的美国第一银行到期后的第五年，该银行于 1816 年获特许成立。这

---

　　①　条约谈判代表阿尔伯特·加勒廷，半秃顶，身着庄严的黑礼服，在美国总统身后。英国负责战争和殖民地的副国务卿亨利·高本手里拿着一个红色文件夹。由阿梅德·弗雷斯蒂埃（Amédée Forestier）所画，存于华盛顿特区史密森尼美国艺术博物馆。

家银行的运作原则与 1694
年创立的英格兰银行和 1800
年创立的法兰西银行两家中
央银行相似，其目的是帮助
詹姆斯·麦迪逊总统的政府
稳定货币。它接替了美国第
一银行，资本为 3500 万美
元，任务相同。在 1819 年
的美国银行业危机中，该银
行也购买证券，并收到了联
邦政府的存款。

图 8-16　1848 年，87 岁的阿尔伯特·加勒廷

　　加勒廷也是美国驻法国大使，他还在 1827 年担任驻英国大使。1823 年，共和党提名他为副总统，但他拒绝了。此外，他是著名的学者，写了几本关于印第安人的人类学著作。他也是 1831 年纽约大学的创始人。

　　因其不可磨灭的历史贡献，阿尔伯特·加勒廷成为一个令瑞士人，尤其是从事金融业的瑞士人引以为豪的人物。美国民众对他的了解他大抵是，像其他移民一样，他是被美国梦吸引到美国的。鲜为人知的是，当加勒廷来到新生的美国时，他为美国新大陆带来了深深植根于日内瓦金融传统和加尔文主义思想的丰富传统和智慧遗产，也就是日内瓦古老的金融文化以及加尔文所激发的古老共和主义精神。

第九章

：

法国大革命的动荡

新危机与转折点：法国大革命与拿破仑战争（18—19世纪）

瑞士银行家在君主统治下兴旺发达，而法国大革命的动荡却给他们的命运带来了翻天覆地的变化，其中只有部分人可以保住他们的财富。但在大革命中出现了新的金融精英，在这些人中，我们仍可以看到许多瑞士人的身影，尤其是日内瓦人。

在很大程度上，由于塞缪尔·伯纳德为路易十四的西班牙王位继承战争提供资金，新教银行家才建立起国际网络。他们非常因循守旧，特别忠于法国君主制。但是，无论是日内瓦、纳沙泰尔还是阿姆斯特丹和伦敦，新教银行的一些低级职员都在等待利用新形势发财致富的时机。法国和英国之间的冲突正好给了他们机会。

日内瓦和伦敦在资助法国大革命中所扮演的角色

法国大革命有多种起因。用马克思的话来说，原因在于资产阶级试图通过阶级斗争来取代贵族，成为统治阶级。但大革命还有些其他诱因，其中之一就是法国王室内部波旁和奥尔良长幼两支之间的兄弟之争。另一个原因则是法兰西王国为支援美国独立战争付出惨痛代价，以致王国再次破产。法国贵族拉斐特（Lafayette）侯爵和罗尚博（Rochambeau）伯爵曾参加美国独立战争，帮助美国起义者从英国手中赢得了独立。这些都是英法之间长期激烈对抗的部分原因。法国人计划入侵英国，英国也打算入侵法国。法国和英国一直为争夺加拿大而交战，结果在 1763 年签订巴黎和约后，法国被迫放弃了对富裕的魁北克省的统治。为了一雪前耻，路易十六的外交大臣维根内斯伯爵（Count of Vergennes，1719—1787 年）提出了一个政治主张，那就是支持当时还是英国殖民地的美利坚合众国独立。计划成功了，但代价是法兰西王国再次破产了。

也许，如果法国不卷入美国独立战争，就不会遭遇金融灭顶之灾，也就不会发生法国大革命。

此外，因为英国黄金大量流入法国支持革命，法国大革命实际是一种颜色革命。就像近来美国的资金大量流入各国，支持各国的颜色革命一样，这显然是英国在报一箭之仇，是对法国帮助美国独立的报复。

英国人希望在法国组织一场颜色革命，这使法国王室内部的冲突变得更加复杂。因为富有的奥尔良家族与伦敦金融城的金融圈交往甚密，并在摄政时期品尝了权力的滋味，奥尔良公爵便想取代国王路易十六的合法地位，自己当上法国国王。因此，英国政府和伦敦财政部门便开始出钱招募革命代理人，为奥尔良公爵效力。

图 9-1　艾蒂安·克拉维埃（Etieme Clavière）

其中《危险的关系》（*Les Liaisons Dangereuses*）一书的作者，著名作家肖德洛·德·拉克洛（Choderlos de Laclos）[①] 担任了奥尔良公爵的"指挥秘书"，也就是说他在付钱支持革命者。另一位有必要提及的革命代理人是来自日内瓦的艾蒂安·克拉维埃（Etienne Clavière，1735—1793 年）。

克拉维埃出生在一个日内瓦商人和银行家家庭，但他并非出身于日内瓦金融贵族中的名门望族。在整个 18 世纪，日内瓦饱受两派冲突的困扰，一方面，上层统治阶级想要保持在金

---

① 肖德洛·德·拉克洛（1741—1803 年），法国作家，生于索姆省亚眠市。1780 年创作了《危险的关系》。——译者注

融和公共事务上的优越地位，另一方面，以让－雅克·卢梭及
其民主思想为代表的民主倾向开始涌现。克拉维埃家族和克拉
维埃本人都属于拥护民主思想的革命党，在日内瓦的政治冲突
中表现非常活跃。1782 年，在法国和伯尔尼军队的联合干预
下，日内瓦的政治冲突得以平息，自此之后克拉维埃开始憎恨
法国君主制，并结识了一些即将成为法国大革命领袖的人士，
尤其是布里索（Brissot）。布里索后来成为法国大革命领袖之
一，他是雅各宾俱乐部里吉伦丁派的主要领导人，此党派也被
称为"布里索派"①。在其政党于日内瓦遭到挫败之后，克拉维
埃逃到了巴黎，在那里他参与了路易十六统治末期大量的金融
投机活动。

　　当时，巴黎的金融圈里有很多瑞士人，银行家艾萨
克·潘肖②（Isaac Panchaud，1737—1789 年）是其中之一。他
曾一直向法国国王提供大量贷款，资助美国独立战争。潘肖在
商业上和政治上都与艾蒂安·克拉维埃有交往。另一个是雅
克·内克尔（Jacques Necker，1732—1804 年），他从日内瓦银
行职员开始做起，后来平步青云，被路易十六任命为财政部大
臣。他是一个不同寻常的人。之所以说他很不同寻常，原因很

---

　　① "布里索派"（Brissotins）或被称为"吉伦丁党（1792—1793）"，在法国大革
命时期雅各宾俱乐部里先偏左后偏右。他们激进地废君主制，最后被俱乐部里更
激进的派别集体送上断头台，布里索本人首当其冲。

　　② 艾萨克·潘肖成功地建立了一家重要的银行。参阅：Jean-Baptiste Léon Say, Histoire de la caisse d'escompte (1776 à 1793), Reims 1848。

多。他是一个新教徒，不应该成为一个天主教王国的大臣，而且他并不具备这个岗位所需的资格。实质上，他被任命为财政大臣只能解释为，像艾萨克·潘肖一样，他有一种非凡的能力，能找到各种办法为政府借到钱。由于债台高筑，法兰西王国濒临破产。路易十六不得不

图 9-2　内克尔的肖像画，由约瑟夫－西弗雷德·杜普莱西斯（Joseph-Siffred Duplessis）所绘

召集三级议会（États Généraux，）①，增加税收，而这样做直接导致了法国大革命的爆发。

在那些年里，克拉维埃大肆从事投机买卖，有时是和潘肖一起，一度变得非常富有，可惜好景不长。克拉维埃也曾一度资不抵债。于是，他成为英国的政治代理人，开始了革命生涯，曾在革命政府短暂地担任过财政部部长，之后他被指控腐败，为避免被起诉而自杀。

---

①　在法国旧制度中，三级议会指的是法国全国人民的代表应国王的召集而举行的会议。参加者共由三个级别人士组成：第一级为神职人员、第二级为贵族、第三级为除前两个级别以外的其他所有人（即平民）。三级议会通常是在国家遇到困难时，国王为寻求援助而召开，因此是不定期的。——译者注

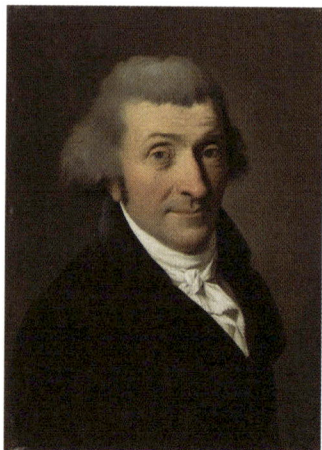

图 9-3　由路易－利奥波德·布伊利（Louis-Léopold Boilly）所绘的让－弗雷德里克·佩雷戈肖像画

图 9-4　凯瑟琳·德·瓦特维尔，佩雷戈的祖母。© 萨拉兹城堡

另一位具有瑞士血统的重要人物是著名的纳沙泰尔银行家让－弗雷德里克·佩雷戈（Jean-Frédéric Perregaux，1744—1808 年）[1]，他在资助法国大革命中起了关键作用。他不仅是一位成功人士，也是一位非同寻常的冒险家。想要理解他的特异性格，也许有必要提提他的祖母凯瑟琳·德·瓦特维尔（Catherine de Watteville，1645—1714 年）。她也是一位个性张扬的冒险家，出生在一个位高权重的瑞士贵族家庭里，但她为法国国王路易十四从事间谍活动，损害了伯尔尼执政党的利益，因此被关进监狱，遭受酷刑，并被判处死刑。最后，在其

---

[1]　参阅：Albert Mathiez, Le banquier Perregaux, in Annales révolutionnaires, 1919 p.243–252 and 1920 p. 237–243

家族的干预下，改判死刑暂缓执行，禁足在纳沙泰尔附近山区的一个小村庄里。在那里，她嫁给了一位姓氏为佩雷戈的阶层较低的男士。后来她的儿子凭借努力当上了军官，孙子则成了著名的银行家。佩雷戈祖母的动荡生活以及其所属的统治阶层对她的抛弃，也许可以帮助我们理解佩雷戈的政治野心、报复社会的渴望、胆大包天以及他成为法国大革命最有力的推动者之一的缘由。佩雷戈明白从事银行业可以让他提升社会地位，便从最底层干起，先后在穆尔豪斯、阿姆斯特丹和伦敦做银行学徒。1765 年，他来到巴黎，为当时还不出名的雅克·内克尔（Jacques Necker）工作，并经常光顾塞卢森酒店的沙龙。正如我们所见，这位年轻的职员很快就明白了哪些瑞士银行

图 9-5　建于 1778 年的巴黎塞卢森酒店

图 9-6　受佩雷戈资助的伟大革命领袖丹东的画像

家是他职业生涯的贵人。1781 年，在艾萨克·潘肖的帮助下，佩雷戈与法兰克福的银行家让－阿尔伯特·冈佩尔扎伊默（Jean-Albert Gumpelzhaimer）联合创办了自己的银行，一跃进入富人阶层，并对戏剧、歌剧和美女情有独钟。

正是通过资助大革命，佩雷戈从中获取了巨额财富。他专门负责分发英国资助金，但奇怪的是，他把资金都分给了"无套裤汉"[①]中的最极端、最暴力分子，这些人被称为"极端分子"（exagérés，意同 excessive）。

为了开展这项工作并与奥克兰男爵一世威廉·伊登（William Eden）（因 1956 年组织苏伊士远征而闻名的英国首相安东尼·伊登的祖先）保持联系，佩雷戈甚至在伦敦设置了私人代理。这位代理名叫巴特尔米·胡贝尔（Barthelémy Huber），也是瑞士人，后被称为伦敦的胡贝尔（Huber de Londres），专门负责给他输送政治资金。

法国大革命领袖丹东（Danton）收到了佩雷戈的资助。佩雷戈从未在公开场合发表他的政治观点，很可能他也没有什么

---

① 原意指穿直筒长裤而非真丝及膝马裤的大众。本文此处指雅各宾派里的大革命激进派。

明确的观点。他只是一个野心勃勃的冒险家，在一次政治冒险中撞了大运，他被招募进来并从中谋取巨额利润。除此之外，他一直与当时最时髦的社会人士交往，过着非常奢侈而讲究的生活，为尽快获取贵族头衔而挖空心思。功夫不负有心人，后来在拿破仑执政时期，他获得了伯爵头衔。

在那个动荡的革命时期，佩雷戈无疑是位举足轻重的金融家。他甚至资助了雾月政变 [①]（拿破仑在那次政变中夺取了政权），还仿照英格兰银行（Bank of England）创建了法兰西银行（Banque de France），成为其创始人之一。

伯尔尼的传奇宝藏

法国大革命给瑞士的金融体系带来了怵目惊心的影响。因为法国人入侵了瑞士，盗走了所有的财富，其中最引人注目的是伯尔尼宝藏盗窃案。

直到 17 世纪，伯尔尼共和国的经济才像巴塞尔、圣加仑和苏黎世那样，朝着现代的前工业和商业方向发展。伯尔尼政府非常保守，可以形容为一个非常有效和精确的农业国家的管理机构。伯尔尼是农业经济，整个共和国领土就像一个大农

---

① 1799 年 11 月 9 日，拿破仑以解除雅各宾派过激主义威胁法兰西第一共和国为借口，发动兵变，开始了为期 15 年的统治。历史上称这一事件为"雾月政变"。——译者注

图 9-7　1798 年，伯尔尼宝藏被洗劫一空[1]

场，给政府提供大量收入。积累下来的国库盈余数额巨大，这些财富接着又借贷给欧洲的国王和政府。这些国王和政府没有像伯尔尼政府那样精心管理自己的财政，反而负债累累。结果是，尊贵的伯尔尼共和国成为欧洲主要的债权国。事实上，这种活动仅仅是中世纪以来伯尔尼城邦债务管理局业务的延续。可以说，伯尔尼创造了历史上第一批主权基金之一。伯尔尼宝藏成为世界传奇。它以金币、银币和有价证券的形式保存在伯尔尼市政厅的地下室里，招致了四面八方的嫉妒。

---

　　① 由 B. A. 邓克（B. A. Dunker）制作的蚀刻画，收藏于伯尔尼历史博物馆。画中可以看到一辆运货车驶离伯尔尼市政厅，里面运载着传说中的宝藏。法国士兵们欢天喜地地私带了一些宝物，但最滑稽的是，他们不仅偷窃了宝藏，还盗走了这个国家的象征—著名的熊。

1798 年，法国的革命军队入侵瑞士，他们做的第一件事就是抢夺伯尔尼的财宝，把这些财宝运到了巴黎，供政客们奢侈腐化之用，但其主要用途是资助了未来的法国皇帝拿破仑·波拿巴将军远征埃及。鲜为人知的是，远征没给法国带来任何利益，而且耗资巨大，如果不靠这批盗窃来的伯尔尼财宝，根本无法成行。虽然今天人们遗忘了这个故事，但对传说中的伯尔尼宝藏的怀念也许对瑞士金融声望起到了一定的作用。

最近的历史研究[①]表明，我们不应低估法国所掠夺的伯尔尼宝藏的价值。有人发现，在 1798 年 4 月 2 日，拿破仑亲自下令夺取伯尔尼宝藏，以填补法国国库。举例来说，按现在的货币估值，伯尔尼宝藏价值约为 6 230 亿瑞郎，约合 41 530 亿元人民币。所以，这笔巨额财富让当时濒临破产的法国政府垂涎欲滴就不足为奇了。据计算，如果伯尔尼政府仍然拥有这些宝藏，在未来 150 年里，不仅无债务之忧，也不需要增加税收。

偷走伯尔尼宝藏的法国官员名叫拉皮纳（Rapinat）。因为他经常没收普通农民和市民的财物，非常不得人心。法语中"Rapinat"这个名字与"rapine"发音类似，"rapine"具有掠夺、劫掠、抢劫等意思，因此那时候在瑞士广为流传这样一首歌谣：

[①]　关于这个话题，请阅读：Christoph A. Schaltegger "Napoleons reiche Beute. Eine aktuelle Einordnung zur Bedeutung des gestohlenen Berner Staatsschatzes von 1798", Bern, Stämpfli–Verlag publisher, 2020。

一个穷困潦倒的瑞士人，

要我们来确定，

拉皮纳这个名字来自抢劫这个词，

还是抢劫这个词源自拉皮纳这个人。

图 9-8　一支巨大的车队将伯尔尼的宝藏运输到巴黎，车队有 11 辆大车和 44 匹马，由 B. A. 邓克制作的蚀刻画。© 伯尔尼艺术博物馆

图 9-9　法国人不仅偷走了伯尔尼的宝藏，还偷走了苏黎世的宝藏。© 苏黎世中央图书馆

伯尔尼宝藏失窃事件标志着旧瑞士及其财富和荣耀的终结。瑞士虽被法国占领和摧毁过，我们将会看到，就像中国从 19 世纪的耻辱中再现辉煌一样，在一个世纪后，瑞士也能够重新焕发活力，再现繁荣景象。

大革命的赢家和输家

我们已经大致描绘了一些瑞士金融家和投机商的形象，他们混迹于不同政治派别之中，起先是参加支持奥尔良家族的密谋，然后是加入雅各宾派①和吉伦丁派②。我们看到了他们当中有些人玩的是机会主义的两面派游戏，比如佩雷戈，他资助那些极端的"无套裤汉"，为伦敦金融城和英国内阁服务，意图推翻波旁王朝。我们已经看到了像潘肖、内克尔这些人物之间的联手和冲突，看到了克拉维埃的真诚理想主义中掺杂着对利益的追逐，或者可以说看到了他的言行不一、堕落和悲惨结局。我们也看到了佩雷戈社会地位的提升，他的势利，以及他如何在拿破仑帝国时期，穿梭于贵族阶层并安享晚年。应该注意的是，我们在这里讨论的是一种新群体和社会阶层，与大约从法国的路易十四和塞缪尔·伯纳德时代就形成的新教高级金融阶层不可同日而语。

在大革命之前，胡格诺派的金融家已经成为贵族阶级，并开始享有贵族爵位，他们坚决拥护法国君主制，甚至宽恕了南特敕令的废除。我们面对的是一群新的"伦敦人"，他们是大革命的推动者，也是一群不择手段的新贵，他们当中有些人取得了巨大的社会成功，例如佩雷戈，他把女儿嫁给了拿破仑的副官拉古斯公爵马蒙元帅（Marshal Marmont）；他的儿子也成为银行家，获得了帝国的伯爵爵位，娶了塔伦托公爵麦克·唐纳德元帅（Marshal Mac Donald）的女儿阿黛尔·伊

---

① Jacobins，雅各宾派或雅各宾俱乐部（1789–1794），法国大革命时期激进派政治团体。暴力推翻了法国君主制，建立了法西兰第一共和国。

② Girondins，吉伦丁派（1792—1793），即前文提到的"布里索派"（Brissotins）。

丽莎白·麦克·唐纳德（Adele Elisabeth Mac Donald）。然而，这些人包括内克尔在内，刚开始在塞卢森或吉格尔等银行工作时，并没有期望成为银行的高级管理合伙人。他们都是初级职员，如果不是革命的乱世让他们遇到了飞黄腾达的特殊机会，他们就会一直这样工作到老。一旦社会在拿破仑的统治下稳定下来，这些新贵就会一如历史既往，融入旧的财富势力中。热月9日（1794年7月27日），罗伯斯庇尔①政权倒台，这为新贵保住既得财富创造了更好的条件，他们肯定长长松了一口气。

法兰西银行：瑞士人的手笔

历史这么久远了，我们该如何评价瑞士金融家留下的遗产呢？值得注意的是，约翰·劳曾经推行纸币，法国大革命时期瑞士金融家将约翰·劳的想法付诸实践，发行了纸币（assignats）。毫无疑问，这又是一次彻头彻尾的失败。因为时局动荡，腐败横行，国家财政濒临破产，而且发行的纸币以罚没的教会和贵族财产为担保，这是根本行不通的。在1792至1793年间，克拉维埃出任财政部部长，当时纸币已经按照

---

① 罗伯斯庇尔，法国大革命雅各宾俱乐部的最后一任领袖。将路易十六和王后、此书提到的吉伦丁党22位核心人物、革命领袖丹东等几万人送上断头台。最后在热月10日自己也上了断头台。

其票面价值的 70% 进行交易了，他的使命就是恢复公共信用，即维持纸币的票面价值。他又发行了 70 亿张新纸币，结果人们的信心急剧下降，纸币的交易价格仅为面值的 25%。换句话说，此举导致了政府财政彻底崩溃。然而，人们可能还记得，克拉维埃是一位金融家出身的政客，曾经支持过享有政府特权的贴现银行项目，该项目由另一位瑞士人艾萨克·潘肖推动。这可以看作瑞士银行家按照英格兰银行的理念在法国设立央行的一次尝试。后来在拿破仑统治时期，佩雷戈和其他董事一起创建法兰西银行，发行了纸币。这种银行货币发行制度的优点是虽为私人股东所有，但享有国家担保。不得不说，那些代理英国事务的瑞士人的贡献是在法国贯彻了英国央行的理念。这是一个历史事实。当然这是好事还是坏事，另当别论。

另一个为建立新金融制度作出贡献的瑞士人是苏黎世的让－康拉德·霍廷格（Jean-Conrad Hottinger）。他是位年轻的商人银行家，最初的工作是苏黎世埃舍尔家族、冯穆拉尔特等家族驻守巴黎的丝绸贸易代表。他的雇主需要他能够在巴黎独立运营整套银行业

图 9-10　路易斯·利奥波德·布瓦伊（Louis-Léopold Boilly）所作的让－康拉德·霍廷格（Jean-Conrad Hottinguer）肖像画

务，虽然霍廷格只有 23 岁，但雇主赞助他成为银行的高级合伙人。开始他只是经营一间规模很小的瑞士银行，名叫鲁日蒙公司（Rougemont & Co），后来发展成为鲁日蒙和霍廷格公司（Rougemont, Hottinguer & Co），最终成为霍廷格公司（Hottinguer & Co）。让·康拉德·霍廷格的小银行办得很成功，幸运地度过了法国大革命的艰难岁月，所以后来他被选为法兰西银行的第一任董事之一。1810 年，拿破仑授予霍廷格男爵头衔，而那时罗斯柴尔德还未获此殊荣。从那时起，霍廷格家族（他们在名字中加上了字母"u"，以方便法语发音）便一直是法国金融机构的一部分。

拿破仑的大陆封锁政策（1806—1814 年）以及法国占领比利时，尤其是安特卫普和舍尔特河口，使得拿破仑与英国发生了冲突。英国政治家认为，占领了舍尔特河口相当于法国拿枪指着英国的头。拿破仑本可以放弃比利时，来与英国讲和。但由于国内的政治原因，他根本不可能这么做。这就是英国不断地在欧洲大陆煽动建立新的联盟，并向法国开战的原因。直到法国在滑铁卢最终战败，英国才开启了在欧洲占主导地位的时代。从拿破仑方面来说，他曾像希特勒一样试图入侵英国，但未能得手。但他却产生了一个不切实际的想法，即通过组织大陆封锁迫使英国屈服，由此，1806 年 11 月 21 日，他在柏林签署并颁布一项法令，禁止所有欧洲港口与英国进行贸易。

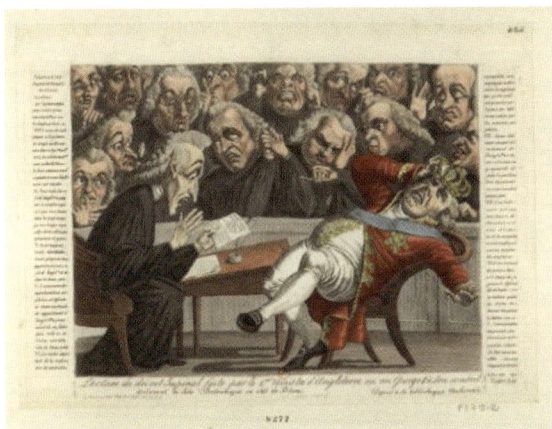

图 9-11　这幅法国漫画显示，英国首相格伦维尔（Grenville）勋爵正向英国国王乔治三世宣读柏林的法令，宣布王国处于封锁状态。© 法国国家图书馆

显然，这样的政策只能违背瑞士等出口国的利益。仅在巴塞尔［根据历史学家罗伯特·拉布哈特（Robert Labhardt）的说法］，就有 17 家贸易公司因大陆封锁政策而破产。因此，许多瑞士商人在当局的默认保护下开始打破封锁，也就不足为奇了。当然，这么做他们也会赚得大量财富。因此许多大大小小的商人想方设法突破贸易封锁。

我们来聊聊其中最重要和最著名的一位商人：克里斯托弗·梅里安（Christoph Merian, 1769—1849

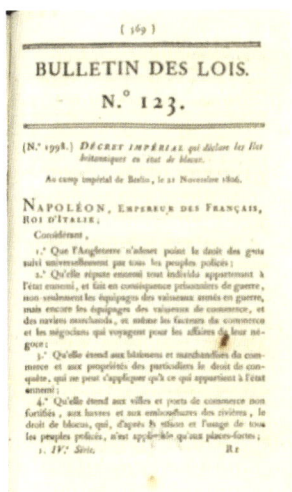

图 9-12　1806 年 11 月 21 日的柏林法令

年）①。梅里安和他的兄弟约翰－雅各布（Johann-Jacob）一起经营了一家大公司——梅里安兄弟公司（Merian Brothers），这家公司集银行业务和贸易业务于一身，经营各种金融和银行投机业务以及棉花贸易。当然，在英国从事棉花贸易的梅里安兄弟可不欢迎大陆封锁政策。他们在某种程度上得到了另一个家族成员安德烈亚斯·梅里安（Andreas Merian）的保护。安德烈亚斯·梅里安是瑞士总统，也就是当时瑞士联邦主席。然而，他们的走私行为并没有瞒过法国当局。1805 年 4 月，一个来自巴塞尔的代表团，特别是代表团成员安德烈亚斯·梅里安－伊瑟林（他与梅里安兄弟没有直接关系），饱受拿破仑皇帝所定罪名的折磨。忍受拿破仑的愤怒可真是非常糟糕的体验。这一事件被称为"纳沙泰尔事件"。这是瑞士和拿破仑统治下的法国之间影响最大的经济争端。这要追溯到 1806 年 2 月，法国夺取了普鲁士公国的纳沙泰尔。在纳

图 9-13　克里斯托弗·梅里安（1769—1849 年）的画像②

---

①　参阅：Robert Labhardt, Kapital und Moral Christoph Merian – Eine Biografie, Basel, 2011, Christoph Merian Verlag.

②　人称"富翁梅里安"，是梅里安兄弟公司的创始人。他打破了拿破仑对欧洲大陆的封锁。此画为巴塞尔克里斯托弗·梅里安基金会提供。

沙泰尔被吞并之前不久，瑞士商人在纳沙泰尔储备了大量的纺织品和杂货（棉花、糖、咖啡、胡椒、可可和香料），以便日后作为免税商品销往法国市场。法国当局得知这个计划后便没收了这些存货。拿破仑向瑞士发出了一份措辞严厉的外交照会，要求逮捕和惩罚涉事商人，并威胁要派遣法国军队入侵纳沙泰尔，以控制英瑞货物贸易。在法国的压力下，瑞士国会于1806年7月，也就是在真正的大陆封锁实施前的4个月，对英国制成品实施了进出口禁令。包括梅里安兄弟在内的几名商人被关进了监狱。在纳沙泰尔仓库缴获的货物中，有一半被征收了高额惩罚性关税，卖给了法国，另一半则被拍卖，犒劳了

图 9-14　左图为小克里斯托夫·梅里安（梅里安·伯克哈特，右图为小克里斯托弗·梅里安的妻子，玛丽亚·梅里安·伯克哈德。她左手里的华美丝带让人想起其家族财富的来源。（两幅肖像画由巴塞尔的克里斯托弗·梅里安基金会提供）

法国军队。尽管如此，这之后突破封锁的贸易还是屡禁不止。

1810 年，克里斯托弗·梅里安退居幕后。他只继续从事银行业务，用他在打破大陆封锁中赚的巨额财富进行投资。他被认为是当时瑞士最富有的人。其财富继承人，小克里斯托弗·梅里安（Christoph Merian the Younger）与玛丽亚·伯克哈德（Margarethe Burckhardt）结婚，二人膝下无子。因此，克里斯托夫·梅里安将巨额遗产捐赠给了巴塞尔市，成立了克里斯托弗·梅里安基金会来帮助穷人。2020 年，克里斯托弗·梅里安基金会的收入为巴塞尔的社会预算贡献了 900 万瑞郎。

值得一提的是，梅里安兄弟公司有一个叫西奥多·冯·斯皮尔（Theodor von Speyr, 1780—1847 年）的合伙人，他一生都在与梅里安家族一起做生意，曾创办了一家名为冯·斯皮尔 – 梅里安的银行（von Speyr-Merian），后来成为瑞士银行公司的创始人之一。

如果说，正是因为大陆封锁政策，像梅里安兄弟这样的大金融家通过打破封锁而发了财，那么其他人也从封锁政策的切实执行中受益匪浅。本质上，正是因为没有了英国纺织制造商的竞争，瑞士东部（圣加仑周围）的纺织制造商才能够在比较理想的条件下发展起机械化的现代纺织工业。在整个 19 世纪和 20 世纪，纺织业相应地又促进了许多其他行业的发展，时至今日，瑞士仍是世界纺织机械行业的领衔者。

拿破仑帝国时期的巴塞尔金融

1812 年，巴塞尔的金融家对拿破仑帝国能否延续国祚产生疑虑，他们便从法国撤回了投资。值得一提的是这引发了拿破仑帝国的严重财政危机。另外，巴塞尔的金融家打破拿破仑欧洲大陆封锁政策的方式不仅值得称道，也给我们上了一堂当代政治课。这一事件说明了一个伟大的真理：经济制裁从来都是无用功。西方现在对俄罗斯实施的制裁措施，并准备在中美贸易战急剧升温时对抗中国，都与拿破仑曾经对英国的封锁如出一辙。这是不可能成功的，因为这从来都不是双赢游戏。如果说拿破仑当初无法阻止小国瑞士，难以阻止如梅里安兄弟一般足智多谋的瑞士商人（和许多其他商人）打破大陆封锁，那么如今美国和欧盟又怎能如此愚蠢地认为，他们可以使用制裁手段迫使俄罗斯和中国屈服呢？

第十章 ⁚

钢铁和机器时代：
现代金融中心应运而生

在经历了法国大革命的动荡、法国入侵瑞士以及拿破仑战争之后，瑞士或多或少地退回到了从前的政治状态，这对商业发展有害无益。在革命时期之前的欧洲古老政权中，瑞士商人通过瑞士联邦提供雇佣军和高特银行优质服务享有通达各国的贸易特权。这些特权现在一去不复返了，欧洲各国新政府开始实行保护主义，以保护其国内市场。结果，从1820至1830年，瑞士进入了一个经济停滞期，瑞士人民甚至遭受了饥荒。许多贫穷的瑞士人不得不移民到美国、巴西、阿根廷、俄罗斯等海外国家。瑞士各州之间设有内部边界，过境需要支付关税，此外各州都有自己的货币。这一切都不利于贸易和工业的发展。

现代民主瑞士建立

受法国大革命的影响，新思想开始在瑞士流行起来。瑞士人渴望一个更现代、更和谐的国家，渴望贸易自由和工业自由。我们可以将这些思想与中国孙中山先生的思想相提并论：两者都既崇尚自由，又热爱祖国。瑞士自改革以来，宗教问题与政治问题一直混为一谈，可以说，新教各州拥护新思想，而天主教各州仍然坚持保守主义，以至于在 1847 年天主教徒和新教徒之间爆发了一场宗教战争。很快瑞士新教派就赢得了这场战争，但在宗教背后是现代自由主义理想和现代经济的胜利，因为新教派各州比天主教各州更富有，工业化程度更高。因此，在美国宪法的启发下，瑞士颁布了新瑞士联邦宪法，这是古代瑞士和现代瑞士的分水岭。这为现代工业经济的发展奠定了良好的基础，而信贷将在这种经济中发挥重要作用。

钢铁和机器时代到来

在过去 40 年里，中国读者亲历了中国经济的巨大腾飞，在此我们为中国读者介绍一下 19 世纪瑞士这个国家所经历的类似的经济飞速发展。实际上，在 1847 年内战之前，确切地说早在 1830 年，瑞士的经济起飞就已经开始了，当时的经济中心在苏黎世州。有趣的是，古代社会和经济精英的典型代表赫然位列工业先驱者之中，特别是那些自 16 世纪以来就通过丝绸制造和贸易给苏黎世带来繁荣的家族。在此，应该提一下汉斯 - 卡斯帕尔·埃舍尔（Hans-Caspar Escher，1755—1859），他是爱雪维斯（Escher-Wyss）公司的创始人，该公司如今是欧洲最早的大型机器制造厂之一的苏尔寿（Sulzer）的子公司，在中国享有盛名。汉斯·卡斯帕尔·埃舍尔的父亲和所有冯·穆拉尔特家族成员一样，是苏黎世的丝绸制造商。他本人是现代启蒙思想的支持者，并承认所谓的赫尔维蒂共和国[①]的革命政权。他既是建筑师又是工程师，早在1803年，

图 10-1 瑞士的工业先驱者，在 1805 年创建爱雪维斯机械厂的瑞士工业先驱者——汉斯·卡斯帕尔·埃舍尔

图 10-2 位于苏黎世诺伊米勒的古老的爱雪维斯工厂（新工厂）（拍摄于 1860 年）

---

① 赫尔维蒂共和国是通过法国大革命在瑞士邦联的领域上建立的一个自治共和国。1798 年 4 月 12 日赫尔维蒂共和国成立，1803 年 3 月 10 日解散。在瑞士历史中这段时间的瑞士被称为赫尔维蒂。名称来源于赫尔维蒂人。——译者注

图 10-3 带领公司领先世界的让－雅各布·苏尔寿－赫泽尔

他就开始制造机器。后来他的企业取得了极大的成功。

当汉斯－卡斯帕尔·埃舍尔在苏黎世创立爱雪维斯公司时，苏尔寿家族在温特图尔经营一家更小的公司。与埃舍尔家族不同，苏尔寿家族出身平凡，自 1775 年起在温特图尔经营一家锡和黄铜铸造厂，并历尽艰辛。让－雅克·苏尔寿（Jean-Jacques Sulzer，1806—1883 年）和萨洛蒙·苏尔寿（Salomon Sulzer）两兄弟胸怀更远大的理想。让－雅各布徒步前往巴黎，在工艺美术学院（Conservatoire des Arts & Métiers）学习工程学，其弟萨洛蒙也同样不辞辛苦地前往慕尼黑学习。从 1834 年开始，他们与母亲凯瑟琳娜（Catharina）一起，将简陋的铸造厂改造成了现代化的钢铁铸造厂，然后又建立了机械厂。机械厂发展蒸蒸日上，后来成为世界知名的大公司，一直延续至今。在几代人的努力下，尽管苏尔寿公司屡遭危机，但总能幸存下来。它曾多次收购包括爱雪维斯在内的其他大型瑞士工业公司。它也是瑞士实业界许多其他成功故事的源头，例如英国工程师查尔斯·布朗（Charles Brown）的儿子创建了布朗·博韦里公司（Brown Boveri），也就是现在的世界知名公司 ABB，

而布朗曾受雇于让 – 雅各布·苏尔寿 – 赫泽尔（Johann-Jacob Sulzer-Hirzel），并发明了令苏尔寿闻名于世的阀门蒸汽机。换句话说，继爱雪维斯之后，苏尔寿可以算是瑞士现代机械工业的摇篮。

爱雪维斯和苏尔寿这两家公司象征着当时正在准备腾飞的强大工业，它们迫切需要进行现代融资。除此以外，铁路的发展也不可或缺，而且也需要融资。瑞士建造的第一条铁路是西班牙 – 布罗特利 – 巴恩铁路（Spanisch Brötli Bahn），字面意思是西班牙面包线路（Spanish Cockie Line），也称北铁路（Nord Bahn），该线路从苏黎世到巴塞尔，途经巴登。它之所以得了"西班牙面包"（Spanisch Brötli / Spanisch cookie）这个绰号，是因为从苏黎世到巴塞尔要经过巴登，而西班牙面

图 10-4　如今在每年的瑞士铁路诞生日载游客运行的苏黎世 – 巴登 – 巴塞尔铁路的机车利马特（Limmat）号

包是巴登的特产。这条铁路由安娜·埃舍尔–冯·穆拉尔特（Anna Escher-von Muralt）的哥哥汉斯–康拉德·冯·穆拉尔特（Hans-Conrad von Muralt）资助，他是丝绸制造商、军官、外交官和苏黎世城邦的首脑①。

后来，西班牙布罗特利铁路线与另一条通往康斯坦茨湖的线路合并，形成了东北线（Nordost Bahn），这是一条具有全国意义的铁路，为了给该铁路融资，阿尔弗雷德·埃舍尔（Alfred Escher，1819—1882 年）创建了瑞士信贷（Credit Suisse）。

图 10-5　西班牙面包②

---

①　在旧时的苏黎世，首脑（德语为 Bürgermeister）不仅是苏黎世市的市长，而且是整个城邦（包括城市和乡村）的首脑。

②　瑞士第一条铁路线的绰号是"西班牙面包"（Spanisch Brötli），是以这种来自巴登的美味小点心命名的，巴登是苏黎世和巴塞尔之间的一个小城镇。

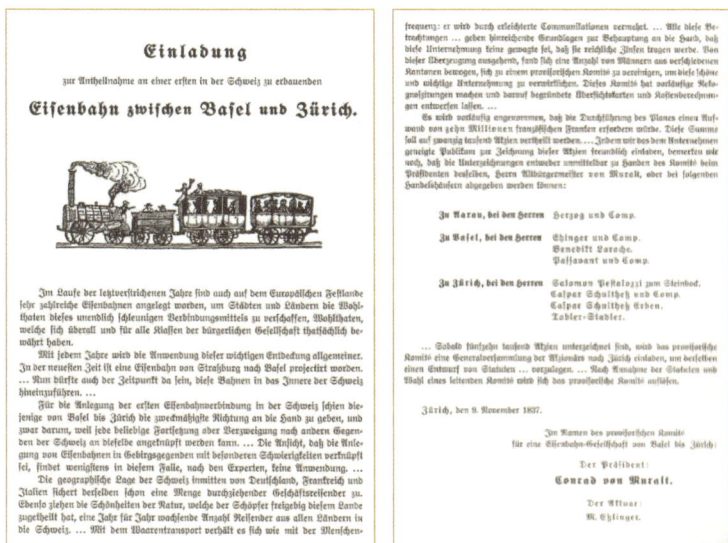

图 10-6　汉斯－康拉德·冯·穆拉尔特的银行发行的"西班牙面包"(*Spanisch Brötli*)铁路股份的招股说明书。© 冯·穆拉尔特家族基金会

图 10-7　苏黎世的穆拉尔滕古特(Muraltengut)公馆是其宅邸。现在，该房产归属于苏黎世市，用于接待国宾。© 冯·穆拉尔特家族基金会

图 10-8　苏黎世城邦首脑汉斯－康拉德·冯·穆拉特，他资助了瑞士的第一条铁路"西班牙面包"铁路。© 冯·穆拉尔特家族基金会

图 10-9　安娜·埃舍尔·冯·穆拉特（Anna Escher-von Muralt）是冯·穆拉尔特家族和埃舍尔家族之间的重要纽带。她是苏黎世城邦首脑和银行家汉斯－康拉德的妹妹。这幅肖像画由安杰莉卡·考夫曼（Angelica Kauffmann）所绘。© 西班牙马德里普拉多国家博物馆

瑞士成为现代金融中心（19—20 世纪）

　　我们现在来看看阿尔弗雷德·埃舍尔的情况。他跟爱雪维斯公司的创始人，他的叔叔汉斯－康拉德·埃舍尔很像，来自丝绸制造商家族的阿尔弗雷德既是现代思想的信徒，又是苏黎世传统政治和经济精英的典型代表。他的父亲海因里希（Heinrich）是约翰－康拉德·霍廷格的朋友，我们的读者已经知道霍廷格了，霍廷格在成为法兰西银行的创始人之一以前，

与他的朋友"美国人"海因里希·埃舍尔一起在美国赚了大钱。因此，阿尔弗雷德·埃舍尔生来就很富有。他信奉 1848 年占据主导地位的新自由主义思想，并很快成为瑞士最杰出的政治家之一，他不仅是其家乡苏黎世的杰出人物，而且在瑞士议会中也表现非常出色，后来成为苏黎世的政治统治者和新瑞士的领导人之一。

图 10-10　1849 年，阿尔弗雷德·埃舍尔是一名年轻的政治家。当时他 31 岁，已经是瑞士联邦议会议长。

阿尔弗雷德·埃舍尔经常接触汉斯–卡斯帕尔·埃舍尔这样的实业界人士，因此他充分意识到了蒸汽机、机器生产等带来的强大工业化势头。当然，尽管如此，他明白当前真正迫切需要的是建立一个现代信贷体系。阿尔弗雷德也希望尽快发展铁路。他关注着苏黎世和巴塞尔之间的"西班牙面包"铁路的启动，但他担心只靠汉斯–康拉德·冯·穆拉尔特这样的富翁私人资助是不够的。正如他所说，恐怕瑞士会"错过火车"，因为与法国、英国和德国相比，瑞士开始发展铁路的时间相对晚。他总是说："工业和进步不仅需要机车，还需要信用的蒸汽机。"因此，在 1856 年，阿尔弗雷德决定参照佩雷尔兄弟在巴黎创建的动产信贷银行新模式，创建一家名为"瑞士

图 10-11　苏黎世火车总站前的阿尔弗雷德·埃舍尔雕塑。© WVZ

信贷”的银行。

　　佩雷尔兄弟的动产信贷银行并没有生存下来。在拿破仑三世统治时期，它因与罗斯柴尔德高特银行产生冲突而破产。但是瑞士信贷，作为全球领先的银行之一仍然存在，并且在中国非常活跃，一直持续到 2023 年 3 月 20 日被瑞银集团收购。阿尔弗雷德·埃舍尔的重要意义不仅在于创建了瑞士信贷。他还创建了瑞士东北铁路公司、瑞士人寿保险公司（现在作为瑞士人寿公司仍然存在）以及苏黎世的瑞士联邦理工大学（ETH）。通过这一切，他希望为瑞士提供发展的基础设施（铁路）、发展的金融基础设施（信贷和保险），以及培养工程师（联邦理工大学）来管理这些领域。这些巨大的成就有力地促进了瑞士向现代工业国家的转型，并且使苏黎世成为瑞士新的经济中心。在阿尔弗雷德·埃舍尔之前，巴塞尔和日内瓦是比苏黎世更重要的经济中心。

私人银行家联盟：瑞士银行公司的创建

大约在同一时间，出于同样的原因，另一家大型商业银行也成立了。但它的风格和文化与瑞士信贷银行不同。1854年，六位私人银行家不张声势地在巴塞尔成立了一个联营组织，名为巴塞尔银行家协会（Basler Bankierverein），后来成为银行公司（Bankverein），目的是联合起来成为一个证券包销集团，发行股票和债券，为工业和铁路项目融资。因此，可以说，其首要关切与阿尔弗雷德·埃舍尔大同小异，但是风格和商业文化却迥然不同，因为巴塞尔的风格与苏黎世的大相径庭。如同在中国，北京、上海、广州等城市之间也有很多不同之处。巴塞尔守旧、谨慎、低调，而苏黎世则喜欢游行，且声势浩大（顺便说一下，瑞士信贷的总部在帕拉德广场，"Paradeplatz"意为"游行广场"）。

这六家银行就像参加绅士俱乐部活动一样，聚集在一起，我们来看看他们的名单：

圣奥尔本比肖夫银行（Bischoff zu St. Alban）、艾因格银行（Ehinger & Cie）、J. 梅里安 - 福卡特银行（J. Merian-Forcart）、

帕萨旺银行（Passavant & Cie）、约翰内斯·里根巴赫银行（Johannes Riggenbach）、冯·斯泰尔银行（von Speyr & Cie）。

这很能说明问题，因为这六家银行都是典型的巴塞尔私人银行，其前身都是丝带制造商。

1872 年，巴塞尔银行联盟（Basler Bankverein）与苏黎世银行联盟（Zürcher Bankverein）、圣加仑瑞士联合银行（Schweizerische Unionsbank St.Gallen）合并。这次合并使瑞士银行公司得以兴起。它很快成为瑞士领先的国际银行巨头，并在 1997 年与瑞士联合银行合并，形成了如今的瑞银集团，但保留了前瑞士银行公司著名的三把钥匙的标志。我们将在后面讨论这家银行的飞速发展过程。

瑞士信贷银行、瑞士银行公司和瑞士联合银行可以说是瑞士最大的三家银行。瑞士联合银行出现得比较晚，而且没有瑞士信贷银行和瑞士银行公司那样优越的背景。但最后，由于多种原因，瑞士联合银行成为瑞士最大的银行。如果在未来的某一天，瑞士信贷与瑞银集团合并，形成一家极其庞大的银行，人们也不会感到惊讶。这一预言在本书付印前刚刚实现。我们来简单说说瑞士联合银行相当不起眼的出身。瑞士联合银行成立较晚，是由两家小型地区银行温特图尔银行（Bank of Winterthur）和托根堡银行（Toggenburger Bank）在 1912 年合并而成的。温特图尔的银行和这个城市的一切，都与该市的工业界有关，也就是与苏尔寿以及苏尔寿家族关系密切。1871

年，温特图尔银行参与了当地一家重点企业瑞士机车厂的创建。但我们要知道，在苏黎世州，来自首府苏黎世的人瞧不上来自温特图尔的人。所以瑞士信贷的上流绅士看不起温特图尔的银行。托根堡银行实际上是一家成立于托根堡的储蓄和贷款银行，而托根堡位于圣加仑州的一个美丽乡村。因为一心想发展壮大，托根堡银行将其总部迁至圣加仑。托根堡银行拥有庞大的储蓄和房贷客户群，实力雄厚。因此，当这两家银行在1912年合并时，新银行规模可观，但并不高档，因此其老板在其他银行家面前心情有点儿复杂。但事实上，富裕的农民有时也会成为城里的高门大户，瑞士联合银行的际遇正是如此。

除了瑞士联合银行、瑞士银行公司和瑞士信贷这些管理着富人财富的高特私人银行外，瑞士还有许多其他银行，从19世纪起每个州都有一家由州政府担保的政府银行，称为州立银行，为客户储蓄提供最大的安全保障。因此，瑞士拥有一个由各种银行组成的紧密银行体系，更不用说那些同样非常重要和成功的保险公司了。

大型保险公司的建立

瑞士的保险市场大器晚成。在17世纪末，英国就已成立了第一批现代保险公司，而在现代瑞士联邦政府成立之前，保险公司在瑞士不可能有立足之地。因为在此之前，瑞士经济发展呈现多元化，25 个州各有各的进口关税和货币。任何想在全国范围内销售保险的人都别无选择，只能从每个州逐个申请从业执照。瑞士的经济区狭小，还被划分为庄园和山谷，这阻碍了保险所必需的风险均等化。

1820 年以后，瑞士首次开始发展保险公司，但应该直到 19 世纪末，保险理念才在民众中引起了更广泛的兴趣。阿尔弗雷德·埃舍尔是第一个从 19 世纪中叶就开始推动建立瑞士私人保险公司的人，而这距离英国商人和船主首次在伦敦爱德华·劳埃德咖啡馆① 见面购买海上保险已经过去 150 年了。阿尔弗雷德·埃舍尔一向富有远见，他坚信蓬勃发展的瑞士联邦需要稳定广大的中产阶级。他认为以合作社形式组织的人寿保险协会是为农业和工匠家庭提供社会保障的市场工具。外国保险公司在瑞士设立代表处已经有一段时间了。自 19 世纪 30 年代以来，法国的人寿和火灾保险公司，如法国国家保险公司（La Nationale）、法国凤凰保险公司（Le Phénix）和法国联盟保险公司（L'Union）就在瑞士开展业务，后来德国和英国的保险公司也加入进来了。

20 世纪上半叶的两次世界大战再次危及了瑞士保险公司的业务。然而，风险与机会并存，由于欧洲大陆处于动荡时期，瑞

---

① 17 世纪初咖啡在欧洲风靡起来，1687 年爱德华·劳埃德在伦敦开设 24 小时营业的咖啡馆。当时报纸等大众传媒尚不发达，于是该咖啡馆便成了水手、船主和投资家交换信息的地方，也成了买卖海上保险的交易场所。——译者注

士保险公司便一直在寻找唾手可得的高增长市场，尤其是海外市场。因此，瑞士的保险公司比其竞争对手更早地实现了国际化，并将分支当地化，如今其重要性已经远远超过了瑞士国内市场。

其他国家经营商船队，需要大范围投保运输保险，这就推动了保险业的发展，而瑞士没有直接的入海口，在这方面无可企及。出于这些原因，瑞士建立私人保险业的首要动力来自国外。然而，直到 1848 年现代瑞士联邦成立以后，国内保险公司才加入进来。

苏黎世和温特图尔的保险公司发展成为瑞士最重要的保险公司。苏黎世保险公司很快在奥地利、普鲁士和德国大多数州以及挪威和丹麦建立了分支机构。早在 1880 年，其保费收入中只有 21% 来自瑞士。

1870 年普鲁士[①]战胜法国后，经济大萧条随之发生，因此，新成立的运输保险公司发展放缓。尽管如此，在 19 和 20 世纪之交，瑞士保险公司规模已经成为世界第二大，仅次于英国保险公司之和。

人寿保险

瑞士的人寿保险业以寡妇基金、教师养老基金等传统的小

---

① 1870 年发生普法战争，战争是由法国发动，最后以普鲁士大获全胜，建立德意志帝国而告终。德意志帝国取代了法国在欧洲大陆的霸主地位。——译者注

型养老基金为主，由于人寿保险市场的多样性，其增长非常缓慢。另外，由于缺乏专业技术知识，众多的职业养老金计划很容易陷入破产。第一家成功运营的人寿保险公司是瑞士人寿保险和养老基金/瑞士人寿（Schweizerische Lebensversicherungs-und Rentenanstalt，Swisslife）。在阿尔弗雷德·埃舍尔的推动下，该公司于1857年由瑞士信贷银行成立。

瑞士再保险公司

1861年5月，一场野火点燃了瑞士的格拉鲁斯（Glarus）镇，也引发了瑞士再保险 ① 公司的创建。当地保险公司当时面临着五倍于其储备金的损失索赔。这表明重大灾难对瑞士保险业构成了威胁，亟须建立金融保障，防范重大灾难。瑞士保险业迅速做出反应，于1861年成立了一家名为赫尔维蒂亚火灾保险（Helvetia Feuer，Helvetia Fire）的公司。该公司负责人莫里茨·格罗斯曼（Moritz Grossmann）随后提议建立一个专门的瑞士再保险公司。然而，他的主要观点却是，建立瑞士自己的再保险公司将防止再保险费流到国外。

---

① 再保险也叫分保，是指保险人将其承担的保险业务，以承保形式，部分转移给其他保险人。进行再保险，可以分散保险人的风险，有利于其控制损失，稳定经营。——译者注

1863 年 12 月 19 日，瑞士再保险公司在苏黎世开业，股本为 600 万瑞郎。两家瑞士银行也属于该公司的多样化投资者群体。

因为我们必须将重点放在银行业上，无法在此详细叙述瑞士保险业的历史。此外，翔实的保险业发展史本身就是一个宏大的主题，需要另写一本书来阐述。

图 10-12　英国伦敦瑞士再保险公司大厦 ©Carlos Delgado

中国买办引入国际金融和实业（1845—1949 年）

鸦片战争后，资本主义国家通过各种方式进入中国，西方金融也随贸易一起进入中国，当时在中国设立机构的外资银行为了能够融入华人社会，开展各类金融业务，需聘请有资产、资质、信用的中国人作为买办，贸易中的买办一般规模有限，但当买办这个角色进入金融行业，其力量与规模快速放大，尤其当与一国政府产生交集时。这些能力卓著的买办，一方面跟清廷关系特别好，另一方面又是西方人的贸易陈述者。

1874 年，清政府面临危机，向汇丰银行提出"福建台防借款"白银 200 万两，这是清廷首次向外国金融机构借款。当时的汇丰买办席正甫认为，朝廷有求于汇丰，正好借此拉近汇丰与朝廷的关系。经反复交涉，席正甫终于促成贷款，条件是清廷须支付高出行市约一倍的利息，分 10 年还清，并以稳定的盐税作担保。席正甫 一战成名。从 1874 年到 1929 年，席氏家族任汇丰银行买办长达 55 年，成为中国近代金融中的第大一家族。此后，汇丰银行的一项重要业务就是向中国政府提供贷款。从 1845 年成为第一家在中国设立机构的外国银行，到 1949 年的 100 多年里，汇丰银行在中国设立了 13 家分行，是在中国开设的数十家外资银行中，势力最大的。

实际上，此类买办家族在这一历史时期的确收益巨大，这也为后续许多家族成员转为参与到支持实业发展的民族资本中提供了可能，如席氏中的一支席常宝及席相琪父子先后在上海当时最大的商贸口岸虹口码头（今北外滩）渡口建有内河运输船队数十支，专营当时实业所需原材料的内河运输。内河运输业，在很长的历史时期中，一直是最为重要的商贸通路。这一时期，除席氏之外的其他买办家族也多有同类转型民族实业的记录。

如唐廷枢兴办的企业达 47 家，推动了中国社会的近代化，创造了多个"中国第一"：中国第一家机械煤矿、中国第一家保险公司、中国第一条铁路、中国第一台自产火车、中国第一家水泥厂、中国第一家机器棉纺厂、中国第一口油井、中国第一条电报线等。

又如徐润在上海开设了一家上海最大的经营出口茶叶的茶

栈宝源祥茶栈。当时上海的茶叶出口量占全国出口总量的 2/3 以上。在中国文化近代化方面，徐润创办了格致书院、仁济医院、中国红十字会。他创办的同文书局选派中国幼童公费赴美留学。1871 年起，120 名中国幼童，每年 30 位学生，分 4 年赴美留学。

瑞士法郎和瑞士国家银行

瑞士要想建立一个现代金融市场，还需具备两样东西：一种当时尚未发行的统一国家货币和一个现代证券市场。

由于瑞士从 13 世纪末开始就是一个由主权城市（城邦 / 共和国）、州和属地组成的松散联盟，因此每个联邦成员都使用不同的货币。由此一来，在货币问题上，"各自为政"的原则大行其道，直到 1798 年赫尔维蒂共和国成立以后，才在全国范围内通行瑞士法郎（后简称"瑞郎"）。1803 年拿破仑强制实施《调解法案》（the Mediation Act）后，货币体系再次支离破碎，瑞士各联邦成员再度使用自己的货币。1825 年，为了规范金属货币的种类和币值，阿尔高州、巴塞尔州、伯尔尼州、弗里堡州、索洛图恩州和沃州等几个州缔结了一项铸币协议。1848 年，内战结束后，新宪法规定联邦政府全权负责铸造货币。1850 年，第一批瑞郎硬币铸造完成，取代了所有流通中的各联邦成员货币。其初始价值与法国法郎（芽月法郎）平价。1852 年 1 月 16 日瑞士颁布一项法令，规定法国、意大利和比利时的硬币与瑞士硬币等值。从 1865 年到 1926 年（实际上直到第一次世界大战），拉丁货币联盟（the Latin Monetary Union）统一了意大利里拉、比利时法郎、希腊德拉克马（从 1868 年开始）、法国法郎和瑞郎等五国货币，这些货币可以在这五个国家作为官方货币使用。1919 年，与奥地利的海关和货币盟约废除后，列支敦士登将瑞郎作为其官方货币。

从 1825 年开始，各个银行都发行了纸币。1907 年，瑞士国家银行垄断了纸币发行权。

1999 年 4 月 18 日，瑞士人针对新宪法进行了全民公投，取消了瑞郎的黄金储备要求，而在此之前，瑞郎的黄金比重为 40%，官方的黄金价格为 4595 瑞郎 / 千克。这一变化于 2008 年 1 月 1 日生效。

秦始皇嬴政统一货币

经比较，人们不得不承认，瑞士采用统一货币的时间非常晚。而中国是世界上最早产生货币和信用的国家之一。公元前 221 年，秦始皇嬴政兼并六国，在全国实行了一系列巩固中央集权的措施，统一货币制度就是其中一项。战国时期币制复杂，嬴政废除了原六国的刀、布、贝等多元货币体系，以秦"半两"青铜铸币为法定货币，通行全国。

中国自秦朝统一文字、货币及度量衡。几千年来的人文传统决定了经济传统，即以政治为主，经济为辅。中国的传统文化认为政治安好，则天下安定，经济自然就好。

创建现代证券交易市场

然而，就其证券交易市场而言，瑞士有着比中国更悠久的传统。瑞士的证券交易所在 19 世纪出现。在此之前，证券经纪人（苏黎世的授权交易人）依据惯例从事他们的职业；其从业活动很晚才受到各州的监管（苏黎世是瑞士最古老的股票市场，创建于 1744 年，是对古老的授权交易人制的现代化改造。1850 年，日内瓦开始出现上市公司的证券交易。1855 年，日内瓦证券交易所落地，并于 1856 年得到了瑞士联邦委员会的认可。证券的交易方式是"公开叫价"（à la criée）。巴塞尔于 1863 年颁布了一项关于证券交易所的法律。1876 年，巴塞尔的证券交易所开业，1884 年，苏黎世的证券交易所受所在州的监管。甚至洛桑也于 1873 年成立了一家证券交易所，伯尔尼的证券交易所于 1885 年成立，纳沙泰尔的证券交易所于 1905 年成立，圣加仑的证券交易所于 1933 年成立，这些证券交易所作为纯粹的私人机构进行地区证券交易。各州对证券交易所的营业额征税。

由于过度投机，巴塞尔证券交易所于 1897 年被州政府暂

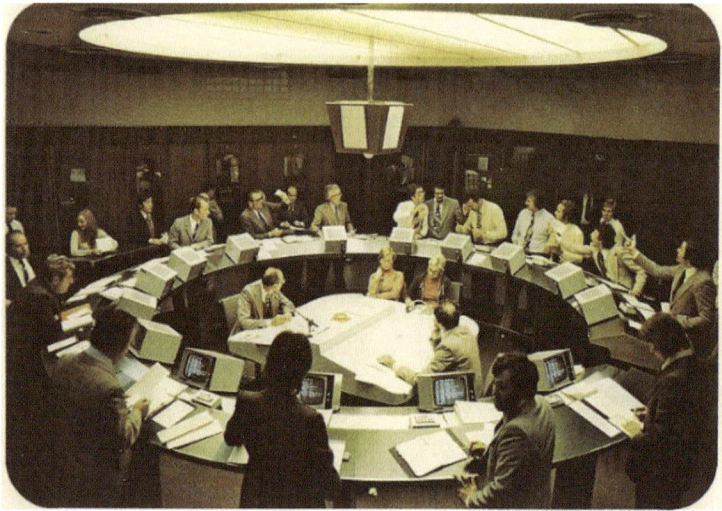

图 10-13　1970 年日内瓦股票交易所交易仍是公开叫价

时接管。从 1914 年夏天到 1915 年初，由于受到战争影响，巴塞尔和苏黎世的证券交易所被迫暂停；日内瓦和洛桑的证券交易所则仅限于固定收入证券，并一直延续至战争结束。在战争期间，每一次股票上涨都伴随着更显著的下跌；20 世纪 30 年代初，在世界经济危机期间，瑞士的股票市场跌入最低谷。狄克公司（Ticker AG）成立于 1930 年，负责播报苏黎世证券交易所的股票价格，它是欧洲第一个使用常规文字电报系统的公司。1938 年，瑞士证券交易所协会（the Association of Swiss Stock Exchanges）成立，同期瑞士外国证券管理局（the Swiss Authority for the Admission of Foreign Securities）也成立了。然而，第二次世界大战再次影响了证券交易，证券市场曾一度关停。

图 10-14　大约 1900 年时的日内瓦股票交易所交易厅

图 10-15　1920 年的苏黎世股票交易所

图 10-16　1930 年苏黎世证券交易所，建筑师亨瑞尔和威茨基设计

战后，尽管投机行为可能一再造成恐慌和股价下跌，但证券交易所得到了公众更大的关注。1961 年，狄克公司采用了新的电视技术来播报股票价格，并更名为泰勒克斯公司（Telekurs AG）。早在 20 世纪 60 年代，苏黎世就希望证券交易市场集中在国家的金融之都苏黎世，但这一提议遭到了其他瑞士市场的反对。

在过去的几十年里，一股放松管制的风潮对瑞士证券交易所产生了影响：瑞士期权和金融期货交易所（Soffex）成立于 1986 年，主要从事期权（看涨和看跌权）和期货交易，1988 年，成为世界上第一家完全计算机化的衍生品交易所。1991 年，伯尔尼、洛桑、纳沙泰尔和圣加仑的交易所都放弃了公开叫价交易。只有伯尔尼保留了电话交易，电话交易在 2002 年被电子交易所取代。1992 年，当巴塞尔、日内瓦和苏黎世的证券交易所开始创建一个共同的电子证券交易所时，集中化进程开始了。其结果是在 1993 年，瑞士证券交易所成立；1996 年夏天，股票和债券的交易已完全计算机化，公开叫价已成为历史。同年,《瑞士上市规则》(*Swiss Listing Rules*)开始生效。1997 年,当《联邦证券交易所和证券交易法》(*Federal Law on Stock Exchanges and Securities Trading*)取代各州的法律时,瑞士证券交易所的统一终于正式生效。与此同时瑞士期权和金融期货交易所(Soffex)决定与德国期货交易所(Deutsche Terminbörse)合并,成立欧洲期货交易所(Eurex);后者是首个国际衍生品交易所,于 1998 年夏天开始运营。此前,由于外国投资者的兴趣较大,苏黎世、日内瓦和巴塞尔的主要区域证券交易所取得了可观的销售额,但只有苏黎世的交易所能够与这一领先世界的交易所一比高下。1999 年,瑞士交易所成为世界第六大交易所,就签订的合同数量而言,欧洲期货交易所是全球第二大的期货交易所。

中国证券交易所和当时的中国金融业

中国的第一家证券交易所于 1920 年开业,比瑞士现存的第一个证券市场(1740 年)晚 180 年。中国大陆的证券交易所在 1949 年关闭,并在关闭 41 年后于 1990 年重新开放。

1912 年北洋政府将原来的大清银行改组为中国银行,明确中国银行为国家中央银行。1927 年南京国民政府成立后,金融业在国家干预的推动力之下,国家银行得以快速发展,1935 年,国民政府废除银本位制度,统一使用法币,实施纸币，由此实现了物价回升，工商业复苏。在当时 2566 家私营新式银行中，国民政府控制的银行达 1971 个。

民国时期的证券业也得到了快速发展，1920 年北京证券交易所、上海证券交易所先后开办。南京国民政府于 1929 年颁布《交易所法》，市场上的交易品种由原来的政府债券为主转为以公司股票为主。到 20 世纪 40 年代中期，上海证券交易市场股票已接近 200 种。

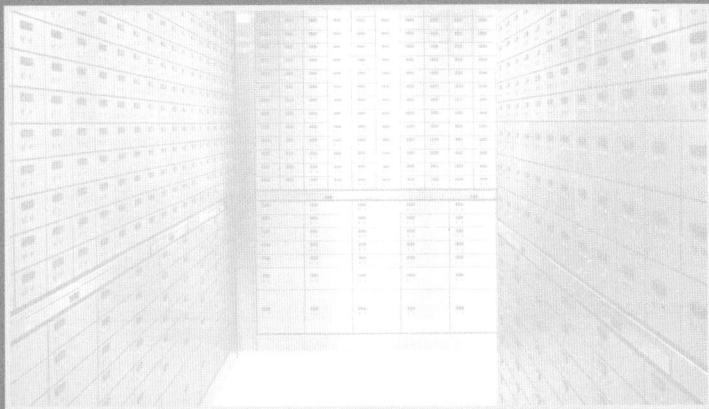

第十一章

：

银行保密制度

为什么要实行银行保密制度

实际上，瑞士是在 20 世纪才成为具有全球影响力的金融市场的。瑞士能成为世界上最大的金融中心之一，靠的是其独一无二的专长。这个秘密武器就是银行保密制度。

实际上，银行保密制度并不是什么新鲜事，也没有什么特别之处。银行家和金融家就像医生或律师一样，总是要遵守保密原则，对客户的业务、健康状况或法律状况三缄其口。那么为什么瑞士的银行保密制度与众不同呢？

纵观瑞士的历史，瑞士地处欧洲中心，便利的交通吸引了大量商贾，由于它是中立国，可以为某些交易提供安全的环境，使其免受本国的政治限制和监管。此外，瑞士政局稳定，而周边国家却饱受各种战争、革命之苦。那些与政府意见相左之人，或者因宗教、政治等各种原因受到迫害的人，总是难逃财产被没收的命运。例如，在法国国王路易十四的统治下，新教徒遭到迫害，被没收财产。在法国大革命中，许多贵族被斩首，并被没收财产，诸如此类，比比皆是。因此，把钱存入保密性好的瑞士银行是良策，而且这个传统由来已久了。至少从 17 世纪开始，人们的一贯做法就是把资金转移到瑞士，以此来保存家族财产，也可避开国家破产或货币贬值的风险。此外，瑞士银行家通常是新教徒，他们拥有一种保护受迫害者的神圣使命感。这种传统深深植根于瑞士文化，并在整个欧洲广为人知。所以，自 17 世纪以来，源源不断的资金流入瑞士银行家的金库。这种现象基本上是自发形成的，并不需要积极推动。但在 19 世纪末，瑞士银行开始有意鼓励这种做法，目的是在这个利基市场站稳脚跟，所向无敌。

尽管人们找不到证据来证明瑞士曾决定将银行保密制度作为竞争优势，但事实就是如此。这是一项明智的政策，因为瑞士银行没有办法与其他大国的大型银行机构竞争，比如英国是称霸世界的帝国，法国不仅是欧洲大国，还是横行非洲甚至亚洲的殖民帝国，德国自 1870 年以来就是欧洲的大国。英国、法国和德国的大企业都与其国家的政治权力和影响力联系在一起，而瑞士作为一个没有出海口、没有殖民地的小国，无法与它们竞争。瑞士只能通过其他特色来争得一席之地：与尽可能多的国家签订友好贸易协定，捍卫自由贸易，销售质量上乘的产品，例如苏尔寿和爱雪维斯公司生产的蒸汽机、柴油发动机和涡轮机，或品质卓越的瑞士手表等。所有与强权政治有关的大业务都与瑞士银行无缘。这种劣势只能通过吸引大量逃离本国通货膨胀、政局不稳、内战、税收甚至是查抄厄运的资本来弥补。因此，瑞士银行打出了银行保密制度这张牌。

巴塞尔商业银行事件及其后果

这个故事鲜为人知，因为法国和瑞士当局都不愿过多谈论此事，但它的确影响巨大。因此，有必要详细讲讲。1932 年10 月 27 日，应法国财政部的要求，警察总局局长罗杰·巴尔特莱（Roger Barthelet）对当时瑞士最大的银行之一——巴塞尔商业银行（BCB）在巴黎悄悄租下的一间公寓进行了彻底搜查。这间公寓坐落在一栋名为特雷穆瓦耶酒店（Hôtel de la Trémoille）的雅致建筑中。结果银行的一名董事经理和一名副经理遭到逮捕和审讯。更糟糕的是，一些敏感文件被查获，披露了一些难以见光的信息。这是些账簿卡片，上面记载了存放在巴塞尔商业银行总部的证券，虽然银行仅用编号来标记证券的拥有人，但警方也查获了一些笔记本，上面罗列了一长串这样的编号，并对应着银行客户的姓名和地址。

从听证会和缴获的文件来看，为了向法国客户支付他们在巴塞尔商业银行所持债券的利息或证券股息，巴塞尔商业银行已经秘密经营这个机构好几年了。这样的做法违反了法国法律，它使受益人逃避了高达 20% 的证券收入所得税，以及遗产税，并大幅降低了他们应缴的一般所得税。逃税的金额是巨大的，相当于当时的 10 到 20 亿法郎。从缴获的笔记本上的记载显示，涉案人数超过 1 000 人，其中绝大多数属于政治精英和上流社会：三位有影响力的参议员和一位国会议员，十多位将军，两位主教，两位巴黎上诉法院的高级法官，还有标致家族、科蒂家族在内的主要实业家和商人，《费加罗报》的老板，巴黎大型报纸《晨报》的老板，以及法国新闻界最重要的财经宣传分销商之一。贵族成员加在一起几乎占了榜单的 10%。涉案的参议员有：执政党民主与激进派联盟的成员保罗·朱丹（Paul Jourdain），他曾 7 次担任部长，特别是在 1919 年和 1920 年担任第二届克列孟梭（Clemenceau）政府的部长；内政部长亚伯拉罕·施拉梅克（Abraham Schrameck），他在 1925 年担任第二届和第三届潘勒韦（Painlevé）政府的内政部部长；共和党中心派成员，第三届塔迪厄（Tardieu）政府副国务卿（1932 年 2 月 20 日至 6 月 3 日）查尔斯·佩尚（Charles Péchin）；颇有影响力的是全国共和联盟成员路易斯·维耶拉德（Louis Viellard），他与工业界关系密切。

媒体很快就知道了这件事，事态变得越来越严重。1932 年 11 月 8 日，社会党议员法比安·阿尔伯特（Fabien Albertin）在下议院发出质询，提交了"政府打算采取哪些措施来打击最近发现的严重税务欺诈行为"的质询书。同一天，主要的社会党日报《大众报》（Le Populaire）在头版发表了一篇题为"丑闻不断"（Scandal upon scandal）的长篇文章，就质询书发表了评论，并希望"欺骗税务部门的骗子受到无情的惩罚"。

但事件真正爆发是在 11 月 10 日。当天，下议院不顾前一天政府提出的审慎处理这一问题的建议，决定不予推迟对质询书的讨论，而就在当天进行辩论。随后便是一场漫长而激烈的辩论，在辩论中阿尔伯特说出了涉案主要人物的名字。辩论结束时，下议院对社会党议员提出的一项决议进行了表决，并得到下议院议长爱德华·赫里奥（Edouard Herriot）的许可。决议中提到，"下议院注意到政府的声明，期望政府尽快公布事件的全部真相以正视听，严厉打击欺诈行为，并要求政府在做出任何新的牺牲之前，在金融法中加入一切有效条款，用来预防和压制已经纵容太久的欺诈行为……"

法国司法部部长勒内·雷努尔（René Renoult）检察官，是执政的激进党中一位非常有影响力的政治家。11 月 13 日星期日晚上，他和其他高层人士会面，并决定首先指控和监禁搜查时在场的巴塞尔商业银行的董事经理和副经理，其目的是威慑巴塞尔商业银行，使其向法国检查人员公开巴塞尔的登记账簿。其次，应司法部部长的要求，各方同意立即取消四名涉案议员的豁免权，也就是说，不允许他们事先询问。最后，各方决定让塞纳河检察院的 38 名调查法官全部参与此案。为了加强这一特别举措对公众舆论的影响，各日报都对此进行了广泛的报道和评论，其中一份报纸强调道，应在最短的时间内宣布初步判决。

1932 年 11 月 16 日，法国当局传召巴塞尔商业银行的两名董事会成员到巴黎，要求他们授权法国公务员检查巴塞尔当地的银行账簿。遭到瑞士当局的拒绝后，法国当局立即囚禁了 10 月 27 日搜查当日身处巴黎的银行董事经理和副经理。他们在被关押两个月后才获释。这项措施旨在施加压力，迫使巴塞尔商业银行解除银行保密制度，并提供其登记账簿。1932 年 11 月 21 日，法国当局想出了新办法，他们向瑞士联邦委员会提出了法律互助请求。这一招对瑞士银行家来说是相当可怕的。

法国左翼反对派利用这一事件来动摇政府的统治，希望能借此赢得下次大选，因此这一事件在法国政界掀起了轩然大波。但过了一段时间，情况发生了变化。整个法国统治精英阶层，无论是左翼还是右翼政党，都觉得此事非常棘手。人们可以观察到，在法国当局积极地采取了中立和拖延政策之后，丑闻平息下来了。1932 年 12 月 9 日，社会党的报纸《大众报》发出反对声音，写道："真相正在一点一点地被有意掩盖起来。事实上，当局并没有按照原先的决定，由 38 名调查法官来参与案件，而只是悄悄地任命了 4 名会计专家来审查已经公开的 1 084 份非常复杂的文件。"《大众报》（1932 年 11 月 22 日）谴责了这一决定，认为它"玩弄舆论"、旨在使"司法瘫痪"，但其抗议没有任何效果。另外，披露前 130 名被告姓名的行为激起了人们强烈抗议。当天，律师协会理事会就派其会长向司法部部长提出了抗议。几位议员也在议会上愤怒地质问政府的所作所为。右翼媒体也提出了抗议。例如,《费加罗报》认为当局公布被告姓名的公开谴责方式,表现出其"独裁专制"的一面。随后,当局做出了让步,不再公布被告的姓名。

这一事件引起了瑞士银行以及整个法国和欧洲精英阶层的高度关注。它对双方都有影响。一方面,法国试图遏制事态,让这件事渐渐地湮没无闻。另一方面,瑞士政界和银行都明白,由于不谨慎而导致的信息泄露和轻率行为会对金融中心造成多大的损害。他们当即采取措施平息事态,避免此类事件再次发生。基于此,强化银行保密制度势在必行。

1934 年的瑞士银行法

1934 年的瑞士银行法中只有一项条款涉及银行保密制度,即著名的第 47 条。该法案的其余部分旨在稳定和保护瑞士银行及其储户免受自 1929 年以来的银行和经济危机的影响。1929 年的经济危机始于华尔街的崩溃,并在 1930 年导致了很多银行急剧破产。奥地利信贷银行(Kreditanstalt)[①]的彻底倒闭,引发了剧烈的社会动荡,结果是希特勒在德国得势并掌权。瑞士也经历了历史上最严重的银行危机。在当时的"大银

---

① 奥地利信贷银行成立于 1855 年,曾是奥地利最大的银行。——译者注

行"中，日内瓦银行（Banque de Genève）破产了，大众银行（Popular Bank）多亏了联邦政府的大量援助才得以幸存，其余的银行不得不彻底重组。同样，瑞士的社会局势也非常紧张，为了保护储蓄，避免经济萧条加剧，当局绝对有必要支持银行。

早在1931年夏天，利用法律来保护银行业的问题就日益受到重视。除了社会党领导的工人运动，广大农民和中产阶级也给政府施加了越来越大的压力，要求联邦政府采取措施控制银行活动，特别是保护小储户的利益。因为银行业不想受联邦政府的控制，对此并不情愿。联邦政府犹豫再三，在1933年2月起草了第一份法案，该法案中包含了一项关于银行保密制度的条款。众所周知，如果这份法案不包含银行保密原则的话，那么银行界会完全抵制任何法律约束。

该法案最终于1934年11月9日被两院通过。议会也毫无争议地通过了有关银行保密制度的条款。换句话说，1934年银行法将要施行的第47条从一开始就存在，没有人试图修改它。从本质上讲，这部法律是各方相互妥协的结果，各方都得到了自己想要的东西：社会党控制银行的原则得以通过，银行家的银行保密制度得到了确认。真是完美的瑞士式妥协。

著名的第47条的规定：

任何人包括机构成员、银行雇员、审计员或助理审计员、银行委员会成员、公务员或秘书处雇员，违反法律或职业保密要求而泄露信息，引诱或意图引诱他人泄密，可处不超过两万瑞郎的罚款或最多六个月的监禁。

银行机密受到法律保护，违反银行保密规定会依法受到起诉。

这是当时世界上对银行机密最严格的保护。其新颖之处在于，瑞士银行的客户首次受到刑法的保护，可免受银行不当行为的侵害。

20 世纪末，围绕瑞士银行保密制度产生了激烈的争论，并在某个方面存在严重争议。1934 年，希特勒已经掌权一年。德国秘密警察盖世太保①（Gestapo）不仅试图没收犹太人的资产，还试图没收所有反对国家社会主义政府人士的资产。因此，很明显，加强保护银行机密的原因之一是为了保护瑞士银行的所有客户，保护那些可能受到德国当局威胁的犹太人或非犹太人。德国实业家也可能受到这种威胁，因此他们也倾向于隐藏自己的金融状况，关于这方面我们将在有关国际工商业投资事件（Interhandel affairs）的章节进行详述。但人们大致了解这样一种情形：在 1933 年和 1934 年，盖世太保特工来到苏黎世或其他地方的瑞士信贷或瑞士联合银行或其他银行的柜台，他们怀疑被其控诉的人在该行存了钱，就会说："我想在某某先生的账户上存钱，我是他的朋友。"那位勤勉的员工

---

① 盖世太保是纳粹的秘密警察。

有时会说："先生，很高兴为您服务，我们将记入您朋友的账户，这是收据，请您签字。"这名员工没有意识到，他这样说就泄露了机密信息，可能会严重损害银行客户的利益。因为如果这名客户是纳粹政权的政治对手，或者是犹太人，警察现在就有了针对他的证据，他可能就惹上大麻烦了。新银行法的第47条也是为了规避这类问题。

最终，在1990年爆发了一场反对瑞士和瑞士银行的全球性运动，目的是迫使瑞士和瑞士的银行屈服，使其无条件地放弃银行保密制度。当时，人们主要指控瑞士银行没有充分保护犹太客户的利益，甚至窃取了那些在纳粹集中营中丧生的客户的钱。瑞士银行提醒公众，虽然银行保密制度确实保护了一些犹太客户和反纳粹主义人士，但银行保密制度的设立不仅仅是为了保护在德国有被起诉风险的客户。然而，人们拒绝接受这个事实，瑞士左翼历史学家很得意地宣称银行保密制度是完全错误的。事实上，他们质疑银行保密制度没有保护纳粹受害者，但他们也未能证明相反的情况。

银行保密制度：国际竞争中的无敌王牌

2009年，银行保密制度被正式废除，取而代之的是自动交换税务信息。但在此之前，这个简单的制度一直像块强力磁铁，吸引世界各地的财富源源不断地涌向瑞士。我们已经了解了瑞士银行法的第 47 条，还必须注意逃税和骗税的区别。

根据瑞士法律，忘记向税务机关申报部分财产或收入，在刑法上不构成欺诈。但这是一种行政错误，视事件的严重程度，由当事人承担行政处罚结果，如罚款、调整税率等。但在大多数其他国家，这属于刑事犯罪，而在瑞士则不是。此外，一般的程序原则是，在调查期间，一个国家不能就不属于其立法范围的罪行起诉某人。因此，如果法国税务当局怀疑某位法国公民在瑞士拥有秘密银行账户，法国法官要求瑞士提供该账户的相关信息，瑞士当局则不会授权披露该账户的任何信息。只有犯罪行为在两国立法中都属于刑事犯罪时，瑞士才会提供法律援助。这也被称为"双重指控"。因为税务问题在瑞士不属于刑事犯罪范畴，所以瑞士不会对此提供法律援助。

直到 2009 年，在所有来自国外的财务调查面前，这一法理都是一道不可逾越的屏障。尽管受到了严厉的批评，但瑞士银行始终捍卫这一原则，这使瑞士银行在与其他国家的竞争中拥有了不可撼动的优势。这一秘密武器将瑞士银行变成了一块不可抗拒的磁铁，吸引着世界各地的逃税者。

到底什么是编号账户

许多人谈起编号账户时，并不真正了解它或它过去的情况，因此也有必要解释一下。简单地说，编号账户是一个仅用数字标明的账户，账户所有者不记名。只有银行管理层掌握特定号码的账户所有者身份，且必须对客户姓名保密。除管理层外的银行职员没有权限接触这些信息。

只要银行保密制度仍然存在，瑞士银行的普通员工永远不会知道客户的姓名。如果普通员工在为客户提供私人服务的部门工作，他每天都会收到客户的信件，指示其进行某些交易，例如向朋友或亲戚汇款，但他看不到客户的姓名。客户信件原件保存在一个特殊的部门，他只会收到一份不露客户姓名的信件副本。例如，如果他为客户付款，他可以通过瑞银把编号 01234 借记账户上的钱支付给瑞士信贷编号为 56789 的账户。无论是付款方还是收款方，都只显示账户编号，而且在业务预定信息中也不会显示姓名，只会写"根据我们的一个客户需求办理"。因此，如果任何秘密机构想要监视瑞银发出的电传，它能够找到的唯一信息是，根据瑞银客户的需求，银行通过有线电传的方式，将 100 瑞郎（或 100 万瑞郎，不管金额多大，只是举个例子）从瑞银的 01234 号账户转移到瑞士信贷的 56789 号账户。这样，它无法得知客户的身份，更不可能知道转账的原因。这就是编号账户的本质，原理非常简单（因为匿名交易不再存在，编号账户也无法以这种形式存续下去了）。

第十二章

第二次世界大战

第二次世界大战（后简称二战）刚开始时，由于德国占据地理优势，取得了军事胜利，独裁者希特勒冷酷无情地称霸世

图 12-1　马塞尔·皮莱特 - 戈拉兹（Marcel Pilet-Golaz，1889—1958 年），在公众大会上发言。他是二战时期的瑞士外交部长，两次任瑞士联邦主席。他不得不承担起在德国面前维护瑞士利益的艰巨任务。1945 年，他辞职了，把位置留给了战后的新人。从那以后，他总是备受争议，但他不屑于为自己的政治决定道歉。他相信历史会为他伸张正义，但这还没有实现。© 瑞士国家博物馆（Swiss National Museum / ASL）

界。轴心国部队利用军事上的包围，严格控制瑞士重要商品的进口。尽管如此，瑞士联邦还是逃脱了这一扼制。事实上，它不仅不会被"新欧洲"吞噬，而且还能与盟国和中立国保持经济往来。从 1940 年到 1944 年，瑞士通过持续不断的、有时甚至是唇枪舌剑的谈判，获得了交战双方阵营的双重授权，得以进口和出口货物。为了确保自己能够生存下来，抵御外部威胁，瑞士联邦必须适应形势并向交战双方提供服务。

表 12-1　德国和瑞士之间的商业往来统计数据[①]

年份	瑞士从德国进口		瑞士对德国出口	
	单位 （百万瑞郎）	占瑞士进口总 额的百分比	单位 （百万瑞郎）	占瑞士出口总 额的百分比
1939	440.4	23.3	191.5	14.8
1940	411.3	22.2	284.8	21.6
1941	656.2	32.4	577.0	39.4
1942	660.3	32.2	655.6	41.7
1943	532.2	30.8	598.4	36.7
1944	433.4	36.5	293.6	25.9
1945	54.3	4.4	11.2	0.8

　　上述数字表明，在二战期间，瑞士与德国的经济对瑞士的

[①]　参阅：Cf. Jean Hotz, "Division du Commerce et politique commerciale pendant la guerre", in: L'économie de guerre en Suisse, 1939—1948, Rapport du Département fédéral de l'Économie publique, Berne 1951, p. 62。

生存是多么重要。因此，当德国要求根据两国 1934 年的结算协议提供信贷时，瑞士不可能拒绝。

1940 年 6 月 25 日，瑞士电台播放了瑞士联邦主席马塞尔·皮莱特 – 戈拉茨（Marcel Pilet-Golaz，1889—1958）的讲话，申明了政府"不惜一切代价为瑞士人民提供工作"的决心。因为瑞士人民在 20 世纪 30 年代的失业潮和法兰西共和国的覆灭中受到过铭心刻骨的重创，这一承诺符合公众舆论。

1941 年，瑞士向德国发放第一笔 1.5 亿瑞郎贷款，后来迫于德国的巨大压力，不得不再次提高贷款额。"联邦委员会经济和金融代表团"讨论了这个问题，并向政府提出了议案，建议政府与工商界代表进行磋商，寻求解决办法。参加磋商的有来自著名工业家族的汉斯·苏尔泽（Hans Sulzer）、瑞士工商业联合会（Vorort）主席、进出口监督咨询委员会主席、瑞士农民联盟负责人恩斯特·劳尔（Ernst Laur）教授、联邦战争办公室粮食部门主任恩斯特·费斯特（Ernst Feisst），以及代表金融界，特别是瑞士银行家协会"德国委员会"的瑞士信贷银行总经理阿道夫·约尔（Adolf Jöhr）和彼得·维利（Peter Vieli）等人。参加磋商的所有人都一致表示，瑞士必须恢复与德谈判并达成协议。

尽管瑞士银行担心通货膨胀的影响，但 1941 年 7 月，实业界和政府当局同意增加对德贷款，并将最高限额定为 8.5 亿瑞郎，但在战争过程中这个数额逐步提高，到 1945 年年底达到了 9.39 亿瑞郎，到 1946 年年底甚至达到了 12 亿瑞郎。鉴于当时瑞士的年国民收入约为 100 亿瑞郎，这一数字极为庞大。

这些提供给德国的流动资金使其能够履行对瑞士金融债权人的义务，并向瑞士公司订购商品。为了适应新的市场，瑞士工业进行了重新定位。统计数据清楚地表明，直到 1940 年 5 月，战争物资生产商的大部分出口都销往法国、英国和其他国家。1940 年夏天，以前因为缺乏支付手段而几乎被忽略的新客户不断出现，这些客户是德国、意大利，甚至是"希特勒－斯大林条约"履行期间的苏联。瑞士之所以能同这些国家做生意，归因于联邦政府提供的贷款，而联邦政府却因此经受了泰山压顶般的严峻考验。

瑞士当局希望，良好的瑞德经济关系可以使德国领导人倾向于保护瑞士。由于德国与意大利之间的货物转运要通过圣哥达山口，瑞士可能因此享有和平，瑞士的劳动力可能因为为德国工作而不必担心遭遇空袭。与此同时，在英国船只的帮助下，瑞士可以从海外运来其劳动人口所需的物资……因为瑞士在与交战双方的贸易中大致保持了平等和平衡，这一政策符合中立原则。但是，后来瑞士领土被德国和意大利军队完全包围，当然不可能再与同盟国进行贸易了。

德国和意大利两国的报纸大肆进行威胁性和侮辱性宣传，向瑞士残暴施压，迫使瑞士同意作出更多有利于轴心国的让步，例如扩大"开放信贷"，增加交通运输设施等。

通过对德国档案和瑞士档案的分析和研究，可以看出德国从瑞士获得了工业优势（战争物资和机床）和经济效益。此外，结算机制规定，瑞士需以自由货币的形式，把德国向瑞士出口商品的对应价值按一定比例（11.8%）支付给德国结算所，从而使德国有可能进行外汇交易，而以前因为德国马克不可兑换，德国无法进行外汇交易。这种自由配额对德国尤其重要，使其可以从中立国购买稀有产品，例如从西班牙和葡萄牙购买黑钨，用于制造硬钢。

战后人们常说，瑞士人在战争期间每周为德国工作六天，但在周日祈祷德国战败。这句话有一定的道理，因为在瑞士人的心中，他们是反对希特勒的（除了极少数人）。事实上，要想生存，除了与德国进行经济合作，瑞士没有其他选择余地。

黄金的问题

比结算信贷更重要的是黄金市场。目前针对黄金交付的研究还没有得出确切的统计数据。很明显，德国国家银行为进行国际交易而向瑞士运送的黄金数量最多。"瑞士第二次世界大战独立专家委员会"对保存在华盛顿、伯尔尼和苏黎世的不完整资料进行了比较，在此基础上于 1997 年 12 月起草了下表。

表 12-2 　1939—1945 年瑞士从德国进口的黄金数量
（以百万瑞郎为单位）

年份	德国国家银行向瑞士交付的黄金数量	基于德国国家银行的账目①	基于瑞士海关的统计数据（完整的）②	基于瑞士国家银行的账目③
1939	—	—	17.1	—
1940	222.0	92.0	126.3	103.2
1941	349.9	215.1	279.4	192.9
1942	493.2	493.2	474.6	497.5
1943	609.3	609.3	596.9	588.0
1944	275.4	275.4	258.2	257.3
1945	—	—	15.8	15.7
共计	1 949.8	1 685.0	1 768.3	1 654.6

德国通过瑞士中央银行进行的其他交易：1946 年 3 月，瑞士中央银行的主席阿尔弗雷德·赫尔斯（Alfred Hirs）发现，德国国家银行在战争期间，通过各种渠道获得了 19 亿

---

①　德国国家银行的账簿中没有说明1945年从康斯坦茨交付的数量。这些数字代表的是德国国家银行对瑞士中央银行的交付数量（不包括对商业银行的交付）。对于其他年份，迄今为止搜索到的德国国家银行的账簿中不包含任何数据（《德国国家银行备案录》，美国国家档案馆）。

②　海关统计数据（"瑞士年度外贸统计数据"），补充了工业用金数量（1944年和1945年除外），见第 3 栏。

③　"柏林流入/流转的统计数据"，来源于瑞士中央银行的新闻资料（1997年3月 20 日），"经由伯尔尼从德国国家银行流通的黄金数量"。这些数据包括直接交付给其他中央银行和机构在伯尔尼的瑞士中央银行的存款。

瑞郎。这笔钱被存入了德国国家银行在瑞士中央银行的常用账户，德国国家银行对这笔钱的使用情况如下（单位为百万瑞郎）：

138	存入其他中央银行；
1434	存入瑞士银行；
158	购买黄金或货币（包括美元）；
47	直接支付给德国驻伯尔尼大使馆；
89	直接支付给巴塞尔的国际结算银行；
61	直接支付给： 瑞士外交部外国利益司（4 400 万）； 国际红十字协会（500 万）； 其他各种收款人（1 200 万）。

　　的确，德国具有接受结算信贷的能力对其很有利，也就是说德国将瑞士作为一个金融平台，使用当时德国在国际上唯一可自由兑换的货币瑞郎，出售或购买黄金。事实的确如此。这一做法在战后受到严厉批评，尤其是遭到了美国当局的批评，但说实话，这对瑞士来说是绝对必要的，瑞士要想生存，别无它择。

　　战后，那些敌视瑞士的人对瑞士进行了严厉的谴责，据他们称，瑞士购买了德意志帝国在被占领国攫取的黄金，帮助希特勒维持了战果。如果我们冷静地分析事实，而不是从意识形态的角度考虑，就必须承认这种指责是绝对不公平的，因为很明显，瑞士根本没办法拒绝与德意志帝国进行黄金交易。尽管对于那些无条件相信西方主流媒体报道的人来说，黄金的来源令人震惊，但它却是完全合法的。1907 年的《海牙公约》（*1907 den Hagen Convention*）规定，占领国有权扣押被占领国的黄金储备。此外，顺便提一下，进攻伊拉克和利比亚的西方大国，从来没透露过它们对伊拉克和利比亚的黄金储备做了什么。例子不胜枚举，仅举此一例。因此，这种虚伪的指责是无止境的。

瑞士在二战中的生存之道

1945 年，瑞士计划制定一份类似于德国和瑞士交易关系的资产负债表。主要的企业协会——瑞士工商业联合会回顾了 1940 年的情形，并指出了瑞士当时面临的危险："德国是唯一能够为我们提供煤和铁的国家。瑞士靠自己什么事情也做不了，因为扩大耕作取决于肥料和种子的进口，如果没有煤和铁，就无法制造机器和工具。同样，工业替代产品的生产以及瑞士军队的军备和国防工程，也只有靠轴心国的供应才能进行。更别提我们采取军事对抗的危险性了。德国对抗瑞士的武器不止一种，每一种武器都足以给瑞士以致命的打击，而瑞士却没有任何武器足以让德国人觉得有绝对必要防备……因此，瑞士的生产和交货能力、运输可能性以及信用贷款实际上才是唯一真正重要的武器"①。

没有比这更好的解释了。这个解释也是绝对必要的。但我们会看到后来瑞士还是遭到了严厉的谴责和勒索。他们把二战事件作为武器，对瑞士施加压力，牺牲了瑞士银行和整个瑞士的利益。

瑞士凭借明智的政策得以在战争中幸存下来，但战胜国，特别是美国人认为，瑞士没有权利保持中立，因为他们对瑞士所处形势一知半解。在美国人简单化的观点中，你要么支持我们，要么反对我们。在美国人看来，瑞士在战争期间是站在德国一边的。因此，战后，美国人决心让瑞士为其中立态度付出沉重的代价。特别是，他们应该在经济上付出代价。早在1943 年 6 月初，甚至在同盟军登陆意大利之前，瑞士银行家协会和瑞士联邦高级官员就在一次会议上讨论了在美冻结资产的解冻问题。在这次会议上，瑞士驻美国大使称，"战后……美国希望着手查明被冻结资产所有者的身份"；对此，瑞士银行联盟的主席回答说，对瑞士机构来说，接受这样的身份查验"会毁掉与资产管理有关的业务"②。

几天后，轮到瑞士国家银行开始担心了："美国当局写信

---

① 参阅：AFB, E 6100 (A) 25/2331.

② 参阅：AFB, E 2001(E)/2/563，瑞士外交部的通知，1943 年 6 月 7 日。

给联邦政治部，他们似乎对瑞士的银行保密制度感到愤慨，可能希望通过披露瑞士银行在资产解冻之前以瑞士银行名义存放在美国的资产受益人的姓名，来逐步废除瑞士的银行保密制度……因此，现在似乎就应该考虑如何在适当的时候捍卫瑞士的立场。"

华盛顿黄金协议：一场艰难的谈判

瑞士被指控购买了"掠夺来的"黄金，但我们已经看到，这种指控是不公平的。一场双重谈判就此开启。

谈判的一个方面是关于瑞士国家银行向德国国家银行购买的黄金。根据指控，这些黄金帮助德国进行了战争融资。美国方面主要认为，瑞士应该没收全部黄金，就好像这些黄金属于美国等战胜国一样。但正如瑞士代表团团长斯塔基（Stucki）部长所说，在这个问题上不可能达成谅解。双方为此相互对峙。瑞士彻底拒绝了美国的要求，并表示坚决不会在主权问题上妥协。最后，双方达成和解，瑞士赔偿美国 2.5 亿瑞郎。瑞士方面认为这是美方滥用权力，但最终这算是一个相当有利的解决方案。

谈判的另一个方面是德国资产的问题以及与瑞士银行保密制度相关的问题。瑞士当局已经为这场斗争做好了准备。1943 年 12 月，社会党的恩斯特·诺布斯（Ernst Nobs）首次被任命为瑞士联邦委员会（瑞士中央政府，相当于中国的国务院）的财政部部长，此举可以说是对战后艰难谈判的一种预判。瑞士政府让社会党人来负责维护瑞士金融中心的利益，抵御美国的压力，实属明智之举，因为这样可以使社会党保持中立，否则该党可能会要求取消银行保密制度。

早在 1944 年年底，以美国为首的二战战胜国就发起了一场重大攻势，旨在解除瑞士金融机构外国客户的匿名身份。匿名身份会防止客户的资产被作为战争赔款扣押，并使外国逃税者，特别是法国

图 12-2　瑞士谈判代表团团长，部长沃尔特·斯塔基（Walter Stucki）博士，飞往华盛顿。©Dodis（意为"瑞士外交文件"）

人，逃避参与各自国家的经济重建。瑞士外交官和银行与同盟国当局之间的斗争持续了三年多，并在 1946 年达到了顶峰。这对瑞士的银行来说极其危险。瑞士的银行担心，如果这些要求得到满足，并因此同意解除银行保密制度，那么两代人努力的所有成果以及瑞士银行因银行保密制度而取得的成就将彻底丧失。

1945 年 6 月，瑞士财政部部长恩斯特·诺布斯宣称他"曾多次让联邦委员会意识到，美国政府对瑞士银行的政策受到华

尔街的强烈影响，也就是说，瑞士不应忽视这种政策的动机是为了与瑞士一争高下。联邦委员会意识到了这种危险，意识到其职责不是抛弃银行，而是支持银行"①。瑞士银行家明确表示，披露客户信息将"对瑞士银行谨慎行事的声誉造成致命打击"，其后果将被证明是"毁灭性的，因为外国资本会在第一时间逃往其他地方②……在未来几十年内摧毁过去几十年所建立的一切，这将是一场灾难"。

因此，瑞士拒绝了美国提出的要求。时间就这么一天天过去了。一直到"冷战"开始前，瑞士仍然态度坚定，从那一刻起，美国倒更愿意和解，于是有了达成协议的可能。瑞士谈判代表只在这一点上做出了让步：为了不让德国在瑞士的资产或通过瑞士公司管理的资产被同盟国发现和悄悄没收，他们不得不答应解除对德国资产的银行保密措施，也就是说，准许将这些资产所有者的名字告知同盟国。但这对瑞士银行来说并不是至关重要的。最重要的是，在同盟国面前保护其他外国客户，特别是法国储户的匿名身份。事实上，由瑞士银行管理的私人资产中约有 50 亿瑞郎的资产冻结在美国，其中约有 20 亿瑞郎（大约相当于今天的 500 亿欧元）的资产所有者是法国国民。如果在解冻资产的过程中，同盟国得知了这些资产实际所有者的名字，那么法国税务部门就会掌握这些名字。这些资产所有

---

① Documents Diplomatiques Suisses (dodis), Zurich, 1997, vol. 16.

② https://www.dodis.ch/en/washington–agreement–1946.

者本可以在美国解冻他们的资金，这样一来，就会被迫把这些资金汇回法国，并被课以重税，甚至会以税务欺诈之名遭到起诉。简而言之，瑞士也会因此失去其作为资本安全港的声誉。

瑞士谈判代表采取了以下行动：他们要求由瑞士的一个半国家机构，即瑞士结算所来区分在美冻结的德国资产、瑞士私人资产或带有瑞士标志的资产，同盟国官员不参与执行该程序，也不对此进行直接控制。这个要求获得了许可，瑞士结算所能够将大部分工作委托给瑞士银行，因此瑞士当局取得了明显的成功。通过 1946 年 5 月 25 日签署的《华盛顿协定》以及 1946 年 11 月 22 日签署的补充协议《证明协定》，瑞士成功地从同盟国那里获得了废除黑名单和解冻在美资产的许可。

全世界都将《华盛顿协定》视为瑞士的辉煌胜利。从那时起，瑞士的金融中心就享有极高的声望，因为它成功地让世界上的头号大国屈服。银行保密制度带着绝对不可侵犯的光环，这使得瑞士银行在二战后主导了全世界的跨境资金管理市场。尽管后来瑞士银行保密制度失效了，但它如今仍然保持着该市场的主导地位。

第十二章 ：

黄金时代

瑞士和瑞士银行的黄金时代

凭借非凡的韧性和几代人坚定不移的努力，小国瑞士在没有矿产资源、没有出海口、没有强大政治力量的情况下，成功地在三次欧洲大战中保持中立（实际上是四次：1853—1856年的克里米亚战争，1870年的德法战争，1914—1918年的第一次世界大战，1939—1945年的第二次世界大战）。从那时起，一个新的时代就开始了。虽然起初瑞士银行系统非常不起眼，无法与法国、德国、英国的大型银行机构相提并论，但经过这段时间的发展，它已经成功超越了这些大国的银行，至少在财富管理领域具备专长。这在很大程度上归功于瑞士人的辛勤工作和银行保密制度，同时也归功于金融、工业和政治精英之间的出色合作。军事精英也功不可没，因为中立国瑞士也有能力建立一支不屈不挠的军队来保护自己的安全，虽然这支军队不足以与大国对抗，但足以保护一个山地小国的领土独立。最后，瑞士国际红十字会也非常重要，它为瑞士在国际事务中赢得了尊重、荣誉和声望。

瑞士联邦主席马克斯·珀蒂皮埃尔：承认中华人民共和国

第二次世界大战后，瑞士在世界事务中扮演了既重要又审慎的新角色。新的世界格局逐渐形成，在这个新格局中，瑞士必须依托出色的外交，才能占有一席之地。当然，在此我们必须向战后的新任瑞士外交部部长，时任瑞士联邦主席，马克斯·珀蒂皮埃尔（Max Petitpierre）表示敬意，他在 1950 年一月承认中华人民共和国，此举非常明智，值得现代人珍视，因为它使瑞士在与中国的经济合作中享有独特地位。受人尊敬的中立国声望也给瑞士带来了一些外交上的成功，例如，瑞士曾是中立国监督委员会（NNSC）的成员，在南北朝鲜停战后，瑞士将军曾率领军事代表团前往位于非军事区的板门店。在朝韩非军事区，瑞士军人自 20 世纪 60 年代末以来就不再携带武器，他们在板门店既是观察员，也是外交官。

瑞士面临的难题是它必须保护自己的利益，免受美国的敲诈勒索，其后果就是在 1946 年国际联盟解散，联合国取而代之时，瑞士无法加入联合国，也不想加入。一旦加入联合国，就会严重损害其中立地位，而事实证明中立地位非常有利于瑞士维护自身利益。出于同样的考虑，瑞士也不参与组建欧洲共同体，这个共同体就是今天的欧盟。出于对中立地位和金融中心利益的考虑，瑞士也不可能加入欧盟。

瑞士外交官蒂诺·索尔达蒂：经合组织和欧洲自由贸易联盟创始人

　　瑞士外交部门采取了另一项出色的举措。1960年，瑞士在新国际组织欧洲自由贸易联盟（EFTA）的成立中发挥了非常积极的作用。该联盟的成员包括瑞士、英国、奥地利、葡萄牙、丹麦、挪威和瑞典。此举使瑞士能够很好地融入国际事务和自由贸易，而不必放弃其中立国地位，同时也能维护其银行保密制度。1961年，经济合作与发展组织（OECD，简称经合组织）在巴黎成立，瑞士也是创始成员国之一。实际上，经合组织接续了另一个从1948年起就活跃在巴黎的组织，该组织在马歇尔计划之后被称为欧洲经济合作组织（OEEC）。鲜为人知的是，瑞士外交官蒂

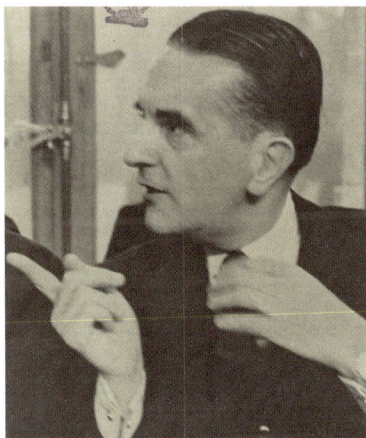

图 13-1　蒂诺·索尔达蒂（Tino Soldati, 1910—1966 年）

诺·索尔达蒂（Tino Soldati）是欧洲经济合作组织、后来的经合组织和欧洲自由贸易联盟的真正策划者。人们口中的蒂诺·索尔达蒂是一个聪明机智、魅力十足的人，他总能为看似无法解决的问题找到解决方法。他虽然在幕后策划，但却发挥了至关重要的作用。

凭借这些外交成就，瑞士就具备了成功发展金融业的理想条件。瑞士也确实做到了。可以说，从二战后直到 1990 年，这几十年时间是瑞士银行和金融业的黄金时期。

国际工商业投资公司事件：瑞士联合银行成为瑞士最大的银行

在此，我们必须得提一下国际工商业投资公司事件，这个故事鲜为人知，但它正是使瑞士联合银行成为瑞士第一银行的真正原因。这一事件也是战争的产物。由于它从未成为媒体头条新闻，因此几乎无人知晓事情的来龙去脉，人们几乎将此事完全抛之脑后了。尽管如此，它对了解瑞士银行业的历史非常重要，接下来我们不深入细节，大致了解一下这个传奇故事的基本脉络。

1928—1929 年，一家名为化工企业集团（I.G. Chemie）的公司在巴塞尔成立，也就是后来的国际工商业投资公司

（Interhandel），目的是掌管德国法本（I.G. Farben）[①] 集团的国际业务。法本集团是德国化学工业最大的工业集团。德国通过期权、优先股和股息支付担保的方式秘密地控制着国际工商业投资公司，因而该公司真正的所有权并不明确。1937 年至 1939 年，法本公司通过与"巴塞尔商界"合并，国际工商业投资公司的控股权被"稀释"。那些与德国大型金属公司（Metallgesellschaft）有联系的瑞士实业家成为公司股东，使公司具有了真正的瑞士公司身份，这样就给法本公司参与美国的业务披上了合法的外衣。但美国当局怀疑这家瑞士公司实际上持有德国资产，因此在 1942 年美国向德国宣战时，他们没收了这家公司在美国的子公司。

　　战后，瑞士和美国就国际工商业投资公司案走上了漫长而艰难的法律程序之路，甚至因此损害了两国的外交关系。一方面，瑞士当局下令展开调查，发布了以调查委员会主任名字命名的里斯报告[②]，里斯报告没有提供证据证明德国具有该公司所有权，但指出了国际工商业投资公司的董事与德国法本公司

---

　　① 法本公司（I.G. Farben），成立于1925年，曾经是德国最大的公司及世界最大的化学工业康采恩之一，总部设立在莱茵河畔的法兰克福。在二战期间，法本公司曾大量生产合成燃料和橡胶，供应德军前线。德军 100% 的甲醇和润滑油、80% 的炸药、70% 的黑火药和 35% 的硫酸也都出自法本公司，是德军最大的原料供应商。——译者注

　　② 里斯报告是独立专家委员会对瑞士在二战期间的行为进行调查的一部分，自 2002 年以来一直免费向公众提供。

和德国金属公司之间具有密切的私人关系。换句话说，这并不能证明国际工商业投资公司是一家德国实体公司，但有迹象表明它可能不是一家真正的瑞士公司。当时，瑞士当局和银行业决策者都试图对国际工商业投资公司的德国创始人保持忠诚，信守承诺。这意味着，在美国当局面前，他们坚持声称该公司就是瑞士实体公司，以便美国当局归还通用苯胺胶片公司（Aniline and Film，前法本公司美国子公司的名称），即保护德国的利益。然而，瑞士谈判代表未能达成目的。因此，可以说谈判陷入了僵局。

为了保护银行利益，免遭进一步的法律质疑，瑞士联邦委员会封存了里斯报告，此举加剧了人们对报告内容的猜测。因此，1957 年，德国法本公司"停业清算"，搁置了诉讼，并将其股权卖给了瑞士联合银行。1958 年，瑞士联合银行首

图 13-2　使瑞士联合银行成为瑞士第一大银行的阿尔弗雷德·谢弗－亨齐克博士（1905—1986 年）

席执行官阿尔弗雷德·谢弗－亨齐克博士（Alfred Schäfer-Hunziker）接手了法本公司的业务。他曾是一名骑兵上校，精力充沛。1959 年，他争取到了一审判决。随后，通过谈判，瑞士联合银行收购了控股公司的大部分股份，并在 1963 年至 1965 年与美国司法部部长罗伯特·肯尼迪（Robert Kennedy）达成庭外协议，获得了该公司在美国约五分之二的资产。随后瑞士联合银行与国际工商业投资公司合并，此举使瑞士联合银行的资产负债规模扩大了一倍多，一跃成为瑞士第一大银行。

苏黎世黄金总库：苏黎世一夜之间成为世界黄金定价中心

从大英帝国时代起，伦敦作为世界中心就拥有确定每日黄金价格的特权，但如今每日黄金的价格是由苏黎世来确定的。当然，盎格鲁－撒克逊人为失去这种特权非常恼怒，所以人们在国际媒体上找不到太多信息来了解伦敦不再是黄金定价中心的原因。

根据公开的信息可以发现，1968 年伦敦黄金市场临时关闭，伦敦黄金总库崩溃，因此瑞士最大的银行顺势联合建立了苏黎世黄金总库。伦敦金库维持固定利率可兑换货币的布雷顿森林体系，并通过干预伦敦市场来捍卫每金衡盎司 35 美元的金价。伦敦金库崩溃的后果，如伦敦黄金市场关闭，就会导致黄金交易和估值不稳定。

于是，南非黄金生产商便转而寻求其他贸易伙伴。随之而来的是英镑的疲软终结了伦敦作为主要黄金交易中心的世界主导地位。瑞士联合银行、瑞士银行公司和瑞士信贷签署合作协议，乘势建立了苏黎世黄金总库。这个黄金总库，特别是瑞士联合银行，立即成为南非供应商的主要金融合作伙伴。虽然没有本国的黄金供应，但苏黎世黄金市场基于瑞士的银行保密制度，为世界各地客户提供专业的账户和银行服务，确立并保持了黄金交易的主导地位。20 世纪 70 年代，苏黎世已成为黄金的主要交易地点，黄金交易量占世界黄金总产量的 70%。

但这种表象掩盖了事实的本质。菲利普·德·韦克（Philippe de Weck）曾担任过瑞士联合银行（UBS）的董事长，在公开场合谈及了真相。当时英国当局与联合国一起对南非实施制裁，一直在向南非施加压力。和香港一样，南非曾是英国的殖民地，其实南非早已宣布独立，但英国从未接受。据称，实施制裁是为了迫使南非政府放弃其种族隔离政策。事实上，英国殖民势力一直就怀有非常明显的种族偏见，此势力在其整个历史进程中提倡奴隶制、奴隶贸易和种族隔离。因此，英国对南非的种族隔离制度表示愤怒，纯属装腔作势，他们只是想借此惩罚退出了英联邦的南非联盟，这种态度与英国目前对待中国和干涉中国香港内政问题上的虚伪态度非常相似，英国指责中国在处理香港事务上缺乏民主，但是，让我们回忆一下：英国统治香港的时候，是否有民主选举这回事情？当时瑞士还不是联合国的成员国，因此仍然是真正的中立国。因为与南非有重要的经济利益，瑞士没有跟随国际社会对南非实施制裁。瑞士苏尔寿工业公司在南非影响力巨大，当时克劳斯·施瓦布（Klaus Schwab）就在该公司工作，他后来成为世界经济论坛的著名领导人。

那些政治上正确的信息没有告诉我们的是，有一天南非人终于忍无可忍了。他们不愿再让伦敦这个高傲自大、居高临下、总是欺负他们的殖民主义大英帝国首都把持南非黄金的交易特权。南非转向没有对它实施制裁的中立国瑞士，并告诉瑞士的银行，他们想在苏黎世出售黄金。菲利普·德·韦克说："这一切都发生在一夜之间，而我亲身见证了那个时刻。"

我们要记住这一点，因为如今英美帝国主义列强又想对俄罗斯的黄金实行制裁，这本来是瑞士进一步加强其在黄金市场领导地位的绝佳机会。遗憾的是，如果瑞士不再是真正的中立国，它就再不能抓住这样的机会了。

瑞士成为世界金融强国

瑞士成为世界私人银行中心的原因不难想象：成功签署《华盛顿协议》、建立苏黎世黄金总库、冷战时期保持中立国的声望、拥有不屈不挠的军队保卫自己的领土，再加上实行银行保密制度，这一切发挥了累积效应。

这方面的统计数据很少，其原因显而易见：瑞士人恪守保密文化，谨慎的瑞士银行家不愿意对外公布任何业务信息。但事实是，世界各地的资本飞涌而来，瑞士金融中心成为管理跨境资金的绝对领头羊。据估计，彼时瑞士所持跨境资金已经占了世界所有跨境资金的 30%，甚至 40%。而这一切都发生在战后时期。

我们前面解释过瑞士银行成功的因素。此处还必须提到另一个因素：瑞士银行经理的素质。瑞士建立了一个基于爱国主义、任人唯贤行之有效的精英管理体系。瑞士银行家不再需要出身名门，也不再需要具有博士学位。相反，二战后的许多瑞士银行领导人都是从学徒成长起来的。在 20 世纪 50 年代甚至 60 年代，瑞士的商业领袖不是去商学院学习，而是从军，去商学院深造是后来的"时尚"。战后瑞士银行和工业界的成功人士基本上都曾当过军官。他们中的许多人都曾在战争动员期间积极服役，从军经历使他们更加坚定了团结一致的精神、高度的责任感以及务实精神，他们也因一起服役而相互了解。值得一提的是，尽管商学院的现代教育有其自身优势，但从军经历使银行领导人具备了共同的军事精神和纪律，从而生成一股凝聚力，这是商学院教育所无法替代的。从 1970 年到 1980 年，瑞士银行业开始出现美国化倾向。在此之前，瑞士各大银行的高层领导招聘都要根据他们在陆军总参谋部军官学校的资历来定。在美国化完全改变人们的心态之前，比如直到 1980 年年底，瑞士信贷、瑞士联合银行和瑞士银行公司的所有高级经理都曾是上校，但现在这些高级经理中没有一个当过瑞士军官。这并不是一件好事。我们不应低估从军经历的重要性。

苏黎世"地精"

由于瑞士银行中心的重要性大幅增加，瑞士开始成为许多人丰富幻想的灵感源泉。这有点像从前伯尔尼宝藏的传说甚嚣尘上，有关苏黎世的新神话应运而生，虚虚实实混杂在一起，流传出这样一句话：苏黎世地精风靡全球。事实上，这是英国政治家编造的，因为当人遇到无法解决的问题时，总会轻易把责任归咎给他人。二战后，英国工党的政治家对投机英镑的行为感到担忧。英国的经济增长率很低，只有德国和法国的一半。人们对英镑的需求开始下降。针对此危机，工党于 1964 年 11 月召开会议。与会政治家指责瑞士银行家引发了对英镑的投机行为。会议期间，政治家乔治·布朗（George Brown）批评瑞士银行家时说道："苏黎世地精又开始行动了。"随后，"苏黎世地精"这一说法被当时许多其他政治家使用。其中最著名的是工党总理哈罗德·威尔逊（Harold Wilson），他发誓要"抵制地精的险恶势力"。因此，一般认为威尔逊是这个短语的始创者。

地精到底是什么意思呢？童话故事中的地精是令人生畏的小侏儒，它们拥有魔力，秘密地生活在地下，盘点着它们的财富。瑞士银行家通常与极其隐秘的银行政策联系在一起，而苏黎世则是瑞士的商业中心。人们就这样在他们之间建立了联系。瑞士银行家被比作地精，而且被指控密谋反对荣耀的大不列颠，意图破坏它，并从它的灭亡中谋利益。这可是一个不怀好意的指控。

当英国人把瑞士银行家比喻成地精时，这其中也夹杂来自伦敦城自命不凡的英国银行家的鄙视、嫉妒，甚至仇恨，他们从未谅解这些瑞士村民，因为他们在银行业占据了重要地位，其风头有时甚至盖过了英国人自身，要知道英国曾经是统治过世界的大英帝国呢。"苏黎世地精"这一说法变得流行起来，反倒促进了瑞士银行的声望。然而，这句话也可能是危险的，因为从前伯尔尼宝藏就曾招致了太多对瑞士的觊觎，后来敌人还将其作为武器来对付瑞士这个小国家。

瑞士内部的批评声音：让·齐格勒

同样，在瑞士内部也有人反对瑞士金融中心的快速发展。人们必须认识到，瑞士银行的成功对瑞士的整体繁荣做出了巨大贡献。瑞士银行业产生了大约 15% 或更多的国民生产总值。这样一个成功的银行体系也随即带来了 15% 的税收收入、

15% 或更多的社会福利。银行业不仅为银行员工创造了许多高薪工作，也为所有相关服务领域创造了很多其他工作，涉及旅游、手表制造、珠宝、酒店服务等，几乎各行各业。由于瑞士银行的许多客户也到瑞士旅游，购买手表、珠宝等，所以很大一部分瑞士人，甚至是所有瑞士人都直接或间接地从成功的瑞士金融中心获益。因此，瑞士银行享有盛誉。

然而，在舆论的左翼阵营中，有一小部分人对银行以及对战后瑞士的大部分成就普遍感到不满。那些圈子里的人感觉瑞士是一个非常保守、世俗而狰狞的资本主义社会，瑞士能在战争中幸存下来，主要靠的是顺应德国在欧洲的纳粹统治。当然，这种话语夸大其词，缺乏公平，因为瑞士在战争中除了谨慎行事之外，实际上别无选择。但尖锐的批评已经甚嚣尘上并破坏了共识。让·齐格勒（Jean Ziegler）具有辩论家和政治活动家的才华和不懈努力的精神，因而成为这个思想流派的领袖。

中国公众可能不熟悉这位颇有争议的作家、政治活动家和教授，但让·齐格勒值得一提，因为他是为数不多的可与宗教改革领导人相提并论的人物，有能力领导一场舆论运动，并在特定历史时刻动摇瑞士的主流观点。像许多革命者一样，让·齐格勒出身于资产阶级家庭。让家族倍感荣耀的是，他的父亲是一名地方法院的最高法官，也是陆军上校，指挥着伯尔尼兵团。但是后来伯尔尼州的领导层利用阴谋解除了其

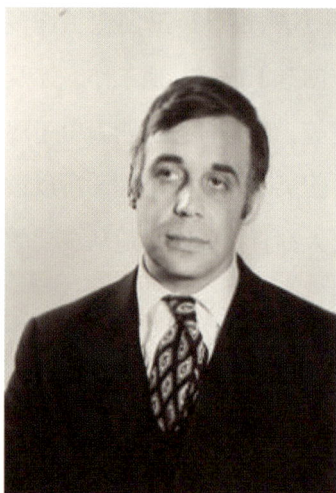

图 13-3　1971 年的让·齐格勒

父的军职，并任用另一名能力较弱、但政治靠山强大的军官代替了他。在让·齐格勒孩提时代，其父所遭受的屈辱促使他在余生走上了反叛者之路。从那一刻起，他便向瑞士资产阶级社会宣战了。他竭尽所能表现得与众不同，甚至皈依了罗马天主教的左翼派系，这在新教州实属惊世骇俗之举。在巴黎求学期间，他加入了以让－保罗·萨特（Jean-Paul Sartre）和西蒙娜·德·波伏娃（Simone de Beauvoir）为核心的左翼知识分子团体，他还遇到了古巴英雄，六、七十年代欧洲左派的偶像切·格瓦拉（Che Guevara）。他疯狂地崇拜格瓦拉，格瓦拉建议他留在瑞士，"在资本主义怪物的大脑中"工作，而不是加入南美的游击战争。让·齐格勒听从了他的建议，成为一名社会学家、教授，并出版了一本名为《一个无可挑剔的瑞士人》（*Une Suisse au-dessus de tout soupcon*）的书。这本书原本是一部社会学著作，但实际上却以中世纪农民战争或新教起义的话术，对瑞士银行进行了猛烈的抨击。在这本书中，他指责瑞士，尤其是瑞士银行，犯下了所有的罪恶行径。根据他的说法，第三世界之所以有苦难，那都是因为邪恶的"苏黎世地精"把从穷人那里偷来的钱存入了瑞士银行的金库，书中都是诸如此类的论述。

从社会学和科学的角度来看，此书平平，容易遭到指摘，但因为它成功地引起了瑞士人的良心不安，动摇了很多瑞士人，所以对公众舆论产生了很大的影响。本来普通瑞士人民都认为自己勤奋努力，政府也光明磊落地走过了兴衰变迁，可以当之无愧地安享现世的繁荣。现在，突然之间，瑞士小资产阶级开始怀疑自己是否像让·齐格勒所说的那样，是战争投机者、黑钱接收者、伪君子等。这本书自出版以来产生了相当大的影响，破坏了瑞士人心底的坦荡。最重要的是，让·齐格勒可能会在不经意间给瑞士的敌人，即美国霸权，提供大量"弹药"。美国霸权正计划摧毁瑞士的金融堡垒并取而代之。综合各方面来看，美国霸权会毫无底线地运用金融力量影响全球，比那些瑞士银行家更加贪婪，相比之下，瑞士银行家只是小巫见大巫。我们将在下文中看到，瑞士金融中心的敌人毫不手软地使用了让·齐格勒递给他们的武器来对付瑞士。

总而言之，如果让·齐格勒的父亲没有被解除在伯尔尼军团中的职务，那可能会对瑞士银行更有利。如果不发生这种情况，让·齐格勒很可能会成为瑞士政府的保守派成员，退休后他会一直担任瑞士联合银行或瑞士信贷的董事。

1977 年基亚索丑闻

在瑞士这个吸引了大量资本的金融中心里，一直以来人们相信银行家会坚守道德，政府也没有对银行家进行密切监管，因此不择手段的人迟早会试图钻空子。所谓的基亚索丑闻就是这种情况。

基亚索是瑞士与意大利科莫接壤的提契诺州的一个小镇。20 世纪 70 年代的意大利政局很不稳定，缺乏安全感，富人面临绑架、恐怖袭击等各种威胁，担心企业被收归国有，当然还要缴纳高昂的税收。因此资本正在逃离这个国家，当然也涌向了基亚索。因为瑞士一直接受外逃资本，所以基亚索欢迎外来资本并不为奇。但遗憾的是，基亚索的瑞士信贷管理人员超越了瑞士银行界的传统商业道德底线，而苏黎世的董事会由守旧派绅士组成，他们没有密切关注到基亚索发生的事情。因此，分行经理以列支敦士登控股公司的形式，成功地在银行内部创建了一种银行机构。该公司取名为德克森（Texon），吸纳了意大利资本，甚至是一些来源可疑的资本，并将其从列支敦士登再投资于意大利公司。瑞士信贷甚至对其中半数资金

图 13-4　20 世纪 70 年代与意大利科莫接壤的瑞士基亚索小镇海关

提供了担保，这完全违反了所有的银行业原则。苏黎世的最高管理层还蒙在鼓里。只是经济向好，问题就没有暴露出来。德克森利用客户资金所投资的公司都很兴旺，因而每个人都很高兴。但随之而来的石油危机导致了意大利经济衰退，德克森投资的多家公司因此损失惨重，信贷担保也被取消。苏黎世管理层突然得知此事，措手不及，无力进行改变。由于犯罪事实清楚，通常的银行保密制度并不能适用此案，调查就此展开。基亚索分公司管理层因此锒铛入狱，媒体争相报道。瑞士信贷这样的银行此前一直享有盛誉，但这一事件将其置于非常难堪的境地。

董事会主席除了疏于管控之外，没有什么不光彩的行为，首席执行官也才刚刚任职两个月，没有什么可指摘的，尽管如此，董事会主席费利克斯·W. 舒尔瑟斯（Felix W. Schulthess）和首席执行官海因茨·乌夫利（Heinz Wuffli）还是辞职了。尽管该银行最初将最大损失定为 2.5 亿瑞郎，但由于基亚索分行的不当行为，它最终不得不将损失定为约 14 亿瑞郎。为了避免顾客受到损失，银行能够维持收益，不得不释放准备金。

这一丑闻对瑞士金融中心来说是一次冲击，但并未动摇其根基。银行只需通过制定所谓的"尽职调查协议"来规范和约束自身行为，很快，一切都会恢复正常。但更严重的危机接踵而至。

毕竟，评估该事件的真实影响和深远影响并不容易。其中，基亚索丑闻成为瑞士社会党的借口，他们发起了一项"反对滥用银行保密制度和银行权力"的公民倡议，特此呼吁废除银行保密制度。瑞士人民在 1984 年就此倡议进行了投票，并以 73% 的多数票否决了该倡议，这证明了银行保密制度在瑞士已深入人心。银行保密制度首先保护的是储户利益，所以瑞士人钟爱它。

自 1984 年以来，瑞士金融中心比以往任何时候都更加强大，甚至由于社会党的反银行倡议遭到否决而进一步享有了民主合法性。在接下来的时代里，它继续乘胜前进，不仅吸引了来自世界各地的客户，还吸引了大量在瑞士设立分行的外国银行向其客户提供银行保密措施，而这在其所在国的法律中是不允许的。

形形色色的银行客户

关于瑞士银行的客户，也有很多传说。人们最好不要把银行制度理想化，也最好不要否认瑞士发明的吸引资本的方法和接受在灰色地带开展业务的办法都非常简单。我们前面提到过瑞士有一个古老的文化传统，那就是保护遭受不公正待遇的受害者，比如胡格诺派（宗教异见者）。这一历史背景对瑞士人的思维方式产生了深刻的影响。瑞士银行家，尤其是瑞士新教银行家，倾向于认为许多国家的税务当局滥用权力，征收过多的税款，他们认为这是一种完全不公平的没收财产方式，瑞士银行有责任保护遭受政府独断专行的受害者。与此同时，这也成为瑞士银行吸引越来越多客户的原因。

有个方法非常简单，甚至有点酷，还非常有效。那就是闻名世界的瑞士编码账户，甚至还出现在詹姆斯·邦德电影中，取得了不错的广告效果。但是瑞士的编码账户被传成了神话，世界各地的公众对这件事情展开了错误的联想，例如，他们认为瑞士银行的所有客户都非常富有。真实情况并非如此，但很不幸，这会是未来的常态。假如没有了简单的银行保密制度，那么只有非常富有的人才有可能成为瑞士银行的客户。因为只有他们才有能力支付专业律师、信托代理人等费用，进行税收优化。比如一个在各国拥有多家公司的大亨，有可能聘请身价不菲的律所，为其合法利用各国税收立法的漏洞提供建议，最终，这位大亨几乎不用缴纳任何税费，而且还不违反任何法律或法规。而"比利时牙医"[①]虽然曾在瑞士银行拥有一个秘密的小账户，账户余额可能有 5 万或不到 10 万瑞郎，但他以后

---

① 在银行保密制度盛行的大好时代，"比利时牙医"是瑞士银行员工对瑞士银行普通客户的典型称呼。普通客户不一定都是牙医，也可以是药剂师、车库老板、小精品店老板、餐馆老板等。他们不仅来自比利时，而且可能来自世界上任何一个国家。

再也无法拥有瑞士银行账户了。这一切反映出了所谓的 CRS（共同申报准则）①虚伪的一面。没有了瑞士银行保密制度，"比利时牙医"，也就是普通储户，将是唯一的受害者，而不会累及亿万富翁。未来与以前大不相同的是，瑞士银行将只为千万富翁和亿万富翁服务。

传说瑞士银行的客户中只有腐败的独裁者和亿万富翁，这种说法也是绝对错误的。的确，瑞士银行的客户中曾有独裁者和亿万富翁，现在仍有这样的客户，而且将来也会越来越多。可以说，如果把所有"比利时牙医"的账户加在一起，即所有在瑞士银行有一个小金库的储户，那么小金库的金额总数将比所有百万富翁、亿万富翁和所有富有的腐败独裁者的财富总和多好几倍。

然而，说起独裁者客户，我还能回忆起一则趣闻轶事。当时，我还是瑞士最大银行的年轻实习生，有一天，我需要在档案室查找一份文件。我在迷宫般的走廊里迷路了，走进了一个我不应该涉足的区域。那是一个优雅而豪华的走廊，墙上挂着橡木制品，铺着豪华地毯，悬挂着天鹅绒窗帘和水晶

① CRS 是 Common Reporting Standard 的英文缩写，译为共同申报准则，又称"统一报告标准"。CRS 的提出者是经济合作与发展组织，旨在推动国与国之间税务信息自动交换，加强全球税收合作提高税收透明度，打击利用跨境金融账户逃税的行为。——译者注

吊灯，显然那条走廊都是供高层管理人员和 VIP 客户专用的。突然，我看到一群陌生人走进走廊，边走边高谈阔论：其中至少有五名银行的高级经理和董事，他们穿着时髦，簇拥着一位非洲人，他戴着一副玳瑁方框大眼镜，头上戴着一顶威风凛凛的山丘状豹皮帽，手持着一柄紫光檀权杖。银行经理用带有瑞士德语口音的法语滔滔不绝地赞美他，显然他

图 13-5　扎伊尔（前比属刚果）总统蒙博托·塞塞·塞科（1930—1997 年）

是一个极其重要的客户。我很尴尬，因为我真的觉得那一刻我不应该出现在那里。我躲在一个角落里，希望没人注意到我，但在这群人从我身边走过后，一名经理走到我跟前告诉我最好尽快消失，因为我非常担心自己未来的职业生涯，立即照做了。之后，我打开了一本字典来确认我对这位名人外貌的记忆，并意识到我刚刚确实遇到了扎伊尔（前比属刚果）的总统蒙博托·塞塞·塞科（Mobutu Sese Seko）阁下，而不是遇到了"比利时牙医"。

马科斯的资金：第一个警示，墙上的第一道裂缝

然而，其他国家的元首也曾是瑞士银行的客户。其中最著名的故事之一，当数菲律宾总统马科斯的故事，这对未来瑞士银行中心的发展相当重要。

费迪南德·马科斯（Ferdinand Marcos）总统明白，一旦马尼拉的人民起义，他就会失去权力，因此他要求他的律师尽快从瑞士银行提取资金。于是，1986 年 3 月 22 日下午，这些律师来到了瑞士信贷银行在纽约的办公地点。纽约的瑞士信贷银行管理层惊慌万分，束手无策。他们害怕公众舆论，担心银行可能会因为接受独裁者的资金而受到公众抨击，更担心在菲律宾人民闹革命的时候让独裁者卷款而逃。

瑞士银行家在决定接受这些资金时，本可以先预料到这些问题。他们也本可以就此将这笔资金拒之门外，但实际上他们却接受了。现在却不知道怎么办好。银行家开了个会，决定给伯尔尼的瑞士联邦政府打电话，请求政府冻结这些资金。他们想这样辩解：请政府立即冻结资金，如果不是根据政治决定，我们作为银行家没有权利拒绝向客户交付资金。但由于时区不同，当他们做出这个决定时，伯尔尼已经是半夜了，大家都在睡觉。因此，银行家只联系上了瑞士联邦宫的门房，并要求他立即叫醒正在睡梦中的七名联邦委员，门房也照做了。在夜里

三点组织瑞士联邦委员会议有点困难，而且 1986 年，视频会议技术还没有发明出来。因此，他们决定第二天尽力解决问题。但是瑞士方面必须迅速采取行动，如果不立即做出决定的话，费迪南德·马科斯总统及其妻子伊梅尔达（Imelda）的资金可能会在 1986 年 3 月 23 日后偷偷地离开瑞士。如果想避免这种情况，就必须紧急向政府申请冻结令。

不巧的是，第二天整个联邦政府的七名委员都在接待国事访问的芬兰总统科伊维斯托（Koivisto）先生。好在他们七人都在场，也会一起出席开胃酒宴和晚餐，但出于礼节他们又不能离席……最后问题是这样解决的：这七位委员临时聚集到议会大厅角落的休息室，在那里联邦办公厅已经准备好了法令，等候七人签名，而与此同时，芬兰总统正在与私交不错的国务秘书、红十字国际委员会未来的主席科内利奥·索马鲁加（Cornelio Sommaruga）在聊事。七名委员赶在符合外交礼仪的 5 分钟离场时间内解决了问题。一切都按计划进行，联邦办公厅人员没顾上吃晚饭，抓紧去落实政府的决定①。

人们可能会佩服瑞士政府的机智，在做出如此紧急的决定时，能够想办法解决棘手的组织问题。然而，关于马科斯资金问题的决定是一把双刃剑。人们完全可以说，瑞士政府以这种绝对史无前例的方式采取行动，冻结一个国家元首的资金，释

---

① 本故事登载在 2008 年 6 月 27 日，前大使弗朗索瓦·布德曼（François Nordmann）在 2008 年 6 月 27 日日内瓦《时报》发表的一篇文章里。

放出了一个信号，而这个信号立即被人们理解为，瑞士挺弱，可能会经受不住外来压力而屈服。

如何与国家首脑打交道，始终都是银行需要面对的神而明之的问题。首先，当国家首脑来访时，一般都由瑞士政府官方接待，如果他要求在瑞士银行开立账户，银行怎么能拒绝呢？也许最好的原则是完全禁止接受在任国家首脑的任何资金。但是，没有一个国家真正遵循这条原则。然而，银行先是接受某位首脑的钱，然后当他想取回时，当局就颁布法令冻结其资金，这是相当虚伪的行为。总之，因为有损声誉的风险太高了，现在没有一家瑞士银行会为任何国家首脑开设账户。但在过去，瑞士确实接纳了这样的大人物，造成了在费迪南德·马科斯案中的这种尴尬局面。拒绝接受当权者资金是应该坚持的原则，但如果已经接受了，就不能在情况发生变化时再冻结其资金。

第十四章 ：

瑞士银行征战美国

瑞士银行公司、瑞士信贷和瑞士联合银行成为美国各大投行的劲敌

早在 1898 年，瑞士银行公司就在伦敦开设了分行，并于 1939 年在纽约也开设了分行。因此，这家瑞士银行已经有了国际影响力，它谨慎地秉承了高特银行的传统，避免了风险。瑞士信贷和瑞士联合银行都没有效仿瑞士银行公司的做法。阿根廷当时是一个重要的金融中心，瑞士信贷在阿根廷只有两家子公司，而瑞士联合银行一家也没有。因为国内也有足够的业务可做，他们更愿意专注于瑞士本土的业务。

然而，这一切突然变了，可以说，这是另一位出类拔萃人物雷纳·古特（Rainer Gut）给银行业注入新动力的结果。

雷纳·古特

雷纳·古特（Rainer Gut）生于 1932 年，是楚格州一位银行经理的儿子。他的父亲是楚格州立银行的总经理，这个职位非常体面，但并不能让人真正属于瑞士金融权力集团。雷纳·古特在银行工作中边做边学，先是在楚格州的银行工作，然后去往巴黎和伦敦，并有幸受到了安德烈·迈耶（André Meyer）的重视。安德烈·迈耶是久负盛名的犹太裔法国投资银行家，是拉扎德兄弟公司（Lazard Brothers）的高级管理合伙人。早在 1968 年，雷纳·古特就成为拉扎德的普通合伙人，同时也是华尔街的一家经纪公司瑞士美国公司（Swiss American Corporation）的总经理。这样的职业生涯开端对于当时的瑞士银行经理来说已非同凡响。后来，雷纳·古特回到了瑞士，成为苏黎士瑞士信贷管理委员会的一员。基亚索事件使他走了好运，因为瑞士信贷需要一位有号召力的新人来应对混乱局面。若非情况特殊，作为一名天主教徒，雷纳·古特可能不会那么快登上权力顶峰。1982 年，他成为首席执行官，1983 年，

图 14-1　雷纳·E. 古特（Rainer E. Gut）1983—2000 年的瑞士信贷董事长。©Swissair

成为董事长。他雄心勃勃地管理着瑞士的龙头金融机构瑞士信贷，并对这家全球顶级金融机构的非凡潜力有着独到见解。华尔街的从业经历让他以美式思维来理解投行业的机遇。现在他的手里有了一个强有力的工具，凭此可以在华尔街一展身手。通过与国际工商业投资公司合并，阿尔弗雷德·谢弗-亨齐克博士已经带领瑞士联合银行走向了美国市场。然而雷纳·古特要做的就是前所未有的创新。从那时起，瑞士信贷将和美国高盛银行（Goldmann Sachs）同台竞技。

1978 年，雷纳·古特决定直接进入美国投资银行业的巨大市场，他决定与最负盛名的美国投行之一——第一波士顿（First-Boston）建立合资企业，使其既有"白鞋"①又有"突出等级"②特色，从而成为全球投资银行业中的全新重量级选手。合资企业瑞士信贷第一波士顿（Credit Suisse First Boston）于 1978 年成立，1988 年，他将该合资企业与第一波士顿合并，并获

---

①　"白鞋"一词指的是东海岸精英阶层（盎格鲁-撒克逊白人新教徒）所供事的高级美国银行，因为这些绅士喜欢在他们的高级私人俱乐部穿白鞋而得名。

②　"突出等级"现指顶级投行，是银行界的俚语，起源于交易"发行公告"或招股说明书上银行的排名顺序。根据银行家在交易中的重要性进行排名，从最重要（牵头经理行）到最不重要依次排列。排在名单顶端的名字用更大更粗的字体写出来，因而在"排名等级"中"突出"出来。目前，按字母顺序排列的顶级投行名单如下：美国银行、美林证券、巴克莱银行、花旗集团、瑞士信贷、德意志银行、高盛、摩根大通、摩根士丹利、瑞银。在雷纳·古特之前，这个名单中没有瑞士银行。

得了整个公司 44.5% 的实际控制权。交易完成后，新公司被命名为瑞士信贷第一波士顿（Credit Suisse First Boston）。1989年，瑞士信贷的地位发生改变，成为一家控股公司，取名为瑞士信贷集团股份有限公司（Credit Suisse Holding AG）。1990年，瑞士信贷在第一波士顿公司的股份从 44.5% 增长到 60%。

此外，1990 年，仍然是在雷纳·古特的领导下，瑞士信贷收购了瑞士历史最悠久的私人银行瑞狮银行的大部分股权。1993 年，瑞士信贷以 16 亿瑞郎的价格收购了瑞士大众银行（Schweizerische Volksbank，简称 SVB）。瑞士大众银行尽管比瑞士信贷、瑞士银行公司和瑞士联合银行要小得多，但属于瑞士四大银行之一。收购瑞士大众银行是一项杰作，或者说展现了雷纳·古特高超的操控能力，因为瑞士联合银行也提出了收购，而在一开始，瑞士大众银行的董事会更倾向于接受瑞士联合银行的报价，但雷纳·古特有能力让他们改变了决定。次年，瑞士信贷还以 9 亿瑞郎的价格收购了瑞士中部一家重要的地区银行——新阿尔高尔银行（Neue Aargauer Bank）。

通过这一系列举措，雷纳·古特不仅不可思议地使瑞士信贷在经历了基亚索丑闻的打击后扭亏为盈，而且还达到了重新平衡瑞士银行公司和瑞士联合银行两大巨头的群聚效应。但他并没有就此止步：1997 年，刚刚由控股公司重组为瑞士信贷集团，它又与温特图尔保险公司合并，创建了一家市值 500亿瑞郎的公司。同年，又收购了巴黎霍廷格银行（Hottinguer）

的法国业务。1998 年，集团以 10 亿瑞郎的价格收购了巴西加兰蒂亚投资银行（Banco Garantia）。2000 年，瑞士信贷在全球雇佣了大约 8 万名员工，其中包括在瑞士的 2.8 万名员工。最终于 2000 年，在雷纳·古特领导下的瑞士信贷以 128 亿美元的价格收购了美国大型投资银行帝杰（Donaldson, Lufkin & Jenrette，简称 DLJ），当时法国安盛集团（AXA）[1] 持有该银行 70% 的股权。

由于银行－保险的概念并不像预期的那样成功，后来温特图尔保险不得不剥离给法国安盛集团，从而诞生了安盛温特图尔公司，后来干脆简称为"安盛"。这是瑞士保险业的一大损失。但除此之外，雷纳·古特取得了辉煌的成功，不仅从根本上改变了瑞士信贷，也改变了瑞士银行业和金融业的整个格局。

不惜代价成为顶级投行，瑞士各大银行的文化革命

雷纳·古特的举动在瑞士银行家中引发了一场不可思议的竞争。他们都想赢过瑞士信贷，成为美国式投资银行业的领衔者。这是瑞士银行业为了改善自身的一场文化革命，瑞士的各

---

[1]　安盛（AXA），是一家总部位于法国巴黎的跨国保险集团，创始于1816年。——译者注

大银行都想不惜任何代价和后果，成为顶级的投行。

人们将顶级投行看作金融行业中最强大、最成功的标志。因此，为了满足客户的所有要求，这些银行的银行家不得不成了工作狂。此外，顶级投行的老板获得了与其交易规模成正比的巨额薪水和奖金。这极大地改变了瑞士银行业的商业文化。以前老板都是军官，相当保守、爱国，积极参与所在社区、村庄或城镇的事务。他们的薪水当然也非常丰厚，但与如今发放的数百万奖金无法相比。如今银行家的风格完全变了，变得极其贪婪。快速致富似乎已经成为其人生首要目标，就像美国同行一样，某种意义上瑞士银行家已经成为金融界的明星，每年赚数百万美元，过着奢侈的生活。公众没有见过这种阵势，感到既震惊又疑惑。年轻瑞士银行职员的工作动机不再是创造美好的事业，得到高薪，受到尊重，而是尽快成为百万富翁。

为了效仿瑞士信贷，瑞士银行公司于 1992 年收购了位于芝加哥的布林森合伙人公司（Brinson Partners）[①] 和奥康纳联合公司（O'Connors & Associates），后者是一家承销衍生品和风险管理公司。1995 年，瑞士银行公司收购了伦敦投行华宝集团（S.G. Warburg），将业务扩展到了欧洲和澳大利亚的投行领域。1997 年，瑞士银行公司又收购了老牌华尔街投行狄龙

① 布林森合伙人公司（后来被称为瑞银布林森公司）是一家资产管理公司，专注于为美国机构提供进入全球市场的机会。该公司于 20 世纪 80 年代创立，于 1994 年被瑞士银行公司收购。——译者注

瑞德公司（Dillon Read & Co.）。

瑞士联合银行的战略相对保守，更愿意通过内部增长来发展业务。但它也追随了新潮流，于 1986 年收购了伦敦的龙头经纪和机构资产管理公司菲利普斯与德鲁（Phillips & Drew）。1997 年，瑞士联合银行收购了位于汉堡的德国私人投行施罗德，蒙奇梅尔与汉格斯特公司（Schröder, Münchmeyer, Hengst & Co.）。1998 年与瑞士银行公司合并后，新生的瑞银集团于 2000 年收购了美国财富管理公司普惠（PaineWebber）[①]。

现在，所有的瑞士大银行，或者更准确地说，在瑞士银行公司和瑞士联合银行合并后，瑞士仅存的两家大银行都变成了顶级投行。一切都迥然不同了。因为在投行业能赚更多的钱，这些投行开始不再对银行保密制度感兴趣。实际上，这些投行已经变成了美国银行。

瑞士银行公司和瑞士联合银行合并（1997—1998 年）

瑞士联合银行德高望重的董事会主席罗伯特·霍尔扎克（Robert Holzach）博士完全反对银行合并。我们经常引用的一

[①] 普惠（PaineWebber）是一家美国投资银行和股票经纪公司，由威廉·阿尔弗雷德·潘恩（William Alfred Paine）和华莱士·G. 韦伯（Wallace G. Webber）于 1880 年在马萨诸塞州的波士顿创立。——译者注

图14-2 瑞银集团主席罗伯特－霍尔扎克博士在黄金时期，他身着上校制服，是瑞士第 31 步兵团的指挥官

句话就出自他之口，即"贪婪的交易员"头脑中只有自我和短期利润。他鄙视追逐巨额短期利润的奖金文化，他也不赞成哈佛毕业生在华尔街"没有道德底线地拼命在几个月内使个人收入达到 100 万美元"，以此来证明自己是精英。然而，不幸的是，在经历了如此多的收购之后，这已经成为瑞士银行公司的企业文化。他对此非常反感，希望瑞士联合银行能继续依靠自身实力，而不是通过疯狂收购来增长实力。他警告说："过分狂热的金融炼金术士将会面临残酷的幻灭。"并补充道："难怪金融丑闻越来越多。"他对后来非常流行的结构性产品和衍生品心存疑虑。他也不看好规模化扩张，他认为瑞士联合银行已经够大了。在 1985 年的一次管理会议上，他公开表示："狂妄自大，疯狂追逐无法控制的规模，总会造成不幸后果。巨型恐龙的脑袋太小，无法使这个物种免于灭绝。"他所担心的一切都在合并后发生了。过分贪婪和追逐奖金的文化以及结构性产品导致了次贷危机，继而引发了 2008 年金融危机，将新的瑞银集团逼到了倒闭的边缘，瑞士政府只好动用 600 亿瑞郎来施救。但在 1997 年，霍尔扎克博士不再担任董事会主席，董事会易手他

图 14-3　瑞士联合银行董事会主席罗伯特·霍尔扎克博士

人领导。新团队听不进去"老团队"的话，但事实证明他们错了，他们应该采信"老将"的意见。

那么这两家超大银行的董事会为什么会认为两家银行有必要合并呢？找到其真正原因并不容易。有两个因素起了作用。一方面，由于瑞士银行公司在美国进行了太多难以消化的大型收购，财务状况相当糟糕。相比之下，瑞士联合银行的财务状况要好得多。因此，实际上合并会解决瑞士银行公司的财务问题。另一方面，在这种情况下，瑞士联合银行为什么会接受呢？它应该拒绝才对，而且瑞士银行公司本来也无疑能自己想办法解决问题。但瑞士联合银行还有另一个亟须解决的问题。当时 BZ 银行的创始人马丁·埃布纳（Martin Ebner）与实力强大的政治家兼实业家克里斯托夫·布劳赫博士（Christoph Blocher），作为颇有实力的第三方，试图联手收购瑞士联合银行。当时，瑞士联合银行凭借其商业信贷和财富管理的稳健组合，股本回报率高达 11%，而马丁·埃布纳则相信，如果瑞士联合银行只专注于财富管理的话，可以获得更高的股本回报率，他对回报率的期望值是 15%，甚至 20%。他背后有一个大型投资财团支持，完全有能力出价收购瑞士联合银行。瑞士联合银行管理层对此感到担忧，因此试图与瑞士银行公司合并，此举一旦达成，将会阻止所有其他收购。

马塞尔·奥斯佩尔

当时，乔治·布鲁姆（Georges Blum）是瑞士银行公司的首席执行官。"金童"马塞尔·奥斯佩尔（Marcel Ospel）是执行委员会中一名求全责备的成员，一心想要取代布鲁姆。马塞尔·奥斯佩尔认为自己是投资银行界的世界级天才，并向他的老板布鲁姆施加了巨大的压力，要求他放手国际投资银行业务。如果布鲁姆拒绝，他便威胁要与马丁·埃布纳的 BZ 银行

图 14-4　前瑞士银行公司巴塞尔总部大楼（1906）©Rillke

联合收购瑞士银行公司，而非瑞士联合银行，或者带着他的骨干成员离开瑞士银行公司，这将会是瑞士银行公司一个巨大的损失。

谁也不知道这是否只是虚张声势。在一定程度上可能就是，但在那些年里，人们确实使用了许多操控手段来合并瑞士最大的几家银行，实现银行业的集中化。雷纳·古特智慧地收购了瑞士大众银行和新阿尔高尔银行，就是其中一个例子。此举为瑞士信贷集团赢得了临界规模效益。在这些成功并购之后，2006年雷纳·古特提议瑞银管理层将瑞银集团与瑞士信贷集团合并，但瑞银集团认为这是一个无理的要求，断然拒绝了这一提议。所以当奥斯佩尔威胁布鲁姆时，可能是虚张声势，但也可能并不是空穴来风。

虽然奥斯佩尔的这些威胁和取而代之的意图都让布鲁姆感到不安，但他还是非常讲究战术的。他接受了与瑞士联合银行谈判的想法。首轮谈判表明，瑞士联合银行接受这一提议，但前提条件非常明确，那就是瑞士联合银行作为实力最强的一方，应该在新银行中拥有决定权，这当然既不符合布鲁姆的想法，也不符合奥斯佩尔的心意。因此，谈判暂时搁置了。在拒绝了瑞士信贷的合并要求后，瑞士联合银行再次受到雄心勃勃、态度强硬的马丁·埃布纳的压力。于是它恢复了与瑞士银行公司的谈判，因为瑞士银行公司处于弱势地位，瑞士联合银行将其视作比瑞士信贷更可靠的合作伙伴。但因权力分配问题，谈判再次陷入僵局。当瑞士联合银行董事长尼古拉斯·森（Nicolas Senn）退休，罗伯特·斯图德（Robert Studer）接任董事长，新人马西斯·卡比利亚韦塔（Mathis Cabiallavetta）成为首席执行官时，事情变得更容易了。彼时，奥斯佩尔出任了瑞士银行公司首席执行官，布鲁姆仍为董事长。随后，双方有可能就新银行的职位达成一致，由斯图德和布鲁姆共同担任联席董事长，卡比利亚韦塔担任首席执行官，奥斯佩尔担任全球投资银行业务的负责人。但在最后一刻，奥斯佩尔出尔反尔。他威胁说，如果不任命他为新银行的首席执行官，他将与其团队一起离开。因为人们担心不这么做，一切都会变得更糟糕，便错误地向奥斯佩尔做出了让步。因为瑞士联合银行势力更强，于是卡比利亚韦塔成为董事长，布鲁姆则退休了。

有一个人对瑞士联合银行做出与瑞士银行公司合并的决定感到愤怒，他就是霍尔扎克博士，这位老派银行家。他给当时担任瑞银集团董事长的罗伯特-斯图特写了一封信，他非常了解罗伯特-斯图特，因为他是罗伯特的职业导师，他在信里责备罗伯特"投降"，他痛苦而失望地说："目前管理银行的这一代人在一年半的时间里对自己的实力失去了信心。"的确，一年半以前，他们很明智，都反对这个项目。现在他们投降了，因为他们变得贪婪，这让霍尔扎克博士非常难过。他自己曾对这些经理人呵护有加，提携他们升到顶层，他感到被出卖了。

许多人完全理解并赞同霍尔扎克博士对合并的感受和看法，认为合并是不必要的，甚至是歪门邪道。

1997 年 12 月 8 日，瑞士联合银行和瑞士银行公司同意合并，并对外宣布了这一消息。1998 年 5 月 4 日，经反垄断部门批准后合并生效。这是瑞士经济史上最大的合并，因两家银行的资产负债表总额分别为 4 000 亿瑞郎（瑞士联合银行）和 3 000 亿瑞郎（瑞士银行公司），这次合并创造了世界第二大银行（按总资产衡量）。新银行集团在全球雇佣了 5.8 万名员工，其中瑞士联合银行 3 万人，瑞士银行公司 2.8 万人。新银行带有三把钥匙的银行标志来自瑞士银行公司，缩写"UBS"来自前瑞士联合银行。这代表了以奥斯佩尔和卡比利亚韦塔为代表的投资银行业贪婪的投机钻营文化取得了胜利，取代了瑞士联合银行更为保守、平衡和谨慎的一贯做法。

巨人在颤抖：长期资本管理公司（LTCM）

合并后不久，命运发生了意想不到的惊人转折，罗伯特·霍尔扎克最担心的事情发生了。有人发现原瑞士联合银行在其管理的美国对冲基金长期资本管理公司（LTCM）中已经亏损了大约 10 亿瑞郎。LTCM 是当时最具投机性和风险的对冲基金之一，它以 20 倍的杠杆在全球范围内套利政府债券之间的利差。

图 14-5　瑞银前董事长马塞尔·奥斯佩尔（Marcel Ospel, 1950—2020 年）

在瑞士联合银行 - 瑞士银行公司合并的喧嚣和狂热中，人们对 LTCM 惨败的深入分析没有给予足够的关注。然而，它已经动摇了金融界的根基，预示着像舵手对冲基金、格林希尔和其他公司惊天动地的惨败，其中一些将动摇瑞士银行的巨头地位。事实上，在 LTCM 这个由当时被认为是金融天才和两位诺贝尔获奖者创立的对冲基金中，我们可以发现他们追求的哲学基石就是定量分析。定量分析让人脱离市场现实，风险和波动，完全依靠数学公式。

卡比利亚韦塔是这一灾难性投资的决策者，因此他不得不辞职。德高望重的前汽巴 - 嘉基公司董事长亚历克斯·克劳尔（Alex Krauer）临时代替了他的位置。

这一事件可以看作 2008 年次贷危机的先兆，次贷危机引发了全球金融危机，如果没有瑞士政府的救助，瑞士联合银行将濒于倒闭。但奥斯佩尔也可以算是实现了个人的雄心壮志：他不仅取代了老板布鲁姆的职位，还在董事长卡比利亚韦塔辞职后成了规模更大的银行的唯一领导人。《金融时报》一向评价精练，尽管以前瑞士联合银行的股东将拥有新银行集团 60% 的股份，它仍将此次交易描述为瑞士银行公司对瑞士联合银行的"隐性收购"。为了支持其论点，这份英国日报还指出，来自瑞士银行公司的奥斯佩尔担任了首席执行官的关键职位。后来证明其所言不虚，现在奥斯佩尔才是真正的老板。

马塞尔·奥斯佩尔在位的10年（1998—2008年）

马塞尔·奥斯佩尔设法获得了新银行的全部领导权。从那时起，他就是说一不二的国王，统治着世界上最大的两家银行之一。他的统治持续了10年。由于他不拘一格地参与了投行的投机买卖大集市，每年创造着数十亿美元的利润，瑞士联合银行的辉煌成就接踵而至。马塞尔·奥斯佩尔也已成为美国最重要的银行家之一。毫无疑问，他的雄心壮志就是使瑞士联合银行能在竞争中与高盛平起平坐，事实上，在奥斯佩尔"国王"的统治下，瑞士联合银行的确做到了。但这种情形很危险，因为与美国相比，瑞士仍然是一个小国。美国当权派从不接受瑞士地精可以挑战美国金融。与此同时，我们不要忘记当时美国对瑞士的战争仍在激烈进行中。

由于瑞士联合银行50%的营业额是在美国实现的，所以很容易受到美国政治决策的影响，超级大国美国不可避免地会利用这一点来对付瑞士，马塞尔·奥斯佩尔和他的同事怎么可能不明白？

由于瑞士联合银行容易遭受美国勒索，很有可能真正的幕后权力美国的金融势力很快就会达到目的，而瑞士会丧失银行保密制度的优势。但在这之前，我们的故事还有不少值得回味的情节。

瑞士航空公司的"停飞"，奥斯佩尔皇冠上的第一道划痕

2001 年 10 月 2 日，下午 4 点 15 分，苏黎世机场的广播响了："女士们，先生们，亲爱的乘客们，由于财务原因，瑞士航空公司的航班无法运营了。"这一宣告回荡在苏黎世机场的扩音器中，将被载入瑞士的史册。那一刻，瑞士人民意识到一切都结束了。这就是盎格鲁－撒克逊人所说的"停飞"，这个词将成为瑞士航空公司破产的同义词。

图 14-6　1937 年瑞航（1931—2002 年）广告

因为瑞士航空公司根本没钱购买汽油，瑞士航空公司停飞了。这对一直热爱和欣赏瑞航的全体瑞士人民来说是一个沉重的打击。几个小时前，带着沉重的心情的该集团管理层意识到这一命运攸关的决定已经不可避免。那天有 260 架飞机停飞，波及大约 19 000 名乘客。世界各地都可以看到瑞航机队拥堵在停机坪上的照片。

当时，马塞尔·奥斯佩尔为此受到了谴责，这场灾难对他产生了极其负面的影响。事实上，因为近十年来瑞士航空采取了十分愚蠢的策略，所以瑞士联合银行不想继续贷款给它了。从某种意义上说，瑞士联合银行做得对，瑞士航空不能再这样下去了。但马塞尔·奥斯佩尔因决定削掉信贷额度而遭到人们怨恨。突然之间，他成了十恶不赦的恶棍。

图 14-7 1998 年瑞航（1931—2002 年）最后一份广告

瑞士的骄傲破灭了，人们愤怒无比。"停飞"两天后，数千名瑞航员工前往联邦议会示威，抗议那些让飞行员失望的大银行，尤其是针对瑞士联合银行和马塞尔·奥斯佩尔。一条横幅上写着"抵制是值得的"。但是得到救援的一丝希望很快就破灭了。瑞士航空公司成为历史。

在此我们不深入瑞士航空事件的全部细节，但因该事件对瑞士金融机构产生了严重影响，至少有必要对其进行概述。

从本质上讲，问题在于瑞士的政治和金融精英早已被加入欧盟的梦想完全蒙蔽了双眼。这些精英已经失去了国家独立的意识。1992 年 12 月 6 日，瑞士人要求公开投票，决定是否开始加入欧盟的进程，公民投了反对票。瑞士精英奉行全球主义，全民反对意见引发了他们极大的挫败感。因为他们知道人们不想加入欧盟，所以他们尽管嘴上不说，随后却想尽一切办法试图推翻公投结果，加入欧盟。

这一政治形势给瑞士航空带来了灭顶之灾，因为瑞士航空董事会正是由瑞士特别崇尚欧洲主义和全球主义的精英组成，其中包括瑞士信贷的马库斯·穆勒曼（Markus Muehlemann），因此，董事会聘用了麦肯锡咨询公司，这是一家有典型全球主义建制特点的机构。麦肯锡认为，由于瑞士拒绝加入欧盟而会被严重孤立，这将导致瑞士航空公司的倒闭。因此，瑞士航空公司必须不惜一切代价对外开放，成长为跨国公司。麦肯锡提出了所谓的"猎人战略"来应对这一风险，即尽可能多地收购外国航空公司，即使这些公司已陷入困境，他们声称只有这种冒险战略才能使公司免受孤立之困。事实上，这很荒谬。瑞士航空公司当时无疑是世界上最可靠和最优秀的航空公司，当时的财务状况极佳。公司的管理方式一直运作得很好，如果继续采用之前的管理方式，那么瑞士航空公司完全有可能沿着成功之路继续走下去。但实际上，董事会的意识形态偏见和麦肯锡的荒谬建议要了公司的命。

1998 年和 1999 年，瑞士航空公司收购了意大利 Volare 航空公司、法国滨海航空公司、欧洲航空公司、AOM 航空公司、德国 LTU 航空公司、南非航空公司和波兰 LOT 航空公司的股份。其中的许多公司在经济上举步维艰。与此同时，该航空公司的餐饮子公司佳美航空食品（Gate Gourmet）正在收购美国多布斯公司（Dobbs）。2000 年瑞士航空公司将其在比利时萨本那（Sabena）航空的股份增加到 85%，并预计当年的利润为 2 亿瑞郎。

这些交易对于瑞士航空公司来说是毁灭性的，但麦肯锡却从中赚取了巨额费用。"猎人战略"似乎只让这家咨询公司大赚特赚了，却以最轻率的方式彻底摧毁了瑞士航空公司。很明显，导致瑞士航空公司破产的直接和主要原因是麦肯锡推荐的疯狂"猎人战略"。令人惊讶的是，麦肯锡却没有因为在瑞士航空公司破产中负有明显责任而被起诉。

为了维持瑞士航空公司，政府利用纳税人的钱成立了一家名为"瑞士人"的新公司，但终究无法挽救瑞士航空公司破产的命运，最终不得不以 3.39 亿瑞郎的价格出售给德国汉莎（Lufthansa）航空公司。与所有的投入相比，这个数额低得非常离谱，更不用提瑞士航空公司的股东在破产中承受的巨额损失。总而言之，瑞士全球主义精英的愚蠢固执和意识形态偏见，以及麦肯锡鲁莽的建议，造成了惨不忍睹的后果。

奥斯佩尔稳操胜算，乘成功之翼直上云霄

如果说瑞士航空公司停飞让奥斯佩尔不得人心，然而这也让他进一步加强了对瑞银集团的掌控。在接下来的几年里，他简直就是魔术师，收获的只有成功，由于他带来了巨额利润，

每个人都觉得他很了不起，没有人敢批评他。瑞银集团还向政府缴纳了大量税收。如此一来，每个人都很高兴。

用自己的股本进行投机的瑞士联合银行已经成为世界上最大的对冲基金之一，金融市场蓬勃发展，因此所有的投机性结构性产品、金融工程等都很成功。除此之外，瑞士银行保密制度仍然存在，因此奥斯佩尔在两个板块都是赢家。

危险在地平线上若隐若现，马塞尔·奥斯佩尔的瑞士联合银行并没有吸取 LTCM 灾难造成的巨大损失的教训。马塞尔·奥斯佩尔发现了大卫－所罗这个人才，大卫－所罗当时是奥康纳公司的驱动力和思想领袖，这家公司在 1992 年被瑞士银行公司收购。大卫－所罗是一位数学家和工程师，毕业于苏黎世联邦理工大学和麻省理工学院，是定量分析的专家，显然他让马塞尔·奥斯佩尔这个没有同样大学文凭的前银行学徒眼花缭乱。在处置从瑞银集团继承的 LTCM 事件时，奥斯佩尔请他的朋友大卫－所罗来清理废墟，从那一刻起，当时只有 33 岁的大卫－所罗就成为他的门徒。他将给奥斯佩尔极大的信心。多亏了所罗的定量分析"炼金术"，奥斯佩尔踏入了魔术般的投资世界。[1] 多年来，这种大胆策略的赌注似乎每次都能赢。瑞银每年都会宣布数十亿瑞郎的利润，并享有非凡的

---

① 我们会发现大卫－所罗后来活跃在瑞士上层金融业。先在 GAM，一家基金管理公司，当时是宝盛集团的一部分，然后到了瑞士信贷。他将领航格林希尔 Greensill，结局不堪目。我们将再次谈及此事。

声望。定量分析的算法给出了惊人的结果，而它们的谬误是无法察觉的。在欣喜之余，奥斯佩尔继续他的势头，拥抱了次贷的时尚。然而，抵押贷款和房地产危机终将摧毁奥斯佩尔的纸牌屋。

2008 年：奥斯佩尔倒台

2008 年，美国次贷泡沫破裂，引发了金融危机，由于瑞银集团夸大了对定量分析的信念，深陷其中，从而导致马塞尔·奥斯佩尔王国倒台。瑞银集团因其在美国市场的高风险发展战略而遭受重创。瑞士政府和瑞士国家银行不得不帮助陷入困境的银行业巨头。在极度焦虑和紧张的氛围下，瑞士财政部部长汉斯－鲁道夫·梅尔茨（Hans–Rudolf Merz）必须在几天内起草完成救援计划，这使得他在起草过程中中风住院。

瑞银集团在金融市场风暴中面临沉没的危险，瑞士政府别无选择。2008 年 10 月 16 日，瑞士联邦主席帕斯卡尔·库什潘（Pascal Couchepin）不得不向媒体披露为拯救瑞士最大的银行所采取的措施。因为瑞银集团在瑞士具有系统性影响，政府不得不将瑞银集团纳入麾下。仅在瑞士，瑞银集团的倒闭就可能威胁到 100 万名私人客户的储蓄和 30 万家公司的常用账户。这家银行业巨头与瑞士信贷一起，占据了瑞士中小企业信贷市场 60% 的份额。换句话说，瑞银集团大到不能倒。

奥斯佩尔领导下的瑞银集团在美国进行了十年的冒险扩张。这让它在2005年①和2006年②累积了创纪录的利润，制造了势不可当的增长假象。但抵押贷款危机的爆发残酷地打破了幻象。当时，瑞银集团是美国房地产基金和衍生品市场风险敞口最大的外资银行。2008年9月15日，雷曼兄弟宣布破产，导致全球金融崩溃，在几天内摧毁了金融业的信心，几乎冻结了银行同业拆借市场。虽然瑞银集团是世界上最大的资产管理公司，却出现了现金短缺问题（就像瑞士航空公司一样），除非贱卖承受巨额亏损外，堆积如山的非流动性证券无法出售。在次贷危机期间，它已经从资产负债表上核销了400亿瑞郎的资产损失。

瑞士政府采取了下列救援计划拯救瑞银集团：瑞士联邦提供60亿瑞郎来恢复该行资本，瑞士央行提供540亿美元，以帮助瑞银集团将非流动性证券转移到一个特别基金中，以便等待更好的时机进行转售。这些证券被存放在瑞士央行在开曼群岛设立的"特殊目的实体"（SPV）中。瑞士央行主席让－皮埃尔·罗斯（Jean-Pierre Roth）向媒体公开评论了这一计划。他说："瑞士央行有的是时间，而瑞银集团没有。瑞银集团一直承受着压力，每个季度都必须产出成果。瑞士央行将永远存

---

① 2005年利润为140.029亿瑞郎。
② 2006年利润为122.57亿瑞郎。

在……瑞士央行必须为瑞士金融体系的稳定做出贡献。"他表示这就是为什么瑞士央行必须接管瑞士第一大银行"有毒"资产的原因。瑞士央行已经付诸行动了。

值得注意的是，政府的金融救助计划非常成功，展示了瑞士金融和治理体系非同寻常的稳健性。几年之内，瑞士央行就转售了瑞银集团所有的非流动性证券，甚至还获利50亿瑞郎。不仅如此，而且央行还分到了瑞银的股息。此外，瑞士联邦以12.5%的利率向瑞银集团发放贷款，从中赚取了12亿瑞郎。

2008年底，瑞银集团出现200亿瑞郎的赤字，这是瑞士公司有史以来最大的亏损。用中国话来说，这是马塞尔·奥斯佩尔天命的终结。2008年春天，他不得不宣布退休，将董事长的位置交给了他的密友、首席法务官彼得·库勒尔（Peter Kurer）。但彼得·库勒尔在这个最高职位上未能长久。仅仅一年后，他也被美国的税收战赶下了台。

巨大的风险

瑞士银行的美国化把瑞士银行家变得贪得无厌，但更糟糕的是，它也把瑞士银行和瑞士置于美国的案板之上。雷纳·古特和那些仿效他的人没有明白这个道理，看不清形势本身就是一种愚蠢：一个小国（如瑞士）的银行不可能直接挑战世界上最强大国（美国）的实力最强的金融机构。如果有这个可能，那也是非常危险的。这个超级大国的大银行迟早会聚集在一起，请求其政府施以援手，碾压那些来自小国却敢于挑战巨人的妄自尊大的竞争者。

这正是真实发生的事情，我们将揭开这个故事的来龙去脉。

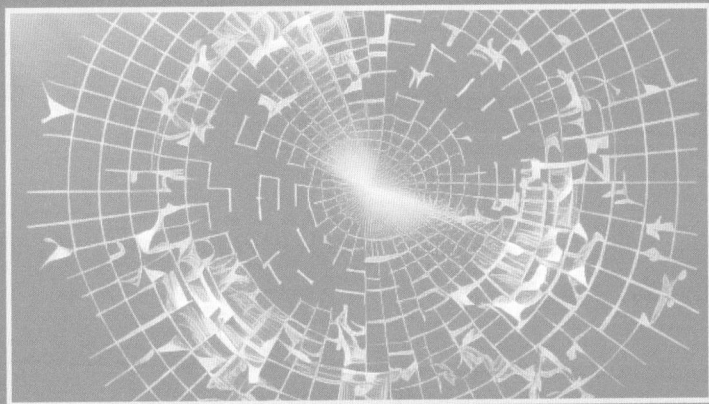

第十五章

::

对抗瑞士金融中心的
三十年战争

柏林墙倒塌：瑞士的堡垒遭到围困

柏林墙倒塌之后，瑞士开始遭到围困。在冷战期间，美国和苏联一直势不两立，瑞士虽在西方，却为中立国，拥有不屈不挠的军队保卫自己的领土，作为资本的避风港，美国不得不容忍它，因此瑞士的处境还算宽松。当美国认为自己赢得了冷战时，便开始相信自己是世界上唯一的超级大国，并且将永远保持大国地位。因此，它认为是时候无情地夺回瑞士在金融界所建立的帝国了。这其实是一个重要的历史规律。本质上帝国主义大国不会容忍一个小国控制一个帝国。这也是比利时、荷兰、葡萄牙在二战后不得不丢掉其殖民帝国的原因。顺便说一下，即使是英国，没有"老大哥"美国的允许，也不得不放弃它的帝国梦。葡萄牙的殖民帝国保持的时间更长一些，因为葡萄牙的萨拉查（Salazar）总统是一位手腕强硬的威权领导人，即使他知道其北约盟友美国在支持叛乱，也能够采取非常顽强和大胆的军事行动，在非洲的安哥拉和莫桑比克等大片领土上捍卫葡萄牙殖民帝国。但是萨拉查总统去世后不久，美国和苏联就同意组织所谓"康乃馨革命"的政变，而这实际上是一场以让葡萄牙殖民地获得独立为目的的颜色革命。因此，如果说瑞士拥有一个占据全球 40% 跨境基金以及美国金融市场重要份额的（非领土的）世界帝国，那么他们就会迫使瑞士交出它的帝国。这就是柏林墙倒塌后不久，美国发动战争对抗瑞士的原因。

战前准备

敌对行动并没有在柏林墙倒塌后立即开始。那些行动都是经过精心策划，逐渐开展起来的。首先，他们通过媒体、电视节目和国际电视频道对瑞士展开攻击，尤其是在一开始，许多历史学家通过写书，创造一种新的叙事，有些是严肃的，有些纯粹是造谣诽谤，然后反反复复叙说，给瑞士人造成一种负罪感，从而达到削弱他们面对不公正指控时自卫能力的目的。不战而屈人之兵，这是中国古代的孙子早就洞悉的古老真理。要赢得一场战争，应首先摧毁敌人的抵抗意志，从而实现战略上的"全胜"。

扭曲历史叙事

一些新的叙事将瑞士人，尤其是瑞士二战时精英，当然也包括瑞士银行家，描绘成一群没有节操的纳粹同情者，他们以牺牲犹太人的利益为代价，急不可耐地利用局势来最大限度地中饱私囊。这种版本的故事有违史实地声称由于瑞士没有受到德国军队的攻击，瑞士军队的防御准备没有起到任何作用，甚至著名的学术历史学家也传播这种无稽之谈。事实是，如果希特勒决定入侵瑞士，特别是如果一开战就攻打瑞士，那么瑞士军队可能早已战败了。欧洲实力最强的法国军队仅仅抵抗了六个星期就以惨败而告终，那么人数寥寥的瑞士军队又怎么可能取得胜利呢？同样真实的情况是，瑞士比较幸运，因为德国总参谋部决定取道比利时而不是通过瑞士去攻击法国，这违反了比利时的中立原则，而没有违反瑞士的中立原则。通过瑞士攻打法国，这本来也是德国的一种选择。如果真的发生这种情况，瑞士军队可能也只能对德国国防军进行绝望的抵抗。但是，在总动员之后，瑞士军队总司令吉桑（Guisan）将军采用了一个新的战略，尽快让全国为抵抗德军做好了准备，即全面撤退到阿尔卑斯山区。这包括将军队集中在阿尔卑斯山区，在某种程度上放弃了平原地区，这虽然不能有效地抵御大规模的德国装甲部队的进攻，但通过加强国家的中部力量，在山区建立强大的堡垒，储备物资和弹药来组织军队生活，就能够进行持久战，并有可能迫使占领平原地区的侵略者走投无路。每天晚上，瑞士军队都可以在平原上进行快速行动，然后返回他们的阿尔卑斯山基地。理论上，这种战略并不能将入侵的德国军队一举击溃，但能将德军的"入侵代价"提高到足够高的水平，这样德国战略家就不得不权衡入侵瑞士的利弊，如果无利可图，就可能放弃入侵。从实践的角度来看，如果瑞士采取这种国民抵抗阵地战略，希特勒要想占领瑞士至少需要 20 个师，而且还不可能毫发无损地占领这个国家。而现实中，他在东线（现在的乌克兰）更需要这 20 个师，这也是他放弃入侵瑞士的原因。但我们知道，希特勒的意图是在德国赢得东线战争班师回朝的路上占领瑞士，至少是要吞并瑞士德语区。

瑞士除了采取战时生存军事战略，同时也采取积极外交手段保持与德国的联系，一方面是试图和平地解决最棘手的问题，另一方面，当然也采取某种经济适应策略以维持瑞士经济，这必然意味着瑞士工厂会为德国工作，以及我们前文提到的瑞士金融中心会发挥信贷结算和黄金交易的作用。

此外，刻意指责瑞士精英支持德国是完全错误的。瑞士精英们很保守，事实上，除了少数人之外，他们都站在同盟国一边。有件事可以轻而易举地证明这一点。1939 年至 1940 年间，时任瑞士财政部长的赫尔曼·奥布雷特（Hermann Obrecht）派遣费利克斯·索马瑞（Felix Somary）担任瑞美战时经济条约谈判的联邦代表团团长前往美国。索马瑞是奥地利裔犹太银行家，当时加入瑞士国籍不久，在苏黎世拥有一家名为索马瑞和布兰克特（Somary & Blankart）的银行。索马瑞与美国国务卿科德尔·赫尔（Cordell Hull）磋商，请求美国在瑞士受到攻击时予以援助。索马瑞还在回忆录中描述了他是如何武断地将瑞士央行的黄金（这些黄金在极端情况下从法国央行提取）转移到美国的：在那里，他设法确保美国财政部不会封锁黄金储备。移居美国后，他在 1941 年至 1943 年间担任美国战争部国际金融事务顾问。

　　任用这样的谈判代表处理瑞士与美国之间关系的国家会是亲纳粹国家吗？这种指责是荒谬的恶语中伤，是典型的反瑞士的"批判历史学家"的做法，他们总是片面地看事情。比如说，他们从来不提索马瑞的使命。他们只是坚持说瑞士和德国官员之间存在联系。这是一种歪曲事实的欺骗之举。实际上，出于国家生存的绝对必要，瑞士当局不得不在双方之间保持平衡，瑞士始终与德国保持对话，维持恰当的关系，与此同时它对同盟国也采取同样的做法。也只有这样，瑞士才有可能在被柏林 – 罗马轴心国全面包围的情况下，在战争中生存下来，保持领土完整。显而易见，如果瑞士没有军事力量，没有自卫能力，它的外交周旋和财政优势将毫无意义，一无用处。另外，如果瑞士仅仅依靠其军事力量，显然没有任何胜算。当时瑞士集体领导的过人之处在于，他们能够巧妙地平衡德国军事入侵的代价以及德国与瑞士和睦相处所带来的经济优势。

　　瑞士爱国人士烦透了反瑞士知识分子散布的诸多谎言，那些谎言旨在贬低瑞士，置瑞士于敌人的算计之下。如果人们诚实和客观地审时度势，就会发现战时的瑞士当局做了出色的工作，绝对可以算是一个小国面临来自压倒性大国的生存挑战时的历史杰作，它必须谨慎平衡军事防御、外交谈判和经济调整的关系。但 1990 年以来，历史论争变得非常片面和不可靠。那些年，媒体上只充斥着对瑞士的指控。在 20 世纪 90 年代，一场反对瑞士的战争爆发了，在这场战争中，谎言被放任自流。如此一来，在战后五十年时，大学教授们无视战争现实和国家所处的危险境地，带着偏见各抒己见。当一个人预先认定整个国家及其政府的行为有罪时，总会带着这种预设呈现历史事实来支持其论点。这个原则众所周知：如果你想淹死你的狗，就说它有狂犬病。20 世纪 90 年代，针对瑞士的全球宣传运动就是这么做的，其唯一的目的就是像剥夺其他国家的殖民地一样，摧毁瑞士的金融业和银行业堡垒。

瑞士反建制派的政治报复

　　在这场宣传运动中，历史争论被扭曲，成为反对瑞士的言论。毫无疑问，所谓的"批判历史学家"实际上成了与瑞士交战的外国势力的帮凶。他们是自封的国家检察官，是善于阿谀逢迎之辈。但如果指责他们，甚至怀疑他们是上述敌对势力的代理人，那就错了。他们是根据自己的意识形态偏见和信仰，以及对政治报复的渴望，自发地甚至真诚地采取了行动。根本不需要反瑞士的策划者建议他们写什么、说什么，他们自己就做了这件事。在此，我们有必要理解其中的原因。

战争期间掌权的瑞士精英非常保守、尤为爱国。按照当今主流的标准，他们可以被称为右翼。尽管如此，他们还是在瑞士赢得了统治权，因为他们的政治策略十分成功，让瑞士远离了战争。

在大多数被德国占领的欧洲国家，同类右倾的政府精英在战后失去了权力，因为他们不得不与德国人合作。作为这一地缘政治现实的结果，战后的政治趋势是，西欧国家的传统保守建制派被他们的反对派所取代。

瑞士的情况不同。战前建制派因为能够保障国家的安全并不卷入战争而赢得了支持。因此，瑞士的知识分子反对派无法像其他欧洲国家那样维持地位。只有在 1968 年革命事件之后，新派知识分子才开始掌权，至少在意识形态上占有一席之地，但保守的建制派势力仍然遍布社会党之外的政党、军队、政府和商界，在真正的权力结构中占主导地位。1968 年，反对派不得不开始"突破体制的长征"，最终他们成功了，现在他们在各个权力阶层都有了代表，成为全球主义和觉醒文化①的主要支持者。

这些反对派团体反对军队，也反对银行。他们憎恨军队，认为军队是建制派的机构，是针对他们的。他们还憎恨银行，因为银行经理往往是军队的官员。即使在 1990 年，这些反对派团体也还没有在政治上获胜。1990 年，人们展开了一场关于战争期间瑞士应如何处理与德国经济关系的辩论，反对派团体把该辩论视为彻底击败建制派领导的黄金机遇。在此之前，建制派领导阶层一直有能力剥夺反对派团体的权力和影响力。因此，在论战之际，新派瑞士历史学家把对自己国家的意识形态斗争当作一个实施政治报复的机会。结果就是，他们成了瑞士的敌人，尤其是瑞士银行的敌人，这个强大的知识分子第五纵队无须敌人发号施令，就会自发地成为敌人的帮凶。

总而言之，这些自称的新派进步主义者实际上是美国霸权企图接管瑞士银行中心的特洛伊木马。

---

① 觉醒文化（woke culture）最早出现在1927年，源于美籍非裔英语中的"stay woke（保持警觉）"，表达黑人对种族不公等问题萌发的政治意识。2010 年后，"woke"已成为一个使用范围更广的词语，从种族不平等延伸到同性恋、跨性别者、极端环保主义者、堕胎、性骚扰等社会议题。——译者注

第十六章

：

战争的第一阶段：休眠账户事件
（1990 年）

突然袭击

发起攻击的一方完全出乎瑞士人的意料。1995 年，伊斯雷尔·辛格（Israel Singer）及其律师埃德·法甘（Ed Fagan），代表世界犹太人大会 ① 在纽约提起集体诉讼，指控瑞士银行拒绝大屠杀幸存者及其继承人使用瑞士银行休眠账户。瑞士银行系统可能不清楚该如何恰当应对这种来自陌生环境的攻击，因此，他们很可能犯了不少错误，或者做出了不得体的反应，而这可能又会被拿来对付瑞士。人们必须清楚，这是美国精心准备多年的攻击，但对于瑞士人来说，却是一个突然袭击。

这是一次直接来自美国政府高层的政治攻击。比尔·克林顿总统特别任命了一位高级政府官员斯图亚特·艾森施塔特（Stuart Eisenstadt）来准备一份报告，指控瑞士银行使用掠夺

————————

① 世界犹太人大会于1936年在瑞士日内瓦创立，是代表全球100个国家和地区的犹太社区和机构的国际性组织，每4年举行一次全体会议。——译者注

来的黄金。现在严肃的历史学家一致认为，所谓的艾森施塔特报告充满了事实错误、矛盾、偏差和谎言。那是一项非常肤浅的研究，本质上是对瑞士的负面宣传和诽谤。

犹太人组织认为，不少人在战争期间被驱逐到德国集中营并死在那里，他们的后代认为死者曾将财富存入了瑞士的银行，当他们申请取回其财产时，受到了银行粗鲁无礼的对待。例如，有些瑞士银行遇到这种请求时，会首先要求对方提供死亡证明，就好像奥斯威辛集中营会给人们提供死亡证明一样。瑞士银行甚至会在搜索储蓄档案时收取费用，有时收费过高。

考虑到有些银行员工有时会表现出心胸狭窄，甚至愚昧无知，这种事情确实有可能偶尔发生。令人不解的是，这一指控从未提供任何事例来证明这种不当行为的发生。只有《华尔街日报》曾在 1995 年 6 月报道了唯一一起类似事例，说的是布鲁姆家族一直相信他们的祖先在瑞士宝盛（Julius Baer）银行①有存款账户，但一番寻找下来徒劳无果。后来却发现是死者的女儿布鲁姆夫人瞒着她的子女在 20 世纪 70 年代结清了这个账户。简而言之，银行在处理这种事情的方式上没有过错。鉴于当时瑞士宝盛银行属于一个犹太家族，如果它有过错的话，那就会格外令人震惊。没有其他令人信服的证据表明瑞士的银行曾在类似事情上给予过客户不人道的待遇。然而，这个

---

① 瑞士宝盛（Julius Baer）银行是瑞士一家拥有 120 年历史，专注于私人财富管理的私人银行。——译者注

很容易激起公愤的问题已经被人充分利用，发动了一场反对瑞士的全球媒体运动。

1996 年 2 月，在瑞士最大的金融机构的年度新闻发布会上，瑞士联合银行的首席执行官罗伯特·斯图德没有意识到这一事件的情感负荷，尤其是在犹太人当中的情感意义。当一名记者问及该银行持有的大屠杀受害者的休眠资产时，他无法给出更好的答案，只是说道："这笔钱真的是微不足道。"罗伯特·斯图德当然不是反犹分子，他是银行的优秀经理。毫无疑问，他的回答不通情理，但他没有恶意。当一个人成为高度情绪化的诋毁运动的目标时，当他面对专门从事国际公共媒体政治宣传的老奸巨猾之人时，他根本没有经验应对这种意味深长的问题。随即，世界上所有的媒体渠道立即无休止地播送他说过的话，并横加指责。当他试图解释他真正的意思时，只有瑞士媒体报道了。就这样，这场媒体运动从开始到结束，历时三年，直到瑞士被迫屈服。

另一位陷入媒体操纵陷阱的资深瑞士银行家是罗伯特·霍尔扎克博士，他当时是瑞士联合银行的董事长。他犯了一个严重的错误，即在无人见证的情况下，在自己的办公室里接受了美国记者简·克莱默（Jane Kramer）的采访。第二天，《纽约客》周刊声称他发表了反犹言论。据该刊称，霍尔扎克曾说，人们之所以对瑞士在二战中的作用有争议是出于犹太人的阴谋，其目的是接管世界上最负盛名的金融市场。霍尔扎克说，他从未发表过这样的言论。由于该记者无法为她的指控提供任何证据，公诉人停止了对此事的调查。因此，是更相信银行家的话还是记者的话，这将永远成为公众的个人判断问题。但是所有认识霍尔扎克博士的人都知道，他绝不会发表这样的反犹言论。他不是反犹分子，如果他是这样的人，亨利－基辛格博士怎么会成为他的好友呢？因此，他所犯的唯一错误是在没有证人的情况下接受了记者的采访。如果他要求有证人在场，记者就不可能这么说。由于罗伯特·霍尔扎克博士出身于一个重视真诚的国家，他的过失在于全无暗箭难防之心和推诚相见。

大使被迫辞职

在这场可怕的政治危机中，最令人不能接受的事件之一是瑞士驻美国大使卡洛·贾格梅蒂（Carlo Jagmetti）在 1997 年被迫辞职。他曾警示瑞士政府必须保卫国家。1995 年以来，他已经多次提醒外交部未来可能发生的事情，但人们对此置若罔闻。1997 年 1 月 25 日，他向伯尔尼外交总部发了一份加密电报，除其他事项外，他特别提到瑞士正处于一场"战争"中，"必须在国内外战线上同时开战并取得胜利"。他将对手描述为"反对者"，并补充道："他们当中大多数人都不可信。"

1 月 26 日，瑞士报纸《星期日报》以耸人听闻的标题"贾格梅蒂大使冒犯了犹太人！
（*Ambassador Jagmetti offends the Jews!*）"，刊登了贾格梅蒂大使电报的摘录。瑞士政府应该首先扪心自问：第一，一份专供瑞士外交部门使用的加密电报是怎么泄露出去的？这只有可能是某些外国政府利用其情报部门，破译了瑞士的机密外交信函，并泄露给了媒体。在这种情况下，任何一个名副其实、有尊严的政府应有的态

图 16-1 瑞士驻美国大使卡洛·贾格梅蒂（Carlo Jagmetti）（照片由大使本人提供）

度就是展开纪律调查，找出泄密的罪魁祸首。第二，政府有责任始终支持自己的大使。不幸的是，事情并不是这个走向。贾格梅蒂受到了指责，因此他提交了辞呈，而联邦议员兼外交部长弗拉维奥·科蒂（Flavio Cotti）竟欣然接受了贾格梅蒂的辞呈。

换句话说，很明显，瑞士当局根本无意自卫，他们已经决定无条件满足开战方向瑞士提出的任何要求。这就是当时的事情经过。正如我们在上文所看到的那样，面对类似 1946 年的危机，非常遗憾，瑞士当局明显没有了恰如其分摆脱危机的气魄、力量和勇气。有了这样一个开端，瑞士及其尊严在这一事

件中遭到了践踏就见怪不怪了。

贾格梅蒂大使完全正确。瑞士面对的是不遵守规则的对手。贾格梅蒂的话也非常有道理："如果认为犹太人组织和达马托（D'Amato）参议员可以很快得到满足，如果想通过协议解决这个问题，这只会是一厢情愿而已。"贾格梅蒂知道这将是一场持久战，他清楚地认识到了斗争的最终目标，也很清楚展示必胜决心的必要性。不幸的是，瑞士政府不想斗争，更没有赢的意愿。

最终，历史以颇具讽刺意味的方式证明了贾格梅蒂大使是正确的。历史真是令人称奇，它让我们看到了利益集团利用其打手实施卑劣行径时总会有咎由自取的下场。在这场肮脏的交易中，许多反对瑞士的人被证明犯有欺诈行为，并最终因各种刑事犯罪而被判刑。

代表受害者和世界犹太人大会对瑞士银行发起集体诉讼的美国律师埃德·法甘，因欺诈、盗用公款等罪名被多次定罪。

1998年，原告美国人吉塞拉·魏绍斯（Gizella Weisshaus）曾在针对瑞士银行的诉讼中要求200亿美元的赔偿金，她觉得她的律师对钱更感兴趣，这位律师在任何一个幸存者收到了他们有权得到的哪怕是一分钱赔偿金之前，就要求先给自己支付数百万美元的律师费。1998年4月8日，魏绍斯对她当时的律师法甘提起诉讼，因为法甘从她已故堂兄杰克·奥斯特雷切尔（Jack Oestreicher）的遗产中扣留了属于她的82 583.04

美元。

根据瑞士犹太人社区联盟的要求，普华永道审计公司出具报告揭露了伊斯雷尔·辛格的贪污行为，他涉嫌贪污 120 万美元。时任世界犹太人大会主席的埃德加·布朗夫曼（Edgar Bronfman）肯定地说，辛格"长期以来在世界犹太人大会里捞了不少钱"。

2006 年 2 月，纽约州总检察长要求他退还不当支付的 30 万美元。1995 年至 2004 年，世界犹太人大会的账目审计证实了其中存在"严重亏空"，因为除了上文提到的 120 万美元亏空之外，还有 380 万美元没有"记录在案"。

这么看，贾格梅蒂大使是对的还是错的？这些人可信吗？任何人都可以有自己的判断。

大事年表

此处有必要对这个令人难以置信的故事做一个总结。下面的每一个事实都广为人知，并被国际媒体充分评论过。但是如今很多人都忘记了这令人难以置信的一切曾发生在瑞士身上。因此，认清事实，了解美国利益集团意欲摧毁一个国家的手段，就显得尤为重要。中国人是幸运的，他们的国家太大了，这种方法无法迫使他们屈服。那种曾经发生在 19 世纪的事今天不可能再发生在中国身上了。

1995 年 4 月，以色列商业杂志《环球报》（Globes）写道，瑞士银行账户中有犹太受害者的 67 亿美元处于休眠状态。

1995 年 9 月 10 日，以色列总理伊茨查克·拉宾（Yitzchak Rabin）指示世界犹太人大会主席埃德加·布朗夫曼与瑞士银行进行谈判，追回犹太纳粹受害者的资产，给瑞士施加了沉重的压力。

1996 年 1 月 1 日，瑞士银行的"休眠资产联络点"开始运作。

1996 年 3 月 27 日，瑞士银行和世界犹太人大会成立了一个独立委员会来寻找休眠资产。美联储前主席保罗·沃尔克（Paul Volcker）成为委员会主席（这意味着该委员会并不是那么"独立"，因为保罗·沃尔克百分百是美国政府的代表）。

1996 年 4 月 23 日，媒体援引纽约州参议员阿尔方斯·达马托（Alfonse D'Amato）的话说，瑞士银行账户上"有数亿或更多的钱不见了"。

1996 年 10 月 3 日，大屠杀幸存者吉塞拉·魏绍斯在纽约起诉瑞士银行。她的律师埃德·法甘代表纳粹受害者要求瑞士银行赔偿 200 亿美元。

1996 年 10 月 23 日，提起第二次集体诉讼。

1996 年 10 月 25 日，瑞士联邦委员会成立了"瑞士 - 第二次世界大战特别工作组"，由年轻的外交官托马斯·伯勒（Thomas Borer）领导。

1996 年 12 月 19 日，贝吉尔委员会开始着手调查瑞士在第二次世界大战中的作用。著名经济史学家让 - 弗朗索瓦·贝吉尔教授（Jean-François Bergier），在半夜接到电话，被告知由他来执行这项微妙的任务。

1996 年 12 月底，瑞士联邦主席让 - 帕斯卡·德拉穆拉兹（Jean-Pascal Delamuraz）称这些诉讼是"勒索赎金"，并在世界新闻媒体中引发了一场精心策划的愤怒风暴。

1997 年 1 月 14 日，保安克里斯托夫·梅里（Christoph Meili）从瑞士联合银行一家子公司的碎纸机室里抢救出了一些旧文件，他认为该银行在试图销毁窃取犹太人资金的证据。克里斯托夫·梅里立即被全世界誉为英雄，美国犹太组织承诺为他此举提供 100 万美元奖励。他出席了许多美国犹太社区集会。

1997 年 1 月 27 日，据透露，瑞士驻华盛顿大使卡洛·贾格梅蒂在给瑞士政府的电报中，把这场争端称为一场"战争"，因此他不得不辞职。

1997 年 1 月 29 日，提起第三次集体诉讼。

1997 年 2 月 5 日，瑞士的主要银行、工业公司和瑞士国家银行为纳粹受害者提供了 2.95 亿瑞郎的人道主义基金。

1997 年 3 月 5 日，联邦委员会（瑞士中央政府）在巨大的政治压力下，提议设立一个"瑞士团结基金会"，其资产约为 70 亿瑞郎，取自瑞士国家银行出售黄金储备的收益，用于帮助大屠杀的受害者。

议会通过了这个项目，但从未实施，原因是实业家克里斯托夫·布劳赫博士（Christoph Blocher）领导的瑞士人民党，发起了一项全民公决，要求将出售黄金的收益用于支付瑞士人民的养老金。设立团结基金会的提议在全民投票中未获通过。因此，从政治上来说，从出售瑞士国家银行多余黄金的收益中取出 70 亿瑞郎，拨给团结基金会是不可能的。最后，有效用于声援大屠杀受害者的资金只有银行、企业和瑞士国家银行自发提供的 2.95 亿瑞郎。

1997 年 7 月 8 日，瑞士银行联络点经过深入调查后宣布，所发现的休眠资产总额为 1 700 万瑞郎，其中约 900 万瑞郎属于大屠杀受害者（看看这与集体诉讼中提到的 200 亿美元差别有多大）。

1997 年 7 月，瑞士向全世界公布了 2 200 个自 1945 年以来从未公开身份的非瑞士账户持有人的姓名。

1997 年 9 月 30 日，由美联储前主席保罗·沃尔克担任主席的委员会成立了索赔裁决法庭（CRT-I），这是第一个解决休眠资产索赔问题的国际仲裁法庭。

1997 年 10 月 28 日，瑞士银行协会公布了两份新的休眠资产清单，共计 14 700 个资产持有人的名字，其中包括 11 000 名瑞士人和 3 700 名外国人。

1997 年 12 月 8 日，瑞士联合银行和瑞士银行公司宣布合并，成立新的瑞银集团。为了利用合并须在美国得到批准的机会，参议员达马托敦促美联储的艾伦·格林斯潘（Alan Greenspan）迫使瑞士的银行承诺慷慨付款，以解决休眠账户的索赔问题。

1998 年 6 月 19 日，瑞士银行证实，它们已经为集体诉讼和解提供了 6 亿美元。

1998 年 6 月 30 日，美国法院对瑞士国家银行提起诉讼。

1998 年 7 月 2 日，美国财务官员希望逐步对瑞士银行实施制裁，以加大施压力度。

1998 年 8 月 12 日至 13 日，主要的瑞士银行家、美国集体诉讼原告和犹太组织就 12.5 亿美元的和解金达成一致，这是瑞士银行提供的金额和原告要求的金额之间的平均数。

1999 年 1 月 22 日，美国联邦法官爱德华·科尔曼（Edward Korman）批准了和解协议。一份长达 900 页的计划书规定了和解金的分配，其中将休眠资产的赔偿金额指定为 8 亿美元。

1999 年 6 月，来自世界各地的 600 000 名潜在索赔者提交了接受损害赔偿的问卷调查。

1999 年 12 月，沃尔克委员会发表了最终报告。

2001 年 2 月，涉及 21 000 个休眠账户的第三份名单公布。

2001 年 9 月，第一个国际仲裁法庭结束了工作。它总共分发了 6 500 万瑞郎，其中只有大约 1 600 万瑞郎分给了大屠杀受害者的继承人。

2001 年 9 月 5 日，索赔裁决法庭（CRT-Ⅱ）成立。此仲裁庭将审查 54 000 个休眠账户资产的权利主张。

2002 年 3 月 22 日，让 - 弗朗索瓦·贝吉尔教授领导的委员会发表了关于瑞士在二战中的作用的最终报告。

2002 年 5 月，索赔裁决法庭（CRT-Ⅱ）宣布处理了大约 2 800 起案件，其中只有 400 起被判定为合理。相应地，支付额有所增加，但大部分款项用于支付律师和各种专业费用，而不是支付给受害者。

2005 年 1 月，瑞士银行公布了另外 3 100 名休眠账户持有人的名字。

2008 年 12 月，埃德·法甘因吉塞拉·魏绍斯控告其挪用银行诉讼资金而失去了律师执照。

到 2010 年 6 月为止，5.02 亿美元款项已支付完毕。付款将会继续增加。

2012 年 3 月，索赔裁决法庭（CRT）大约已经支付了 7.16 亿美元，但并非支付给大屠杀受害者。在其存续的六年中，索赔裁决法庭负责分发瑞士银行提供的资金，总计发放额为 12.3 亿美元，但其中向瑞士银行的 1 934 名资产申请人支付的金额只有 1.5 亿美元。这一过程受到了强烈批评，其中受人尊敬的政治学家马克 - 安德烈·沙格劳德（Marc-André Charguéraud）指出了其中的问题，为了向受害者支付 1.5 亿美元，就必须支付 7 亿美元的审计费和各项杂费。那么换句话说，到底谁才是赔偿金的受益者？受害者？还是声称代表受害者的专业人士？这一结果震惊众人①。

2013 年 1 月，索赔裁决法庭解散，其在苏黎世的最后一个办事处也已经关闭。索赔裁决法庭（CRT-Ⅱ）的最终报告于 2013 年发布。

---

① 参阅：Marc-André Charguéraud, La Suisse lynchée par l'Amérique. Lettre ouverte au juge fédéral américain Korman. 1998-2004, préface de Franz Blankart, éditions Labor et Fides。

第十七章 ：

战争的第二阶段：
聚焦银行保密制度

所谓的"休眠账户"或"犹太基金"事件，只是超级大国美国开始对小国瑞士发动战争的工具，其唯一目的是攻克瑞士的金融堡垒。在这场漫长的战争中有若干场战役，并以瑞士战败而告终。与此同时，瑞士国内银行之间也发生了许多小规模冲突。

真正的编号账户不复存在

在这些事件的幕后，反对瑞士银行保密制度的残酷战争仍在悄无声息地继续着。1989 年，七国集团首脑会议在巴黎举行，成立了反洗钱金融行动特别工作组（FATF），在该工作组的建议下，2007 年交易匿名制被取消。瑞士联邦银行委员会执行了这一规定，意味着银行保密制度走向终结。两年后的2009 年，瑞士政府被迫屈服，彻底取消了银行保密制度。

我们很有必要来了解取消交易匿名制与取消银行保密制度

之间的因果关系。由于环球银行金融电信协会系统（Swift 系统）对美国情报机构来说是"透明的"，一旦公布每笔交易的当事方和受益方的名字，美国大使馆就有可能监控到瑞士所有的资金转账交易，美国间谍也可通过系统筛选，进行更大范围的监控。从前，如果某位美国公民在瑞士有一个真正的编号账户，并打算给在瑞士寄宿学校上学的儿子电汇 1 000 瑞郎零用钱，美国间谍只能获悉 1 000 瑞郎从瑞银集团的 1234 号账户转到了瑞士信贷的 5678 号账户，仅此而已。但是从反洗钱金融行动特别工作组的建议实施的那一刻起，美国政府就会知道每个交易者的名字。所以他们将准确地获取美国公民在银行的存款信息。他们可以收集证据并罗列名单。因此，仅在两年后，美国政府就掌握了足够信息，达到了要挟瑞士政府，迫使其屈服的目的。

如此，人们就能理解放弃编码账户，瑞士当局无法长期保持银行保密制度。这是瑞士当局追求相互冲突两个目标的必然结果。一方面，他们想在七国集团等所有国际组织面前表现友善，表明参与全球治理的热忱；另一方面，他们向国内银行承诺，将始终捍卫银行保密制度。但同时达成这两个目标是不可能的。

美国等大国的话语中也充满了谬误和虚伪。他们的真正目的不是打击洗钱，而是加强对银行系统的控制，通过间谍活动掌握每个人的情况，以便达到美国主宰瑞士等世界其他国家和地区的目的。事实上，美国的金融体系纵容甚至助长了美国银行的洗钱和避税行为。在内华达州或特拉华州（乔·拜登在成为总统之前是特拉华州州长）等司法管辖区，百无禁忌，甚至姑息洗钱犯罪。美国也从未打算公开自己金融体系内的交易。

如今中国政府和公众都意识到了建立美国情报机构无法渗透的支付系统的必要性。否则，中国公司的交易可能遭受 Swift 系统的封锁，而联合国不会对此采取任何有效的制裁措施。

美国针对瑞士银行的间谍活动：布拉德利·波肯菲尔德

很少有人知道美国间谍在监视瑞士银行。通过爱德华·斯诺登（Edward Snowden）[①] 的爆料，广大公众才知道实情。2007 年至 2009 年，斯诺登在日内瓦开始了他的中情局特工生涯，那正是美国对瑞士施加最大压力，要求其放弃银行保密制度的时候。英国《卫报》2013 年 6 月 11 日的一篇文章称，斯诺登"描述了一个事件，他声称中情局特工试图招募一名瑞士银行家以获取银行保密信息。斯诺登说，他们故意把这名银行家灌醉，然后鼓动他开车回家。当这名银行家因酒驾被捕时，卧底特工主动提供帮助去笼络他，从而双方建立了联系，最终拉拢成功"。

---

① 著名的吹哨人，他揭露了美国国安局和中央情报局监视全世界的方法，包括他们自己的同胞。

图 17-1　2013 爱德华·斯诺登在莫斯科接受森姆·亚当斯情报诚信奖。

在日内瓦当间谍期间，斯诺登极有可能是拉拢了布拉德利·波肯菲尔德（Bradley Birkenfeld），后者泄露了美国逃税者在瑞士银行的秘密账户，引发了著名的瑞银事件，从而让瑞士政府和银行举白旗投降。

斯诺登并不为其日内瓦行动感到自豪。他在接受《卫报》采访时说："在日内瓦的所见所闻让我对政府的运作方式及其对世界的影响大失所望，我意识到我所参与的事情弊大于利。"

"毒蜘蛛"被捕

2008 年 5 月 7 日，布拉德利·波肯菲尔德从苏黎世飞往波士顿的飞机上下来时，两名国土安全部官员检查了他的护照。尽管他要求以有关逃税的信息换取豁免，但他还是被捕了。几天后，他因"帮助逃税者逃税，共谋诈骗美国政府"的罪名，在佛罗里达州劳德代尔堡受到指控。

加州亿万富翁伊戈尔·奥伦尼科夫（Igor Olenicoff）曾经是布拉德利·波肯菲尔德的客户，几个月前他因隐藏了 2 亿美元没有报税而被逮捕。他在审讯中指控了他的前顾问布拉德利·波肯菲尔德。虽然我们可以认为布拉德利·波肯菲尔德已经是美国国税局的线人，但与税务当局达成协议并不会妨碍美国司法程序的执行。

以"毒蜘蛛"留名于世的布拉德利·波肯菲尔德以为自己是安全无虞的。他曾在电话中向《金融时报》驻苏黎世的记者夸下海口，发誓自己会提供爆炸性信息，这一信息会导致瑞士金融中心崩溃。他还联系美国国税局（IRS）和美国证券交易委员会（SEC），与他们对话，向对方表达他的期望，如果根据他提供的信息，帮助美国国税局追回税款，他希望能根据 2006 年颁布的新税收减免和医疗保健法案，按照追回金额的 30% 给予他奖励。

布拉德利·波肯菲尔德为什么决定背叛他的雇主瑞银集团？他是否因为奖金没达到预期而愤愤不平？我们永远不会知道他向美国税务机关提供服务的真正动机。他许诺要揭露这家瑞士大银行的经理设法帮助客户逃税的伎俩。例如，他讲述了自己帮助客户把钻石藏在牙膏中，运送到大西洋对岸的经过。

全球公共媒体对波肯菲尔德被捕一事进行了大量报道，结果瑞士银行的美国客户开始恐慌了。根据瑞士国家银行的统计数据，2007 年，瑞士银行管理着美国客户 1 700 亿瑞郎的资金。两年后，这个数值减至一半。瑞士当局面临难以忍受的压力，他们不得不采取行动。

雷袭金融中心：重炮之下，大坝溃堤

由于波肯菲尔德事件，瑞银集团于 2009 年 2 月 18 日与美国达成协议：该行同意交出 250 名涉嫌逃税的客户名单，并支付 7.8 亿美元罚款。作为交换，美国放弃对该行的调查。

2009 年 3 月 13 日星期五，瑞士联邦主席汉斯·鲁道夫·梅尔茨宣布，瑞士今后将遵守经合组织就税务合作和相关信息交换设定的标准，虽然此前他一直称银行保密制度"不容讨价还价"。换句话说，伯尔尼将在怀疑有逃税和税务欺诈的情况下，同意进行国际合作。根据联邦委员的说法，这是为了防止瑞士出现在经合组织不予合作打击税务犯罪的国家"黑名单"上。

因此，当汉斯·鲁道夫·梅尔茨在联邦大厦的新闻发布厅宣布这一消息时，就意味了瑞士不再坚持区分逃税和骗税。冲击蔓延开来。然而，当媒体追问政府是否在屈服时，这位分管财政的瑞士联邦主席回答说："没，没有任何变化。对瑞士来说，一切都保持不变……我们不应该担心瑞士的金融中心，获得信息没那么容易，没有什么会是自动的。"眼下暂且如此，正如后面的故事所表明的那样，兑现他的话是遥遥无期的事。

大坝已经决堤。根据互助美国特别工作组，即专门负责为联邦委员会与美国谈判提供咨询的专家小组的意见，自 2009 年 3 月 13 日星期五起，瑞士开始传输"任何可能相关的信息"。

就在前一天，这个特别工作组进行了激烈地讨论。瑞士专家确信，在发表合作声明后瑞士将会获得安宁，因为它提供了世界六十年来一直要求的东西。事实上，恰恰相反。与1945—1946 年的前辈不同，瑞士谈判代表表现出了弱势，因此超级大国美国要挟将瑞士列入黑名单，对其施加压力，换句话说，美国威胁要用抵制和经济制裁迫使瑞士屈服。

不管名单是黑是灰，只要瑞士投降……

2009 年 4 月 2 日，在伦敦举行的二十国集团峰会上，瑞士与奥地利、比利时、卢森堡甚至新加坡等国一起被列入不合作税务信息交换的"灰名单"①（非黑名单）。本次峰会的东道

---

① 2009 年在 G20 峰会上，经合组织将"税务合作"名单分为白灰黑三类。其中包括大致已履行国际认可的税务准则的司法管辖区（白名单）；已承诺恪守国际认可的税务准则，但未大致履行的司法管辖区（灰名单）；未曾承诺恪守国际认可的税务准则的司法管辖区（黑名单）。——译者注

主、英国首相戈登·布朗（Gordon Brown）说，"终结避税天堂的时候到了"，法国总统萨科齐（Sarkozy）也表示，"银行保密的时代已经结束"。许多瑞士私人银行家非常了解萨科齐的底细，从他口中听到这句话感到很滑稽。

这样做的威胁意味相当明显。他们总是使用同样的要挟手段：我们已经知道你不想列入黑名单，因此我们把你列入灰名单；我们会继续把你列入各种颜色的名单，直到你无条件投降。人们可以反思这样一个问题：如果瑞士不接受要挟，同意列入灰名单或黑名单，又会怎样呢？可能会受到制裁。什么样的制裁呢？二十国集团会诉诸军事行动，像轰炸伊拉克或利比亚那样轰炸瑞士吗？我们永远无法知道答案了，因为瑞士选择了无条件投降。

各执一词，难以定招

瑞士决策层缺乏决断的原因之一是他们产生了各种匪夷所思的想法。一些人希望妥协，以瑞士放弃银行保密制度换取全面进入欧洲金融市场的权利。但这完全不现实。事实上，欧盟永远不会给瑞士银行平等进入欧洲金融市场的机会，除非瑞士完全放弃主权，成为欧盟的正式成员，而这不是瑞士人民想要的结果，他们在多次公民投票中坚持拒绝加入欧盟。

此外，为避免泄露客户的秘密，瑞士银行家又尝试了另一个创意。瑞士外国银行协会主席阿尔弗雷多·吉西（Alfredo Gysi）提出了"魔方"（Rubik）计划，他说，这是"一个解决复杂难题的简单而巧妙的方法"，因此以大家熟悉的那个彩色立方体来命名该计划。按照魔方计划，瑞士银行将直接从客户账上扣除每位客户必须向本国相关税务机关缴纳的税款，而不披露客户的姓名。客户会收到一份已纳税的证明。

瑞士银行家协会接手了这个方案，该方案还附有一份解决遗留问题的协议，即结算以前隐藏的金额。保持客户匿名制度是银行无法抗拒的诱惑。因此，日内瓦隆奥银行（Lombard Odier & Co.）的高级合伙人帕特里克·奥迪尔（Patrick Odier）全力支持魔方计划。他非常有影响力，成功说服了瑞士银行家协会。2009 年年底，瑞士联邦委员会采纳了魔方计划的理念，并开始向其外国合作伙伴进行介绍。因为欧洲国家迫切需要新的税收，特别是在 2008 年金融危机之后，所以人们希望欧洲国家的财政部部长能接受这一提议。事实上，西班牙、比利时、荷兰、希腊和北欧国家都表现出了兴趣，就连法国也承诺会考虑这个问题。该计划深深吸引了奥地利、英国和德国，他们与伯尔尼签订了协议。柏林凝聚了所有的希望，但也正是柏林最终将这些希望化为了泡影。德国在 2011 年 9 月与瑞士签署了关于实施魔方计划的协议，但从未获得国家批准。联邦参议院（德国议会的上院）落入了德国社会民主党手中，而他们反对魔方计划，这注定了该计划失败的命运。

从那时起，压力继续加大，华盛顿紧紧相逼。2009 年 8 月 19 日，伯尔尼承诺向美国提供 4 450 个瑞银集团账户美国持有人的姓名，这一决定于 2010 年 6 月获得议会批准。时任司法部部长的伊芙琳·威德默 – 施伦普夫（Eveline Widmer-Schlumpf）警告称："我们没有理由感到兴奋；最坏的情况虽然已经过去，但我们还远没有摆脱困境。"

其他瑞士银行，如瑞士信贷和汇丰银行（瑞士），现在也成了美国司法部门的目标。2010 年 10 月，轮到了韦格林银行身陷风暴：该银行一名前董事在迈阿密机场被捕，并被指控犯有洗钱未遂罪。这家瑞士最古老的银行被指控帮助美国纳税人逃税，并在两年后销声匿迹了。然而，韦格林银行勇敢地维护自己的利益是无可厚非的。

韦格林银行的终结

波肯菲尔德事件和瑞银集团在美国被罚款的事让瑞士银行家对美国客户避之不及。银行家认为美国客户会给他们带来厄运，甚至更糟糕的是，吸收美国客户会惹上美国当局，给银行带来大麻烦，遭到巨额罚款等。对于仍在瑞士银行持有未申报账户的美国客户而言，他们很担心如果不得不与美国国税局打交道，接下来不知道会发生什么事。他们的钱会被全部没收吗？他们会坐牢吗？他们当中有些人开始考虑向国税局坦白自己的税务过失，通过谈判达成和解，但另外一些人不想这么做。

2009 年 2 月瑞银集团遭到美国罚款，之后的几个月里，该银行命令已变成累赘的所有美国客户注销账户。有时候瑞银集团还会关闭这些客户的账户，出售其资产，客户会收到一张支票，并被告知尽快离开瑞银集团。这一事件改变了金融业的形势，大部分瑞士金融行业都跟风行动。然而，有些瑞士本地银行却将美国客户视为被遗弃的宝藏，并决定再给这些不受欢迎的美国人一次机会，以保护他们的资产免遭美国财政部的毒手。因为没有海外子公司，这些银行颇有安全感。与瑞银集团不同，美国当局不能通过吊销银行执照来要挟这些银行。

康拉德·胡姆勒博士（Konrad Hummler）是一位经验丰富的成功私人银行家，他在这种情况下看到了历史性的机遇。他是位于圣加仑的韦格林银行的高级合伙人。该银行是瑞士最古老的私人银行（顺便说一下，它最初是由著名的纪里家族创立，我们在上文关于圣加仑的章节提到过）。从 2008 年开始，胡姆勒博士鼓励韦格林银行管理层接受瑞银集团放弃的客户。瑞银集团的员工很高兴摆脱了这些客户，甚至主动推荐他们转到圣加仑这家颇有威望、历史悠久的银行。为此，这些资金通过位于康涅狄格州斯坦福的一个瑞银集团账户中进行了转移。一年后，韦格林银行放弃了这种做法，但留住了其客户。韦格林银行的主要股东康拉德·胡姆勒因其热情和开放，当时

图 17-2　康拉德·胡姆勒（Konrad Hummler）博士（该照片由他本人提供）

在金融市场备受推崇，他写的投资信广为流传，其中有篇题为"告别美国（*Farewell America*）"的文章。胡姆勒和他的银行不投资世界最大经济体的股票并回避美元交易，被认为是做到了双重对冲。

如果这个计划成功了，韦格林银行将从逃离瑞士银行的美国客户手中拯救出数百亿美元的资金，会成为管理美国客户最大投资组合的瑞士银行，康拉德·胡姆勒个人也会富甲天下。然而这个计划并没有成功。

很重要的一点是，康拉德·胡姆勒不是一名私掠者，而是瑞士建制派的完美代表。他是法学和经济学双重博士、军队上校，在其职业生涯早期，他曾是另一位上校——瑞士联合银行

前总裁罗伯特·霍尔扎克博士的得力助手。他也是从 1848 年
开始统治瑞士的自由党里的一名政治家。他甚至担任过《苏黎
世新公报》（*Neue Zücher Zeitung*）的董事会主席，这是一份服
务瑞士商圈和政治精英的主要报纸。胡姆勒的计划在瑞士法律
中完全合法。从法律上讲，只要瑞士权力机构和法院行使国家
主权，遵守本国法律，韦格林银行就不会在瑞士遭到起诉。根
据瑞士法律，所有这些美国客户的情况都是完全正常的。作为
一家瑞士银行的客户，他们有权得到保护和捍卫。此外，如果
他们放弃持有美元和美国证券，在任何情况下，美国政府的
"长臂管辖"通常都无法伤害到他们和银行。

康拉德·胡姆勒只有一点是错的。他没明白美国政府最不
在意法治，一切都与权力有关。另外，自"休眠账户"事件以
来，瑞士政府已经多次经受压力，已无意按照自己的法律行
事，它只想不惜一切代价避免与美国发生冲突。让·齐格勒所
言甚是，瑞士政府听从瑞银集团和瑞士信贷的命令，而康拉
德·胡姆勒却没有明白这一点。事实上，在 21 世纪初，瑞银
集团和瑞士信贷就不再是真正的瑞士银行，它们已经变成了美
国银行，热衷于美国投行业务，对银行保密制度不再感兴趣。
实际上它们倾向于废除银行保密制度，因为银行保密制度已成
为他们作为美国投行家野心的障碍，而这大大损害了韦格林等
小型私人银行的利益。因此，如果说瑞士政府捍卫瑞士法制的
话，那么康拉德·胡姆勒和韦格林银行就会得到应有的保护。

换句话说，韦格林银行成了瑞士臣服于美国的献礼。

这几乎又算是一个侦探故事了，所以让我们分析一下这件事的经过。

美国当局听闻了韦格林银行的做法，不仅是因为那篇题为"告别美国"的文章已经广为流传，也是因为表示悔改的纳税人非常愿意谴责瑞士银行，以换取更低的罚款或处罚。这些证词导致韦格林银行于 2012 年 2 月被起诉。该银行已经为这种结局及其罚款做好了准备：一周前，它已把所有业务出售给了雷菲森（Raiffeisen）银行专为此业务设立的分支机构诺滕施坦因（Notenstein-La Roche）私人银行，只为自己留下了美国客户。作为当时瑞士最古老的银行，瑞士的一个象征，韦格林银行也成为第一个在美国被起诉的瑞士银行。瑞士当局既震惊于韦格林银行的胆大心雄，也震惊于美国当局的强硬，它被迫

图 17-3 诺滕施坦因私人银行的优雅建筑

承认瑞士银行不能仅遵守瑞士的法律。超级大国的法律总是凌驾于他国法律之上，他国也得遵从超级大国的法律。

2013 年年初，纽约的一家法院对韦格林银行的剩余业务处以 7 400 万美元的罚款，银行合伙人没有讨价还价就接受了。毕竟，这只占其去年将业务出售给诺滕施坦因私人银行所获利益的小部分。虽然他们因遭到排斥而感到愤怒，但他们这样做也拖累了同行。韦格林银行的合伙人之一奥托·布鲁德勒（Otto Bruderer）表示，韦格林银行的所作所为"在瑞士银行业很常见"。瑞士银行业已经被美国吓坏了，不知道美国还有什么手段在等着他们，一句略带威胁的话就能在业界引起轩然大波。瑞士信贷、苏黎世州立银行（Kantonal Bank）、宝盛私人银行（Julius Baer）等其他十家被调查的银行，又会面临什么情况呢？

美国司法部门想用韦格林银行案杀一儆百，采取的雷霆措施令人生畏，为美国监管瑞士银行的计划铺平了道路。2009 年 8 月伯尔尼和华盛顿就此达成了一致。根据银行的作为（或不作为），美国把一百多家瑞士银行分为几大类，要求银行承认自己的过失，并对其进行罚款，罚款总额达 44 亿瑞郎，其中对瑞士信贷的罚款高达 26 亿美元。

人们可以注意到，那时唯一表现出大无畏精神并反对美国霸凌的银行来自圣加仑，这可能不是巧合。中国读者知道，自中世纪以来，圣加仑一直是敢于冒险、大胆创新的大商人和银行家的云集之地。

另外有趣的一点是，当康拉德·胡姆勒棋高一着，将所有的非美国客户出售给雷菲森银行（一个庞大而实力强大的农业合作储蓄和贷款联盟）时，雷菲森银行下属的新银行取名为"诺滕施坦因"（Notenstein）。如果不是圣加仑的人，就不会领会诺滕施坦因的含义。诺滕施坦因公会是在中世纪就成立的一种绅士俱乐部，是圣加仑的贵族和富商的聚集场所。因此，在圣加仑，当一家乡村银行想要进入财富管理的高级领域时，他们就以此名称表示对古老商业和金融传统的珍视和敬意①。

战争在继续

来自国际的压力日益加剧，这次的要求是瑞士与各国自动交换信息。2011 年 8 月 31 日，美国向瑞士发出最后通牒。美国司法部副部长詹姆斯·科尔（James Cole）要求"立即"向其提供美国公民在瑞士银行账户的"大量"数据。时任瑞士财政部部长伊芙琳·威德默－斯伦普夫在 9 月 13 日回答说，她对华盛顿的态度感到"惊讶"。然而，瑞士最终接受了美国提出的要求。6 个月后的 2012 年 4 月 4 日，伯尔尼被迫批准 11 家银行［包括瑞士信贷、汇丰（瑞士）银行、宝盛私人银行以

---

① 2018 年，诺滕施坦因银行卖给了苏黎世的冯托贝尔私人银行。

及巴塞尔和苏黎世州立银行］向美国提供数据，包括员工姓名。通过这种方式，银行希望逃脱美国的法律制裁。

在监狱待了三十个月后，布拉德利·波肯菲尔德于 2012 年 8 月 1 日获释。他获得了 1.04 亿美元作为其告发瑞士银行的奖励。

瑞士百达银行（Bank Pictet）在 2012 年 11 月 25 日证实，它也成了美国司法部门的目标。包括苏黎世弗雷银行（Bank Frey）在内，当时有 13 家银行机构成为美国当局的目标。

超级大国为了自身利益无情地重组国际金融体系

2009 年 2 月 18 日，瑞银集团同意支付 7.8 亿美元的罚款，并违背瑞士法律，将其帮助逃美国税的 250 名客户名单交给了美国司法部门。美国取得了象征性的胜利，而这一胜利对瑞士来说却是奇耻大辱。美国政府本可以遵循瑞士的程序，根据两国之前签署的协议来获得这份名单，但他们没有这么做。为了处理这件事，绕过正常的司法程序立即向美国提供客户名单，瑞士金融市场监管局（Finma）启用了一项适用于银行面临破产威胁的法律条款。瑞士面临的问题是要么交出数据，要么冒着被美国提起刑事诉讼的风险。要知道，过去全世界没有一家公司能在美国司法部门的指控中幸存下来。

然而，尽管瑞士投降了，美国司法系统却提出了更高的要求。随后，基于美国政府向迈阿密民事法庭提交的诉状，它要求瑞银集团向美国国税局移交约 5.2 万名持有"非法秘密账户"的美国客户身份信息。这些被指控的账户金额总计为 148 亿美元。

2009 年 2 月 20 日，瑞士联邦行政法院下令禁止向美国税务机关传输瑞银集团客户的银行数据。然而，当时 250 名瑞银集团客户的数据已经传输完成。可以肯定地说，美国税务当局已经掌握了这份客户名单。瑞士给了美国一份它早已掌握的名单。美国索要名单的目的根本不是实施税务诉讼，而是迫使瑞银集团乃至瑞士监管机构违反自己的法律。因此，这实质上就是一种国际统治行为，使得美国政府有能力将违反瑞士正常法律体系的决定强加给瑞士。

瑞银集团的主动回应以及瑞士监管当局的默许，助长了美国政府的气焰，一再提出违背瑞士法律的新要求。美国就这样确定了其至高无上的权力，它不仅有能力强加特殊条例，最重要的是有能力对全球任何国家强加永久有效的特殊条例。

美国使用完全相同的方法从欧洲当局获取航空公司乘客姓名记录（PNR）以及欧盟公民的财务信息。开始，他们强行获取个人信息，违反了欧洲法律。后来美国与欧盟签署协议将其行为合法化。

由于美国政府可以通过设在美国的 Swift 公司的服务器获

得所有国际金融交易信息，再加上 2007 年已取消匿名交易制，可以肯定地说，美国已经掌握了 5.2 万名美国逃税者的所有相关信息，而美国还假惺惺地向瑞银集团索要这些信息。

除此之外，美国情报部门还有一个特别入口，用于监控瑞士本土的银行间交易。监控通过名为"远程门户"①的系统实现，该系统允许金融机构连接到整个瑞士和欧元区的支付网络，而无须额外的接口，并可在全球范围内登陆，每天 24 小时在线。

人们了解了这些事实就会明白，实际上美国早已通过远程门户系统和 Swift 服务器掌握了一切，布拉德利·波肯菲尔德并没有向美国国家税务局透露什么新信息。布拉德利·波肯菲尔德的整个故事只不过是一个戏剧大舞台，用来娱乐公众，并向瑞士当局增加政治压力。

美国当局的最新要求反映出其主要目的仍是违反瑞士法律程序以获取信息。其目的是迫使瑞士政府放弃主权国家的统治权，并将其交到美国政府手中。2009 年 2 月 22 日周日，瑞士联邦委员会取消了参加美国参议院就税收问题和瑞银事件举行的听证会，以此抗议美国采取单边措施的威胁。当然，这只是一次微弱的抗议，而且为时已晚。

这一新的美国域外统治权是国际金融体系重组的一部分，

---

① 参阅：https://www.anasys.com/wp-content/uploads/2017/01/AnaSys-remoteGATE-EN-for-Banks-and-Corporates.pdf。

其唯一目标根本不是结束逃税或税务欺诈问题，而只是通过假惺惺的所谓反逃税斗争，用美国金融中心取代瑞士金融中心。为了损害竞争对手的利益，给其贴上负面标签，美国将"避税天堂"（瑞士将是其中之一）和"离岸中心"（例如加勒比海的金融中心）区分开来。该离岸中心完全由美国当局或特拉华州或内华达州控制，可以开展任何业务活动。

现在我们明白了，1945 年联邦委员诺伯斯（Nobs）所言不虚，他"意识到美国政府对瑞士银行的政策受到了……竞争动机的强烈影响。瑞士不应忽视"。从 1945 年到 2009 年，什么都没变，除了 1945 年，瑞士捍卫了自己的利益并赢得了胜利。2009 年，瑞士束手就擒，输掉了这场战斗。

无条件投降：金融账户涉税信息自动交换

2012 年 12 月 20 日。事态开始急转直下。时任瑞士联邦主席伊芙琳·威德默–斯伦普夫给金融市场泼了一盆冷水。她第一次提出了就"涉税信息交换"进行讨论的可能性。

2013 年 4 月 10 日。当奥地利和卢森堡同意从 2015 年 1 月 1 日起进行涉税信息自动交换时，瑞士向涉税信息自动交换过渡的形势变得更加明朗。

2013 年 6 月 19 日。国民议会（瑞士议会下院）拒绝采用可以让瑞士银行解决与美国税务纠纷的美国法。联邦委员会在

7月3日提出了"B计划"。

2013年8月29日。美国公布了针对瑞士银行的解决方案。应瑞士银行的要求，美国将于11月5日提供方案的细节。瑞士银行必须在12月31日之前做出选择。

2013年9月6日。在圣彼得堡，20国集团支持经合组织的计划，并设定2015年底涉税信息自动交换。

2013年10月16日。瑞士成为第58个签署实施涉税信息自动交换标准的国家。

瑞士签署该《经合组织公约》，意味着无条件放弃银行保密制度，因为该公约第26条意味着所有签署国之间必须自动交换所有涉税信息，无论是涉税刑事信息还是简单的涉税行政信息。从2009年3月13日开始，逃税和欺诈之间的区别就被取消了，而且很明显，彼时的联邦主席汉斯·鲁道夫·梅尔茨的安慰之词只是空洞的承诺，他曾经在2009年3月13日说道："没，没有任何变化。对瑞士来说，一切都保持不变……我们不应该担心瑞士的金融中心，获得信息没那么容易，没有什么会是自动的。"然而事到如今，一切都是自动化的，完全透明的。

蒂诺·索尔达蒂不得安息

很难理解为什么瑞士领导人会屈服于《经合组织公约》

第 26 条，因为多年来，瑞士当局曾多次正式声明，银行保密制度没有商量余地，而且还曾声称，"我可以提前告诉那些想攻击瑞士银行保密制度的人，在这一问题上，你们费尽口舌也没用 ①"。

我们必须记住，任何经合组织公约只有在经合组织所有成员一致通过的情况下才能生效。因此，瑞士可以通过不签署该公约来阻止该公约的实施。让我们记住，瑞士是经合组织的创始成员，该组织最初由瑞士外交官蒂诺·索尔达蒂一手策划。

我们知道蒂诺·索尔达蒂对银行保密制度没有疑虑。1962年，当他担任驻巴黎大使时，曾与当时的法国外交部长库夫·德·穆尔维尔（Couve de Murville）讨论了银行保密制度问题。他向伯尔尼报告了这次谈话，并在机密信函中说："在法国社会的中高层，无论是政治右翼、中间或左翼政党势力，几乎没有人不利用瑞士银行保密制度。"他还补充道："所有领导人都暗暗希望维持银行保密制度。"没有看到世界本来面目的人对这样的说法可能非常震惊。但是大使在他的报告中写的完全是事实。甚至在 2013 年，几乎所有的欧洲政客，尤其是那些极其强烈反对银行保密制度的政客，都在瑞士银行持有秘

---

① Statement of Councillor Federal Hans-Rudolf Merz at the Swiss Parliament March 19, 2008 联邦委员汉斯·鲁道夫·梅尔茨在瑞士议会的声明，2008 年 3 月 19 日，参见网址 https://www.srf.ch/play/tv/10-vor-10/video/bundesrat-merz-steht-zu-bankgeheimnis?urn=urn:srf:video:90171d7f-5f21-4c18-b153-4b2ea309f6fa。

密账户。很明显他们都迫切希望瑞士保持坚定立场，拒绝签署这项经合组织公约。换句话说，如果瑞士拒绝签署这一公约，银行保密制度将会得到维护，整个欧洲政治领导层将会大大松一口气。人们也会惊讶地发现，欧洲各国政府会轻而易举地接受瑞士的这一决定。

但瑞士当局最终不得不违背其不断重申的银行保密承诺，因为他们追求的目标自相矛盾。一方面，他们希望在一个无国界的世界中参与全球治理；另一方面，他们希望保持瑞士的中立和银行保密制度。在某种程度上说，他们是被迫做出了选择。

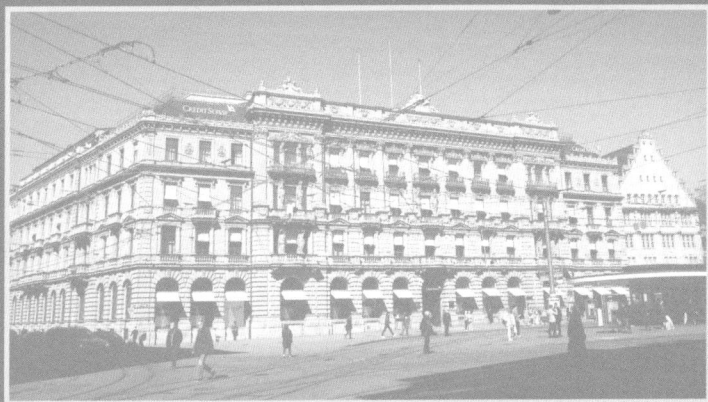

第十八章：

瑞士银行巨头的抉择时刻

瑞士信贷前途未卜

动荡不安的瑞士信贷

在结束本书写作之前，绝对有必要用整个章节的篇幅来讨论一下最近瑞士信贷经历的动荡，因为国际经济媒体一直在谈论这个问题，有时用过于耸人听闻的语气，夸大了危险性，并预言这个久负盛名的银行即将走向末日。

图 18-1　建于 1876 年的位于苏黎世帕拉德广场的瑞士信贷总部大厦（夜景图版权归 GSW 旅游公司）

事实上，有些制造恐慌的人预言瑞士信贷濒临破产，这种言论绝对是错误的，然而就在 3 月 19 日，瑞士信贷被瑞银集团强行收购的消息公之于世，这个自我预言还真实现了。但收购并非必选项。

在过去的 15 年里，瑞士信贷不断出现触目惊心的问题和错误，有时这些问题和错误造成的巨大损失骇人听闻。人们不禁要问，什么才是更值得思考的：是巨大的损失更令人担忧，还是即便发生了这些损失，但没有被人从背后捅刀子，瑞士信贷仍能生存下来，并在未来再次蓬勃发展起来的事实更让人惊叹。

首先，我们将对这些问题做一个简要的回顾，以便那些对此非常感兴趣的读者保存下来供日后参考回顾。然后，我们会对这些问题反映出的瑞士金融中心的现状进行总体解读，并对瑞士金融中心未来的发展进行必要的反思。最后，我们将更详细地研究一些最具轰动性的事件舵手对冲基金（Archegos）、格林希尔（Greensill）、独狼顾问案和金枪鱼债券（Tuna Bonds）等。

瑞士信贷过往 15 年大事年表

- 2007 年——在瑞士信贷 2007 年年度业绩公布后，英国金融服务管理局（FSA）对瑞士信贷处以 560 万英镑（1 150 万瑞郎）的罚款，这是 FSA 有史以来处以的第四大罚款，因为交易员高估了资产的价值。这一欺骗行为导致该瑞士信贷不得不在 2 月份减记 28.5 亿美元（31 亿瑞郎），而这是在瑞士信贷公布其 2007 年业绩后的几天内发生的。经过内部调查，发现"少数"交易员故意对某些资产担保证券进行错误定价，使他们的头寸看起来比实际情况更健康。瑞士信贷首席执行官布布雷迪·杜根（Brady Dougan）在一份声明中说："这一事件对我和执行委员会来说是不可接受的。"（他更应该做好他的监督工作，而不是指责他的下属。这就是典型的布雷迪·杜根的作风）。

- 2008 年——瑞士信贷估计，自 2007 年夏天以来次贷危机造成的损失达 100 亿美元。（如果与瑞银集团相比，这还只是一个小数目，瑞银集团的损失已经达到 400 亿美元，导致该银行得到紧急财政援助）。

- 2009 年——瑞士信贷在 1995 年至 2006 年期间违反了美国对伊朗和苏丹的制裁令，为此不得不支付 5.36 亿美元的罚款。

- 2011 年 9 月——瑞士信贷不得不向德国支付 1.5 亿欧元以解决逃税旧案。

- 2014 年 5 月——瑞士信贷承认协助逃税，并向美国当局支付 26 亿美元。

- 2014 年 10 月——在伦敦银行同业拆借利率（Libor）

操纵案中，欧盟对包括瑞士信贷和瑞银集团在内的几家银行进行了罚款。

- 2016 年——莫桑比克爆发了"金枪鱼债券"丑闻。瑞士信贷的高管被指控秘密放贷达 20 亿美元，而莫桑比克官员从中收受了贿赂。目前个别诉讼仍在进行中，瑞士信贷也在接受调查。

- 2017 年——瑞士信贷不得不在美国的一起抵押贷款案件中支付 52.8 亿美元的罚款。

- 2017 年 5 月——由于瑞士信贷在反洗钱管控方面存在漏洞，该银行在新加坡一马基金（1 MDB）丑闻案中被罚款 50 万美元。

- 2018 年 2 月——瑞士信贷（和其他银行）不得不关停与波动率挂钩的复杂型投资基金，这些基金在一天内损失了 96% 的市值。客户的损失估计为 18 亿美元。（这种金融结构性产品在当时非常流行。这个典型案例说明了金融工程师 ① 的风险性）。

- 2018 年——瑞士信贷在所谓的"小王子"调查中向美国当局支付了 4 700 万，该调查涉及瑞士信贷在亚洲的

---

① 在银行业的行话中，"金融工程师"指的是基于所谓的"量化分析"，按照数学公式和算法做出投资决策的资产经理，"量化分析"被视为一种可以通过数学模型增加利润的方法，在时髦的银行家中非常流行，但在发生危机时，往往会将损失最大化，带来不可预估的灾难性后果。

雇员招聘情况。包括瑞士信贷在内的银行雇用富裕家庭的亲属或成员，以便更轻松地招揽客户，这种做法被美国当局视为腐败行为。

- 2018 年——日内瓦法院将瑞士信贷的资产经理判处入狱，原因是他给格鲁吉亚前总理毕齐纳·伊万尼什维利（Bidzina Ivanishvili）等人造成了 1.43 亿瑞郎的损失，将 3 000 万瑞郎的财富中饱私囊。目前诉讼正在进行中，一家外部公司的调查显示，瑞士信贷的风险管理存在缺陷。（这位涉案资产经理自杀了）。

- 2018 年 9 月——瑞士银行业的监管机构——瑞士金融市场监督管理局（Finma）发现，瑞士信贷在巴西石油（Petrobras）、委内瑞拉石油（PDVSA）和国际足联（FIFA）案件中，未能遵守反洗钱法规中的一些尽职调查要求。

- 2019 年——瑞士信贷为软银愿景基金（著名的日本投资基金）筹备了价值 9 亿美元的威尔卡德（Wirecard，一家德国大型信用卡和电子支付公司）可转换债券，软银认购了该债券，然后向投资者配售。2020 年 6 月，威尔卡德公司申请破产。

- 2019 年秋季——瑞士信贷被发现曾经雇佣侦探对其多名员工和前员工进行跟踪和监视（在瑞士被称为"间谍门"或"跟踪门事件"）。

- 2020 年 2 月——在威尔卡德事件以及间谍门（跟踪门）之后，瑞士信贷的首席执行官谭天忠（Tidjane Thiam）被迫离职。

- 2020 年 6 月——瑞士信贷卷入中国咖啡连锁店瑞幸咖啡（Luckin Coffee）的丑闻。该银行于 2019 年帮助瑞幸在纽约上市，但人们发现瑞幸虚报其销售额和其他数据。

- 2020 年 11 月——瑞士信贷持有 30% 股份的约克资本管理（York Capital Management）宣布，其对冲基金部门损失严重。瑞士信贷预计损失 4.5 亿美元。

- 2021 年 2 月——瑞士信贷披露，该银行已经支付了 6 亿美元，来解决另一起与美国住房抵押贷款有关的案件，此案件发生在 2008 年金融危机之前。

- 2021 年 3 月——瑞士信贷不得不关停与破产的格林希尔资本（Greensill Capital）管理有关的 100 亿美元基金，并开始偿还客户资金。其中 73 亿美元已经偿还给了客户。在剩余的 27 亿中，有 10 亿至 20 亿可能无法追回。目前多项调查正在进行中。

- 2021 年 3 月——美国舵手对冲基金（Archegos）倒闭，给瑞士信贷造成了约 55 亿美元的损失。

- 2021 年 10 月——瑞士信贷不得不就莫桑比克案（金枪鱼债券）向美国和英国当局支付 4.75 亿美元。与此同时，瑞士金融监管局发布了对莫桑比克案和跟踪门事件的调查报告。

- 2022 年 10 月——根据巴黎法院院长周一（10 月 24 日）批准生效的一项协议，瑞士信贷宣布，它已同意向法国支付 2.38 亿欧元，以避免因 2005 年至 2012 年期间非法拉拢客户和严重的税务欺诈洗钱而被提起刑事诉讼。

如果把所有这些问题叠加起来，就可以看到，在过去的 15 年里，瑞士信贷累计损失超过 400 亿美元（尽管格林希尔丑闻的最终损失尚且未知）。当然，在同一时期，也有盈利的业务，这就是为什么该银行没有受到破产威胁。然而，这一连串的不良业务积累使瑞士信贷陷入困境，以至于其股票交易价格低于票面价值，并且需要进行多次增资。

在所有这些事件中，我们可以区分出几个方面。一方面，这些事件揭示了取消银行保密制度的后果，导致瑞士大型银行不得不面对巨额罚款的压力，尤其是在美国和欧洲。这些罚款总额高达数十亿美元，但瑞银集团和瑞士信贷过去由于银行保密制度而获得的收入远远超过这个数字。因此，这历史陈账也将了结。

另一方面，我们可以看到，瑞士银行成为投行世界冠军的野心是一项极其危险的运动，这至少给瑞银集团带来了 400 亿的损失。瑞士信贷的损失要少四倍。此时的瑞士信贷相信自己是世界上最好的银行，不需要像瑞银集团那样被纾困。不过瑞士信贷还在 2008 年的信贷危机（次贷等）中损失了约 100 亿，所以它也无法安然无恙地从这次冒险中脱身。

由于高估了自己的实力，即使在布雷迪·杜根卸任后，瑞士信贷仍继续专注于风险很大的投行业务，而瑞银集团则大幅减少对此类业务的投入，专注于资产管理业务。这就说明了瑞士信贷在舵手对冲基金、格林希尔、金枪鱼债券等事件中承担了过大的风险，结果造成了非常严重的损失。

当然，我们也应该提到奖金文化所带来的骇人听闻影响，它使贪婪发展到触目惊心的危险程度，之所以危险，是因为它刺激人过度冒险。

我们选择详细叙述那些成为头条新闻的最重要的事件。这些事件使瑞士信贷严重受挫，直到被迫与瑞银集团合并时，瑞士信贷才开始艰难地恢复过来。除了舵手基金、格林希尔和"金枪鱼债券"事件，我还补充了另一个不太重要的丑闻，即瑞士信贷日内瓦分行的一名高管滥用瑞士信贷及其一位重要客户（大亨、亿万富翁、格鲁吉亚共和国前总理比济纳·伊万尼什维利）的信任，挪用资金并造成价值数亿的损失。我们将这一事件称为"独狼顾问案"。

"金融工程师"造成的危险后果

瑞士银行美国化后走向衰落的主要原因之一是其肆无忌惮地发展"量化"业务，以及由此产生的对结构性金融产品的疯狂投资，瑞银集团前董事长霍尔扎克博士（Dr. Holzach）曾多次警告过这一危险，但不幸的是，人们对他的警告置若罔闻。

这一切大致是从瑞士银行公司下属的奥康纳（O'Connor）开始的。奥康纳的年轻人都是工程师和数学家，他们认为在市场还不够有效的时候，可以用数学模型来定价期权。数学家们喜欢债券，因为债券到期时有一个终值。相比之下，他们讨厌股票，因为股票没有终值，也没有像期权和信贷那样的到期日。次级信贷的优势在于其技术层面，原则上是通过按层[①]分配风险来保护顶层投资人，这在理论上是非常高明的，但如果债券市场出现下跌，或发生重大的房地产危机，这种方法就会完全失灵。灾难必然随之而至，例如长期资本管理（LTCM）或次贷危机。这就是典型的"金融工程师"的工作。

"金枪鱼债券"是一个出了差错的政治金融事件，除此之外，量化分析的祸根在瑞士信贷的灾难中发挥了重要作用。

---

① 这是金融工程师设计的结构性产品的特点之一。他们认为，如果把无偿付能力的债务人和有偿付能力的债务人分成不同风险程度的几个"层"，就可以将其捆绑在一起。通过计算风险概率的数学公式，人们相信那些有偿付能力的债务人将补偿其他债务人的无偿付能力。如此一来，人们甚至可以给无偿付能力的债务人提供信贷服务，例如抵押贷款。人们还在其中加入了一些保险合同和信用违约掉期，这些都是为了抵消较低层次的债务人无法偿付债务的风险。

舵手对冲基金事件

这是一个让瑞士信贷损失了 55 亿美元的事件，但同时也说明了既要保持在大型投行界的领先地位，又不承担巨大风险是多么困难。瑞士信贷的损失最大，但它并不是唯一受到舵手对冲基金事件重创的公司。日本最大的证券公司野村证券（Nomura）损失了近 30 亿美元（29 亿美元），摩根士丹利损失 10 亿美元，瑞银集团损失 7.75 亿美元，如果加上其他金融机构"较小"的损失，可以说，舵手对冲基金爆仓事件总共造成了超过 100 亿美元的损失。瑞士信贷承担的风险最大，受到的打击也最严重。它的伙伴舵手对冲基金也曾是绝佳拍档。舵手对冲基金的创始人比尔·黄（Bill Hwang）曾在华尔街声誉卓著，并得到世界上最有声望的机构的信任。

那么到底发生了什么？

舵手对冲基金的舵手（Archegos）是一个希腊语名字，意思是统治者、领主、舵手。对于基督徒来说，舵手甚至可以指代上帝耶稣基督，我们的救世主。显然，为投资公司选择这样

图 18-2　比尔·黄（Bill Hwang）

一个名字是为了展示自己的伟大抱负和 / 或宗教使命感。

比尔·黄创立了舵手对冲基金，他是一位金融家，1964年生于韩国，是一位基督教牧师的儿子。比尔·黄在纽约的现代证券公司（Hyundai Securities）开始了他的职业生涯，然后在百富勤投资控股公司（Peregrine Investments Holdings）工作，在那里他遇到了一位助他成功的贵人，那就是朱利安·罗伯逊，人称"老虎王"，著名对冲基金老虎管理公司（Tiger Management）的创始人。比尔·黄成为朱利安·罗伯逊的门生，朱利安总是支持和维护黄，即使在黄倒台后，朱利安在 2021 年 3 月 30 日接受彭博社采访时还说："我对此事倍感难过，我是比尔的忠实粉丝，此事可能发生在任何人身上，但我很遗憾它发生在了比尔身上"。

在 2000 年关停老虎管理公司对冲基金后，罗伯逊向比尔·黄汇款 2 500 万美元，以帮助他创办自己的基金——老虎亚洲管理公司（Tiger Asia Management），该公司的规模后来超过 50 亿美元。罗伯逊以前的门生被称为"小虎队（Tiger Cubs）"，而比尔·黄被认为是其中最成功的一个，尽管老虎亚洲管理公司在经济大衰退期间损失惨重。

2012 年，老虎亚洲管理公司和比尔·黄因内幕交易不得不向美国证券交易委员会支付 4 400 万美元的罚款。2014 年，比尔·黄还被禁止在香港进行交易，为期四年。从那时起，比尔·黄的职业生涯经历了一段如同穿越沙漠般的艰难岁月。但几年后，他又重整旗鼓，管理着约 100 亿美元的资金。他专门从事主经纪商业务，渐渐地，所有的华尔街大型银行又开始讨好他。

主经纪商业务：险象丛生的风险业务

舵手对冲基金之所以能够取得惊人的业绩，是因为它能够在专门从事主经纪业务①这一高级服务的主要机构之间形成一种竞争张力。这些机构从事的主经纪业务是衍生品和结构性产品交易，这可是量化世界中非常时髦的，专家才做的了的高大上业务。

主经纪商业务的主要风险在于，为了从对冲基金等客户发

---

① 主经纪业务（Prime Brokerage）是指客户借用主经纪商（Prime Broker）的信用与执行交易商（Executing Dealer）达成相关交易，并由主经纪商为客户提供清算、结算、融资等服务的一种安排。

随着对冲基金在 1990 年代后期和 2000 年代在全球范围内激增，主经纪业务迎来快速发展期。这一时期，主经纪业务成为投行盈利的重要来源，主经纪业务服务模式也发展为全方位、"一站式"服务。经过这一阶段的发展，主经纪商逐渐将其产品和服务扩展到外汇、固定收益、衍生品和期货等各金融细分市场。

主经纪商还提供专门适应高杠杆对冲基金业务的融资服务。这些安排是为了确保通过离岸结构进行融资。这被称为安排性融资。综合型主经纪商是通过使用掉期、差价合约和其他产品进行结构化融资。

主经纪商的报酬来自交易费；执行证券支付 / 交付的管理费；对冲基金的融资费。

起的大量交易中获利，主经纪商承担了对冲基金所面临的风险。对冲基金向主经纪商提供抵押担保物，作为交换，主经纪商则确保吸收对冲基金所面临的交易对手风险。这就是为什么舵手对冲基金的崩盘引发了如此严重的连锁反应。

重要的主经纪商是大型国际投行，包括瑞士信贷、德意志银行（Deutsche Bank）、高盛（Goldman Sachs）、摩根士丹利（Morgan Stanley）、摩根大通（J P Morgan）等市场领导者。其次是巴克莱（Barclays）、美林证券（Merril Lynch）、花旗（Citi）、法国巴黎银行（BNP Paribas）、新际（Newedge）、富达证券（Fidelity Prime）等机构。读者现在可以理解舵手对冲基金是如何能够成为世界金融市场的一个关键角色了。熟悉金融的读者立刻就会明白，这是一个大型投行之间竞争激烈的行业，它们都愿意冒巨大的风险来保持领先地位。正是基于这个原因，比尔·黄提高了活跃在这个领域的主要金融机构之间的赌注。

此外，这是一种难以做到透明定价的业务，这就使得各种不择手段的操纵行为时有发生。瑞士信贷希望不惜一切代价保持其在这一风险市场的领先地位，于是便一头扎进了舵手对冲基金，而后者只是一个管理着数十亿美金并专门从事主经纪业务的家族办公室。换句话说，瑞士信贷正好成了精英比尔·黄的猎物。

股价下跌引发连锁反应，破坏华尔街稳定

对比尔·黄来说，一切都很顺利。他又成了华尔街之王。但他做的是风险叠加的高杠杆率生意。2021 年 3 月，作为一个敏锐的风险承担者和投机者，他遇到了一系列的时运不佳，坠入不可自拔的漩涡里。

在中国，舵手对冲基金的崩盘也广为人知，一时间沸沸扬扬。在中国人看来，这是在美上市的中国高科技股票大跌导致的。其实这纯属巧合。从美国的角度来看不尽相同。维亚康姆 CBS 是漩涡的中心。

比尔·黄非常"看好"维亚康姆 CBS 的股票（美国多媒体集团）以及中概高科技股，他自己是亚洲人，比其他华尔街的投资者更了解这些股票。因此，他喜欢用多头头寸以及总回报掉期来投机维亚康姆 CBS 以及百度、腾讯音乐、唯品会、雾芯科技和跟谁学等中概股。在主经纪托管银行持有这些股票的大量头寸，并通过购买这些股票的总回报掉期不断增加舵手对冲基金的杠杆。

他对维亚康姆 CBS 深信不疑，尽管在 2021 年 3 月 22 日，维亚康姆 CBS 股价已跳涨超过 165%，收于每股 100 美元以上。这标志着从 2020 年 3 月的低点，几乎整整一年前，有近 800% 的增长。比尔·黄认为，该股将进一步上涨更多。

这时，维亚康姆 CBS 开始利用其高股价在市场上出售 30 亿美元股票套现。出售股票的承销商包括作为牵头经理的摩根

士丹利和摩根大通，以及花旗集团、高盛、瑞穗和其他扮演更被动角色的公司。舵手对冲基金因其在维亚康姆 CBS 的多头头寸（及其掉期）而且杠杆极高，因此即使股价稍有下跌也会承受高压。

维亚康姆 CBS 公司的股价可想而知地下跌了，舵手对冲基金被严重套牢，进而引起了华尔街的混乱和金融界最惊人的一次崩盘。这是纽约和世界金融史上令人难忘的一幕，这次事件导致世界上最大的投行中有些赚到了钱，有些则亏损惨重。后者包括瑞士信贷、德意志银行、高盛、摩根士丹利、三菱日联金融集团（Mitsubishi Fincial Group）、野村债券、瑞银集团和富国银行（Wells Fargo），因为它们都是同一个倒霉客户——舵手对冲基金的主经纪商。

具体而言，这场突发灾难是由舵手对冲基金大量购买维亚康姆 CBS 股票的总回报掉期①所致。2021 年 3 月底，价值数十亿美元的维亚康姆 CBS 股票二次发行失败，导致该股下跌。摩根士丹利和高盛是这次二次发行的承销商，同时也是舵手对

---

① 掉期（swap，或译为互换）是由华尔街银行作为中介的协议，交易双方约定在未来某一期限相互掉期各自持有的资产或现金流。总回报掉期（total return swaps，或译为总收益互换）是一种衍生产品协议，其中被称为参考资产的基础资产通常是指股票指数、一篮子贷款、债券或股票（这里指维亚康姆 CBS 公司的一篮子股票以及腾讯、百度、唯品会等中概股），由信用保障出售方，即主经纪商持有。信用保障购买方，即用户，承担系统性风险和信用风险。出售方（如瑞士信贷）不承担业绩风险，但承担购买方（如舵手对冲基金）可能面临的信用风险。

冲基金的主经纪商。巧合的是，雾芯科技和跟谁学这两家舵手对冲基金也曾押注的中概股也急剧下跌。这加剧了舵手对冲基金因维亚康姆 CBS 的价格下跌而掉入漩涡的速度。

在这里，让我们弄清楚它是如何发生的。舵手对冲基金有许多维亚康姆 CBS 的股票，以及包括维亚康姆 CBS、雾芯科技、跟谁学、百度、腾讯音乐、唯品会等股票在内的一揽子总回报掉期。由于维亚康姆 CBS 股价下跌形成的杠杆效应，叠加雾芯科技和跟谁学股票的下跌，托管银行（即主经纪商，其中最重要的是瑞士信贷）认为损失的风险甚至超过了总回报掉期本身的金额。因此，他们敦促舵手对冲基金提供额外的现金来覆盖下行风险，而比尔·黄用的杠杆太高，无法充分达到托管银行要求。这引发了保证金追缴，托管银行扣押了他们为舵手对冲基金持有的维亚康姆 CBS、雾芯科技、跟谁学、百度、腾讯音乐、唯品会等数百万股股票，并在大宗交易中出售这些股票，其结果是更加加剧了上述股票价格的下跌，导致额外的保证金追缴等，如同连锁反应。

摩根士丹利和高盛不仅是两家巨型投行，还是舵手对冲基金的主经纪商，因此二者存在利益冲突，既要让维亚康姆 CBS 公司的二次发行尽可能成功，又面对着巨大风险敞口，因为他们知道舵手对冲基金这个家族办公室在维亚康姆 CBS 公司的投资规模很大，并且使用了杠杆。

原则上投行部门和主经纪商之间应该有"中国墙"[①]。但在这里他们明显违背了规则，决定将主经纪商业务部门的利益置于承销部门之上。这就是为什么摩根士丹利和高盛开始扣押舵手对冲基金的资产，并以大幅折扣的大宗交易抛售。这一行动给维亚康姆 CBS 公司的 B 股带来了巨大压力，该股在 3 月 26 日，周五下跌 27%，在随后的 3 月 29 日，周一下跌 7%，引发了连锁反应。

这起事件始于 3 月 26 日星期五一早，也就是次级发行后的两天，舵手对冲基金公司相关的大宗交易开始出现。据知情人士透露，第一批大宗交易来自高盛，高盛提供了百度、腾讯音乐和唯品会的折价股票作为交换。据不愿透露姓名的人士称，到中午时分，高盛已经抛售了约 17 亿美元的维亚康姆 CBS 股票，即以每股 48 美元的价格抛售了 3 500 万股。这比两天前的二次销售价减少了 44%。与此同时，摩根士丹利也在当天忙于发售自己的大宗股票，包括探索（Discovery）、秀

---

① 在华尔街的金融行话中，"中国墙"指的是投行各部门之间的一种完全隔离状态，旨在防止利益冲突和 / 或内部信息的滥用。中国墙是一种政策和程序，旨在限制公司中可能滥用这些信息的部门获得非公开的重要信息。1）独立的投行和经纪子公司或部门，保持独立的记录，2）不同部门有独立的薪酬制度，3）业务实体的分离，4）业务之间的电话监控，5）限制访问文件，6）限制翻越中国墙的人员调动，7）对员工的证券交易的限制和披露要求，8）交易受限的股票清单，9）内部审计，和 10）对全体员工的教育培训。所有这些规定都非常严格，应该由美国证券交易委员会来执行。在舵手对冲基金的丑闻中，高盛和摩根士丹利完全违反了所有这些规定，而且没有受到任何处罚。

铺菲（Shopify）、发发奇（Farfetch）等股票组合。摩根士丹利的维亚康姆 CBS 股票销售规模与高盛的相似，在两天后的 3 月 28 日晚间抛售。几天后，以 85 美元买入维亚康姆 CBS 股票的投资者眼睁睁着股价跌到 48 美元。

由于舵手对冲基金破产以及多只股票（包括维亚康姆 CBS）的保证金遭受损失，人们开始质疑这些公司内部打破了"信息隔离壁垒"，出现了信息泄露。高盛表示，"在我们公司，为企业客户筹资的部门与为投资者建立关系的部门之间存在着强大的信息壁垒"。摩根士丹利则拒绝发表评论。

人们很难不怀疑正是摩根士丹利和高盛的鲁莽行为导致了这次抛售。然而，必须指出，这使得人们能够更加客观地评估比尔·黄的责任，而且也明白了为什么朱利安·罗伯逊认为这并不是比尔·黄的错，他遭遇这些主要是因为不走运。

输家和赢家

整个事件就像一场海啸，疯狂地持续了一个星期，动摇了华尔街的根基。此外，这一事件对世界上最重要的投行进行了重新洗牌。

- 输家：瑞士信贷、野村证券、瑞银集团、三菱证券

野村证券和瑞士信贷在宣布将遭受重大损失后，股价下跌了约 19%，而摩根士丹利和高盛的股价在同期变化不大。瑞士信贷在舵手对冲基金违约事件中的总损失为 55 亿美元，是

迄今为止主经纪商所遭受的最大亏损。舵手对冲基金事件的影响，加上 2021 年 11 月格林希尔资本的破产，迫使瑞士信贷增资 19 亿美元以修复其资产负债表。

野村证券急着想方设法减少损失，首席财务官北村拓实（Takumi Kitamura）在 2021 年评论野村证券的业绩时说，这家日本银行采取了"严谨的清仓方法，既考虑到对市场的影响，又将损失降到最低"。他有些夸大其词，因为野村事实上蒙受了 3 070 亿日元（28.7 亿美元）的巨大损失。

瑞银集团的损失只有 8.61 亿美元，如果与竞争对手瑞士信贷相比，损失相对较"小"，而三菱证券（MUFG）在将其持有的舵手对冲基金相关股票平仓后损失了 2.7 亿美元。

- 赢家：德意志银行、摩根士丹利、高盛集团、富国银行

德意志银行可以说是舵手对冲基金崩盘事件的最大赢家。这家德国机构创下了自 2014 年以来的最佳季度业绩，在这次市场事件中无懈可击，没有什么损失。根据某些报道，在高盛和摩根士丹利平仓的同一天，德意志银行与包括对冲基金马歇尔·伟世（Marshall Wace）在内的买家达成了一笔 40 亿美元的私人交易。

高盛则洋洋得意地说，到 2021 年第一季度，其核心业务的平均余额将创新高，从而避免卷入这场风波。3 月 26 日，高盛在与舵手对冲基金达成协议，出售了 30 亿至 40 亿美元的大宗股票后，率先抛售了其投资组合的一大部分。报道还说，

在这一天里，高盛出售了价值超过 100 亿美元的舵手对冲基金相关股票。

高盛首席执行官大卫·所罗门（David Solomon）在该银行 2021 年第一季度的财报电话会议上说，"我们有强大的风险管理机制，能够管控为这类投资组合提供的资金量，我们及早发现了风险，并根据我们与客户的合同条款迅速采取了行动。我对公司处理这一情况的方式感到满意。"

高盛的竞争对手摩根士丹利的反应同样迅速，据说在 3 月 26 日摩根士丹利出售了 80 亿美元的股票。然而，该机构在这场灾难中也未能安然无恙，经确认，它也因舵手对冲基金公司的崩盘蒙受了 9.11 亿美元的损失。

富国银行（Wells Fargo）是舵手对冲基金崩盘事件的另一个赢家，该银行证实它与舵手对冲基金也有主经纪商业务关系，但因设法解除了其风险敞口而没有遭受损失。

舵手对冲基金事件的影响

瑞士信贷首席执行官托马斯·戈特斯坦（Thomas Gottstein）在该银行 2021 年第一季度的财报电话会议上告诉投资者："由于美国一家对冲基金的失败，我们主要服务业务损失巨大，这是不可接受的。"因此，瑞士信贷对管理层进行了全面改组，包括立即解雇投行首席执行官布赖恩·陈（Brian Chin）和首席风险合规官拉娜·华纳（Lara Warner）。

董事会 2020 年的奖金也泡汤了。

虽然舵手对冲基金的崩盘造成了约 100 亿美元的总体损失，但主经纪商向对冲基金客户提供廉价杠杆的做法也受到了质疑。为了进行大宗交易，对冲基金向主经纪商借钱，使其能够利用所持有的现金增加头寸，如果赌注成功，则可以使收益最大化，但也会极大地增加风险，所造成的损失甚至可能超过其所持有的客户资金。

例如，野村证券为舵手对冲基金提供的杠杆是典型的多头 / 空头股票基金的四倍。该银行随后计划不再向美国和欧洲提供现金类主经纪服务。

摩根士丹利和其他主经纪商已经开始审查与客户的关系，包括与几个主经纪商打交道的家族办公室。摩根士丹利的首席执行官表示，一些客户①的透明度和缺乏披露的情况与作为机构的对冲基金截然不同，监管机构对这种情况的审查将"有利于整个行业"。

这次造成百亿美元损失的灾难性事件可能会给整个行业敲响了震耳欲聋的警钟，美国证券监督机构此后对比尔·黄及其震惊华尔街的杠杆交易展开了初步调查。

---

① 指比尔·黄一类以家族办公室从事对冲业务的公司。

事后剖析

为了减轻这次灾难的破坏性影响，至少是公关方面的影响，瑞士信贷管理层委托独立律师事务所保罗（Paul）、维斯（Weiss）、里夫金（Rifkin）、沃顿加里森有限责任公司（Wharton & Garrison LLC）撰写调查报告。在其 165 页的报告中，对瑞士信贷的管理提出了一些严厉的批评，例如，报告中这样说道：

"瑞士信贷（CS）在舵手对冲基金事件中遭受损失是由瑞士信贷投行，尤其是主经纪业务部门，在管理和控制方面的通盘失败所致。该主经纪业务注重短期利润的最大化，不但未能控制舵手对冲基金的贪婪冒险行为，而实际上甚至助长了其铤而走险的行为。"

保罗·韦斯的报告还提到，"瑞士信贷未能有效管控投行主经纪业务中的风险，第一和第二道防线都存在缺陷，并存在没有及时上报风险的问题"。报告还发现，"未能控制两道防线上的超限情况"。

该报告的结论则是免责说明：

"然而，调查还发现，并不存在业务和风险人员从事欺诈、非法行为或意图不轨的情况。也不存在缺乏风险控制和流程架构的情况，也未发现现有风险系统无法充分运作，不能识别关键风险和相关问题的情况"。

当然，委托著名公司出具此类调查报告是极好的应对，但费用昂贵，这也是转移管理人员责任的灵丹妙药。但是，管理人员在决策时，最好事先充分考虑各种风险，不要因为考虑不周，承担风险带来的可怕后果。

格林希尔

童话故事

这个冒险故事有个童话般的开头。很久以前，澳大利亚有一个入不敷出的农场主的儿子叫作莱克斯·格林希尔（Lex Greensill）。格林希尔小时候生活在种植甘蔗和红薯的农场，后来成了亿万富翁。英国首相大卫·卡梅伦这样的重要人物都为他做说客。在 2017 年伊丽莎白女王的生日庆典上，英国女王还授予他大英帝国指挥官勋章（CBE），以表彰他为经济发展做出的贡献。

莱克斯·格林希尔在他父母位于邦达伯格（Bundaberg）的农场长大，通过函授学习了法律，并在当地一家律师事务所工作。他说，自己小时候目睹了父母朱迪（Judy）和劳埃德（Lloyd）所遭受的不公平压迫，当时他们的小农场不得不与大型跨国公司进行谈判。"如果市场对我们不利，或者购买我父母产品的人不按时付款，这就会对我们产生至命且成年累月的影响。"换句话说，农民和小企业受到大企业的剥削，大企业可以规定交易条件。因此，你不得不亏本销售，或者只能按生

图 18-3　经营着一家金融
服务跨国公司的亿万富翁莱
克斯·格林希尔

产成本价销售，你只能任凭大企业和银行的摆布，所以很容易
陷入破产境地。

　　由此，他"决心尽我所能改变大企业对待我父母的小农场
这样小企业的方式"。根据格林希尔的成功故事所述，这种决
心促使莱克斯·格林希尔来到伦敦，并提出了关于供应商如何
不受规模或地理位置的限制，能够获得更有效的融资的想法。
在为摩根士丹利和花旗等投行从事供应链融资工作后，他于
2011 年创建了格林希尔资本，并最终成立了自己的银行，为
小企业提供更多的资本解决方案。

　　莱克斯·格林希尔说，他一直在寻找方法，为像他父母那
样的小企业创造一个公平的竞争环境。他说："我所创立的企
业之所以了不起，是因为我们现在为澳大利亚等全球 40 多个
国家的大约 120 万家小企业提供融资服务。事实上，这一切都
源于我父母的亲身经历，他们了解批发商和大公司从他们手中
购买产品时的问题所在"。

　　然而，格林希尔对供应链金融的热情并未止步于自己的企业。他还曾担任英国首相和美国白宫的高级顾问。2012 年，他帮助大卫·卡梅伦（David Cameron）政府设立了一个供应链金融项目。格林希尔对《澳大利亚人报》称，他在美国也为巴拉克·奥巴马总统做过同样的事情。后来，卡梅伦成为格林希尔的顾问，随后澳大利亚前外交部长朱莉·毕晓普（Julie Bishop）也担任了该公司的顾问。他说："从邦德伯格到伦敦唐宁街 10 号再到白宫，这是一段漫长的旅程。"不幸的是，这个童话故事以一场轰轰烈烈的失败和一个全球性的丑闻告终，轰动了整个西方商业和政治界……也动摇了瑞士信贷。让我们来看看事情的发展脉络。

供应链融资

　　但首先，我们需要解释一下供应链融资这个术语是什么意思。

　　事实上，供应链融资并不是什么新鲜事，也不是莱克斯·格林希尔发明的这种融资方式。他只是把这种经典融资模式稍微完善了一下，然后和有头脑、有传播意识的合作伙伴一起编了一个好故事，来宣传其公司和供应链融资业务。随着公司的发展壮大，格林希尔先生与地位显赫的人结交朋友，并与他们乘坐私人飞机频繁出行。最后格林希尔找到了对他非常有信心的金融家。虽然供应链融资本身非常简单，但是整个事情的结局却百孔千疮。

保理业务

保理业务是这样的：制造商想要出售他的产品，他会有很多客户并开出很多发票。为了有更好的现金流，并摆脱对法律风险和纠纷的担忧，制造商就把所有的账单转让给一个保理公司，保理公司立即向其支付应收账款总额的 90%，然后负责收款工作。在向债务人收取全部账款后，保理公司向制造商支付剩余的 10%，并对其保理服务收取适度的佣金，通常为 1% 左右。因此，保理业务是一个非常简单有效的模式，能够以适度的成本改善公司的资金营运效率，可以帮助制造商避免因坏账而导致的现金流问题，也不用向银行借贷，由此看来，支付给保理商 1% 的佣金并不算贵。

反向保理

反向保理与保理的原理相同，只不过制造商在生产商品之前就从第三方获得了生产所需的资金。为获取资金，制造商需要向第三方证明，他已经从信用评级很好的客户那里获得了确定性订单。让我们举例说明：假设一个瑞士手表制造商从一个信用等级很高的买方获得了 1 000 块豪华手表的订单。一块手表的制造成本是 500 瑞郎，那么，1 000 块手表的制造成本则是 50 万瑞郎。如果手表的销售价格是制造价格的两倍（这在制表业是很常见的），通常每单位的利润会更高，即每块手表的利润为 1 000 瑞郎，1 000 块手表的利润则为 100 万瑞郎，这将给制造商带来 50 万瑞郎的利润，这笔生意相当不错。

但是制造商没有足够的现金（营运资金）来制造手表。他该怎么办？他可以向银行申请贷款，但不确定能否获批，而且还存在一定的风险。如果去向提供反向保理（供应链融资服务）的金融公司求助的话，制造商会提前收到 50 万瑞郎，也就是生产货物所需要的资金。该公司将事先收到买方的确定订单，然后开出 100 万瑞郎的发票，并将其转给供应链融资公司。手表生产完成并交付后，买方直接向供应链保理公司支付全款，其中包括制造商的利润。保理公司会收取佣金，然后将其余款项支付给制造商。

人们很容易理解为什么保理业务对贸易和产业融资如此重要。格林希尔可能就是通过做保理和反向保理业务创立了一个成功的企业。但是保理业务并不是一项特别令人兴奋的业务，他的公司本来不会发展得如此引人注目。格林希尔本人也不会成为一个亿万富翁，英国女王也不会授予其大英帝国勋章，首相大卫·卡梅伦也不会成为他的说客。最重要的是，他本不会陷入巨大的丑闻之中，给瑞士信贷带来巨大损失。莱克斯·格林希尔本可以像许多人一样，成为成功的商人，受到专业人士的尊敬，也不会受到过多关注。这样对他和瑞士信贷来说都会好得多。

如履薄冰的金融工程

不幸的是，莱克斯·格林希尔并不满足于保理和反向保理这种枯燥的业务。他提出了一个更具风险的想法："未来应收账款融资"，这是指根据对未来销售和付款的预期，在销售之前向公司提供贷款。因为未来应收账款融资是基于未来（因此是不确定）的付款，所以必然是一个有风险的业务。在此基础上，格林希尔又增加了一层复杂性。他把供应商的发票变成短期资产，放在基金里，类似于投资者可以购买的货币市场基金。此外，他还通过信用保险，为债权人的违约风险投保。这些基金首先通过一家名为全球资产管理（Global Asset Management）的瑞士资产管理公司进行出售，然后通过瑞士信贷出售，妙！这样一来，就有可能向瑞士信贷这样的银行客户提供货币基金，给予其远高于市场利率的回报。因此，这些基金吸引了非常多的资本，寻求比货币市场更高的回报。然后就成了瑞士信贷大规模开展的业务。

总而言之，格林希尔将一种普通的金融业务变成了一个收益颇丰的生意，部分原因还在于能够将部分风险转移给保险公司和其他金融公司。这与 2008 年金融危机的核心问题——资产证券化相呼应。在这里，我们再次看到了"金融工程师"的身影。就像 2008 年之前的次贷公司一样，格林希尔将其收集的票据和账单分为几层，将它们捆绑在一起，作为用于投资的结构性产品进行出售。这给他带来了耀眼的成功，但不幸的是，伴随而来的还有铤而走险，不择手段，利用系统漏洞从中牟利的客户，最终涌现了众多的会计违规行为。简而言之，这就是一个纸牌屋。

从会计角度来看，格林希尔所实行的供应链融资的另一个非常危险的特征在于，公司不需要将其参与的供应链融资作为债务记录在其账目中。他们甚至可以在资产负债表上将其记为"应付账款"。结果，有几家大公司利用这个漏洞超额负债，然后在其陷入困境甚至最终破产时才予以公开。2018 年，英国建筑业巨头卡利莲建筑公司（Carillion）就出现了这种情况。西班牙可再生能源公司阿本戈（Abengoa）曾经是格林希尔客户的，2015 年，在其由格林希尔信贷组成的巨额债务（数十亿欧元）被曝光后，濒临破产。

快速起飞、高空飞行和突然倒栽

从 2011 年成立到 2021 年破产，格林希尔资本的传奇仅仅持续了 10 年。在这短暂的时间里，该公司已经成为一个价值 70 亿美元的全球大型跨国企业，在 16 个国家设有办事处，拥有数千名员工。

格林希尔的发展如火如荼，主要在于公关关系做得出色以及英美世界最负盛名的权威人士对莱克斯·格林希尔的认可。同时，"量化"风格的金融工程使其可以更容易地实现良好的财务业绩，公布惊人的财务数据。因此大型的客户也加入进来，包括 GAM 基金、日本投资基金软银、钢铁大亨桑吉夫·古普塔（Sanjeev Gupta）等。瑞士信贷也将约 100 亿瑞郎的客户资金投进了未来应收账款融资和供应链融资基金中。每个人都兴高采烈。但麻烦很快就开始堆积起来。起初，投资者非常信任格林希尔，便对重重疑点视而不见。但突然之间，残酷的崩盘发生了，震动了整个金融界。

我们将详细讲述这个像侦探小说一样惊心动魄的故事。但首先让我们记住，在所有童话故事中，至少在欧洲的童话中是这样，也许在中国也是如此，当可怜的年轻人变成王子，或者当可怜的牧羊女变成公主时，总会出现一个亦正亦邪的仙女，用她的魔法使这一切成为可能。当结局皆大欢喜，故事会有一个经典的结尾：他们从此幸福地生活在一起了，这就是一个善良仙女施展的魔法。但有时故事的结局很糟糕，那可能是因为这个仙女很邪恶。

格林希尔资本公司将在未来长期铭记在世界金融史上，在其诞生时，是否也有一个或好或坏的仙女般魔术师在施展魔法呢？

大卫·所罗

2021 年 6 月 1 日发表在《金融时报》①上的一篇文章给了我

---

① 《瑞士资产管理公司如何向莱克斯·格林希尔、欧文·沃克和哈里特·阿格纽敞开大门的》（*How Swiss asset managers opened their doors to Lex Greensill*），金融时报，2021 年 6 月 1 日

们一条线索，这篇文章报道，在格林希尔故事的每个阶段都有一个低调而有影响力的人介入：大卫·所罗（David Solomon）。我们已经见过这个人物，他是马塞尔·奥斯贝尔（Marcel Ospel）的门生和心腹，既为马塞尔·奥斯贝尔的成功做出了贡献，也导致了他的惨败。

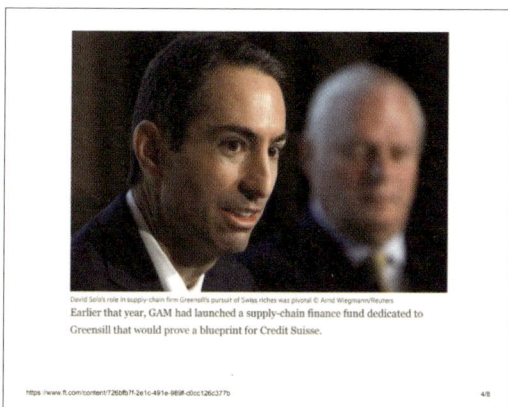

David Solo's role in supply chain firm Greensill's pursuit of Swiss riches was pivotal © Arnd Wiegmann/Reuters

Earlier that year, GAM had launched a supply-chain finance fund dedicated to Greensill that would prove a blueprint for Credit Suisse.

https://www.ft.com/content/726bfb7f-2e1c-491e-98of-d0cc126c377b　　4/8

图 18-4　大卫·所罗（David Solomon）

《金融时报》的这篇文章报道，2014 年底，大卫·所罗向一家完全不知名的公司贷了 1 220 万澳元（850 万瑞郎），这家公司是由一位理想主义企业家莱克斯·格林希尔成立的，他试图通过承诺使"金融更公平"、"资本民主化"和夺取银行对中小型企业融资的支配权而闯入商界，但未能成功。简而言之，他是介于堂吉诃德和罗宾汉之间的理想主义梦想家。

大卫·所罗显然非常相信这个说法，以至于向其投入了 1 220 万美元的巨额资金，也许他也知道可以向莱克斯·格林希尔宣扬定量分析的福音，他们的合作可以为双方带来巨大的成功和利润。事实上，如果没有大卫·所罗，在破产边缘不断挣扎的格林希尔公司根本不可能腾飞。所以在格林希尔的童话故事中，仙女的角色是由大卫·所罗扮演的。也许我们应该更准确地称呼他为"魔术师"。

要发展像格林希尔这样雄心勃勃的公司，需要很多很多的资金，1 200万美元是远远不够的。大卫·所罗曾在瑞士银行公司的奥康纳和马塞尔·奥斯佩尔时期的瑞银集团，从事大型业务，赚了很多钱。在马塞尔·奥斯佩尔的时代后加入了GAM（全球资产管理），这是一家著名的资产管理公司，由吉尔伯特·德·博顿（Gilbert de Bottom）在伦敦创立，后来被苏黎世的瑞士私人银行集团宝盛银行收购。在大卫·所罗的影响下，GAM是格林希尔资本公司轰然破产之前的主要投资者。

将时间退回到2014年，大卫·所罗是一位金融明星，差点成为瑞银集团首席执行官，并且已经赚取了可观的财富。在外人看来，即使成为GAM这样中型金融公司的董事，对大卫·所罗也算得上是仕途受挫。但在2014年，他自愿离开了这一要职，主要专注于新创公司格林希尔资本的工作。因此，他一定认为这是一次绝佳的机会。

《金融时报》的那篇文章报道，"在接下来的几年里，这位美国人（所罗）将成为伶牙俐齿的推销员格林希尔和瑞士资产管理行业之间的重要纽带，后者曾向客户承诺提供投资，帮助他们逃离惨淡的负利率时代"。

于是就有了这个千载难逢的机会。大卫·所罗已经意识到，格林希尔独具匠心的经营理念可以为那些迫切需要回报的投资者提供诱人的收益。这个简单的想法是格林希尔资本在短期内取得巨大成功的基础，这要归功于莱克斯·格林希尔的口才和大卫·所罗在金融界的高级人脉。一位曾与两人共事的人说："如果没有大卫的引荐，莱克斯的生意就会夭折，在智力上，大卫是 9.5/10……莱克斯的口才很好"。[①]

格林希尔货币基金的持续投资者首先是 GAM，然后是投资规模更大的瑞士信贷。瑞士信贷将客户的钱投资于与格林希尔供应链融资业务有关的发票担保债券。就这样，格林希尔资本躲过了 2016 年的破产危机。随后，在 2018 年，格林希尔吸引了美国私募股权公司泛大西洋集团（General Atlantic）的资金，在 2019 年吸引了日本投资基金软银（Softbank）的资金。

GAM 是一家中等规模的投资管理公司，大卫·所罗是 GAM 和其瑞士全球资产管理公司业务部门的管理总监，这些部门隶属于 GAM 控股公司。多年来，业内人士一直在问：GAM 的王牌人物大卫·所罗的薪酬是多少？作为集团实际负责人，他却不需要披露自己的薪酬，因为名义上，他只是部门级负责人，而不是控股公司的负责人。只有控股公司必须报告

---

① 《金融时报》2021 年 6 月 1 日的同一篇文章。

其董事的薪酬。大卫·所罗是一个非常谨慎的人。

正是在索罗的建议下，GAM 的高级资产经理蒂姆·海伍德（Tim Haywood）创建了一个由格林希尔管理的基金，然后聘请 GAM 参与 2015 年格林希尔高风险业务。蒂姆·海伍德的任务是将有明确回报的债券基金投资于各种债务证券和衍生品。2015 年，他开始投资格林希尔公司发行的供应链票据。据一位 GAM 的前雇员说，"在引进时，格林希尔基金没有资金，急需获得资金，……他们有想法，但没有人能为供应链融资业务提供资金。如果不是蒂姆的投资和支持，这项业务难以为继"①。随后，GAM 的投资业务迅速发展。2016 年，海伍德的基金向格林希尔贷款 1.28 亿澳元，从而使格林希尔得以偿还所罗以及其他投资者在 2014 年的贷款。同年晚些时候，GAM 为格林希尔推出了一个专门的供应链融资基金，这将成为瑞士信贷效仿的范例。

在供应链融资方面，格林希尔与居住在英国的印度大亨桑吉夫·古普塔（Sanjeev Gupta）及其钢铁矿业帝国 GFG 联盟（GFG Alliance）和英国自由屋集团（Liberty House Group）建立了广泛的业务关系。

在此，我们可以看到一个典型的特征，这也许是格林希尔资本在飞速发展中起初没有预见到的：大型经济集团用格林希

---

① 《金融时报》2021 年 6 月 1 日的同一篇文章。

尔的产品来替代其可能无法获得的银行信贷。这是很危险的，因为如此一来，格林希尔就依赖那些偿付能力可疑的公司。格林希尔资本不再是将小企业从银行的魔掌中拯救出来的功臣，反倒变成了高负债大企业利用的棋子。

全球资产管理公司为什么放弃了格林希尔资本

据彭博社报道，GAM 公司因"严重不当行为"而暂停其顶级基金经理蒂姆·海伍德的职务，这在伦敦金融界掀起了轩然大波。一项内部调查针对他与桑吉夫·古普塔的公司有关的投资提出了质疑，桑吉夫当时正努力成为钢铁和金属业大亨。据彭博社报道，格林斯尔是这些交易的中间人。GAM 不仅解雇了蒂姆·海伍德，而且还决定结束与格林希尔资本的合作。蒂姆·海伍德在格林希尔的投资直到现在都很成功，GAM 公司为什么会做出这样的决定？也许是因为格林希尔的做法并不总是符合商业道德的最高标准，其激进扩张充满了虚张声势和利益冲突。

瑞士信贷卷入

GAM 的退出有可能使格林希尔的纸牌屋倒塌。就在这时，大卫·所罗的人际交往能力再次发挥了决定性作用，成功引入了瑞士信贷作为新的合作伙伴，瑞士信贷是一个与 GAM 规模完全不在一个层面上的全球性大型金融机构。与此同时，所罗创建了自己的公司，名为系统投资管理（SIMAG），自己担任该公司的董事长，瑞士信贷资产管理公司（CSAM）则是其主要合作伙伴。这时我们可以看清，大卫·所罗在金融界头顶闪耀的金融大师光环。和大卫·所罗一起策划的是米歇尔·德根（Michel Degen），他是瑞士信贷的瑞士、欧洲和中东地区的总经理和资产管理新负责人，米歇尔本人自 2018 年 1 月起一直在 SIMAG 的董事会任职。

根据瑞士信贷一贯的审慎原则，资产管理不能与财富管理相混淆。但是当时瑞士信贷已经任命了一位新老板，即投行专家埃里克·瓦维尔（Eric Varvel），他在 2016 年接任鲍比·詹恩（Bobby Jain），当时鲍比离职后加入了美国对冲基金千禧资产管理公司（Millennium Management）。埃里克·瓦维尔将格林希尔的理念视为吸引私人银行富裕客户的机会，以减少瑞士信贷资产管理公司（CSAM）对养老基金等机构投资者的依赖。鲍比·詹恩是一个关注风险控制的银行家，而瓦维尔则是一位主要关注销售而不是风险的推销员。

从那一刻起，瑞士信贷就一头扎进了为客户投资格林希尔基金的业务中，在瑞士、卢森堡和列支敦士登共创建了 4 个基金，投资总金额约为 100 亿瑞郎。

循环债务／投资系统，左手倒右手的把戏

为了获得较高收益，一些 GAM 和／或瑞士信贷的私人客

户直接投资了格林希尔的债券基金，但大部分业务来自古普塔（Gupta）等渴望信贷的跨国集团公司的安排，似乎连阿根廷大型谷物贸易公司邦基集团（Bunge）也在 2016 年投资了格林希尔，金额达 12 亿美元 [1]。GAM 从邦基集团购买票据，邦基又将 12 亿美元的收益投资于 GAM 的格林希尔基金，这形成了一种循环资金流动方案。名义上该基金的规模翻了一番，但实际上这些钱又回流到了最初的来源。中国媒体将此情景生动地称为左手倒右手的把戏。

2019 年对格林希尔资本来说是一个转折点，《金融时报》披露，日本软银对创新性技术公司押下重金，建立了 1 000 亿美元的投资工具愿景基金（Vision Fund），对格林希尔投资了 15 亿美元（先是 8 亿 [2]，然后是 7 亿 [3]）。在软银两项投资中的第一项宣布的当天，格林希尔告诉彭博社，他的公司将有"多种机会"与软银以及投资组合中的其他公司进行合作。

在最初的报道中没有提及，但后来发现，愿景基金反过来又投资了陷入困境的初创企业的债务。这种安排使软银处于一个复杂的境地：软银愿景基金的一个部门是格林希尔的最大股

---

[1] 《金融时报》2021 年 6 月 1 日的同一篇文章。

[2] 软银愿景基金向英国金融集团格林希尔投资 8 亿美元，罗伯特·史密斯（Robert Smith）、阿尔什·马苏迪（Arash Massoudi），金融时报，2019 年 5 月 3 日。

[3] 愿景基金加大对格林希尔资本的支持，罗伯特·史密斯（Robert Smith）、阿尔什·马苏迪（Arash Massoudi）、迈克尔·普勒（Michael Pooler），金融时报，2019 年 10 月 3 日。

东，另一个部门则通过瑞士信贷向格林希尔放贷。这仍然是同样危险的循环融资模式。

红牌警告来自德国，格林希尔曾在德国收购了一家银行。2019 年的审计发现，格林希尔银行对古普塔先生的公司的风险敞口过高。这引起了德国银行监管机构德国联邦金融监管局（BaFin）的注意。BaFin 表示，有证据表明该银行资产负债表上与古普塔先生有关的资产并不存在。

人们只能对瑞士信贷风险控制部门的盲目性表示惊讶，因为如果读者阅读《金融时报》等金融媒体的文章，就会发现，记者们从观察者的视角，完全明白这些瞒天过海的金融方案所具有的风险性。那么，为什么瑞士信贷的高层管理人员就视而不见呢？

让我们引用这两篇文章中的一些段落进行说明。

2019 年 5 月 3 日《金融时报》报道：

在这项投资之后不久，格林希尔发现自己卷入了资产管理公司 GAM 的危机中。这家瑞士集团公司去年决定暂停星级投资组合经理蒂姆·海伍德的职务，主要是因为格林希尔为实业家桑吉夫·古普塔安排了大量非常规债券投资。

2019 年 10 月 3 日《金融时报》报道：

格林希尔策划的非常规债券成为去年瑞士基金管理公司 GAM 备受瞩目的管理丑闻的焦点。这家资产管理公司不得不限制投资者从其旗舰债券基金中提款，原因是这些基金投资了难以出售的格林希尔债券，该债券为英国钢铁大亨桑吉夫·古普塔提供债务融资。尽管存在争议，但格林希尔仍在继续为古普塔先生庞大的工业帝国提供资金支持。……《金融时报》上周报道，格林希尔在 6 月份为桑吉夫·古普塔的自由屋集团安排了 22 亿欧元的债务融资，为这位收购型实业家在欧洲大陆购买 7 家钢铁厂提供了资金。

格林希尔的一项标志性业务是"反向保理"，即金融机构提前向公司的供应商付款。虽然大型跨国公司可以使用这种操作更有效管理零散的付款业务，但它也可以掩盖一个陷入困境的公司不断增加借款的事实。

评级机构穆迪表示，这种类型的供应链融资由于其"有限的披露要求"而具有"隐藏的风险"……

最终，是保险问题触发了格林希尔的破产。东京海上资产管理公司（Tokio Marine Management）是格林希尔的保险服务提供商的母公司，该公司在 7 月份表示，将不再延长两项保险服务：为格林希尔的客户（供应链融资的买家）提供担保，以及保护格林希尔相关基金的投资者。根据澳大利亚法院的文件，格林希尔无法找到另一家愿意为其提供保险服务的保险公司。

绞索正在收紧

由于缺乏保险，瑞士信贷冻结了当时价值 100 亿美元的格林希尔基金。瑞士信贷新任董事长安东尼奥·奥索里奥

（António Horta-Osório）的此举目的首先是为了维护资产管理部门的未来，该部门价值 4 400 亿瑞郎（4 900 亿美元）。于是，格林希尔和他的魔术师大卫·所罗此时走投无路了。

鉴于金融丑闻往往要等到涉事公司破产后才会曝光，直到 2021 年格林希尔资本破产后，伦敦金融行为监管局（Financial Conduct Authority）才透露，将客户的 15 亿英镑资金投资于格林希尔资本的蒂姆·海伍德没有公开披露过，他曾参加白金汉宫的晚宴、乘坐莱克斯·格林希尔的私人飞机前往撒丁岛，享受了价值 15 000 英镑的私人飞机之旅，以及收取了来自格林希尔的秘密费用和股票期权。所有这些构成了利益输送的事实，并造成了利益冲突。为此，GAM 被罚款 910 万英镑，蒂姆·海伍德被罚款 23 万英镑。2021 年 3 月，格林希尔公司的破产也引发了英国十年来最大的游说丑闻，当时有消息称，英国首相大卫·卡梅伦曾从格林希尔资本公司获得 1 000 万英镑的报酬，而格林希尔的主要客户之一，金属业大亨桑吉夫·古普塔发现自己陷入了困境，这进而将瑞士信贷拖入麻烦的泥潭。

从那时起，坏消息不断涌现。英国严重欺诈办公室（Serious Fraud Office）对桑吉夫·古普塔工业帝国 GFG 联盟进行了调查，指控其涉嫌欺诈和洗钱。GFG 否认有任何不当行为，并表示将配合调查。格林希尔、GAM、瑞士信贷和海伍德都拒绝发表评论。所罗和邦吉没有回应记者的问题。魔术师似乎受到了神秘魔咒的保护。虽然 GAM 和瑞士信贷资产管理部门与格林希尔密切合作的大多数人都被追究了责任，但大卫·所罗在格林希尔的疯狂计划中的角色从未被当局认真审查过，甚至没有受到监管当局的审查。然而，直到最后，格林希尔资本仍然每年向他支付 40 万美元。这使他成为该公司中收入最高的董事。

瑞士信贷的损失

此时，仍然很难评估瑞士信贷实际的损失有多大。这取决于不断变化的情况的复杂性，其中包括曲折的债务重新谈判，冗长的法律诉讼和有争议的保险索赔，这些都在不断地消耗着瑞士信贷的信誉。

格林希尔资本在 2021 年 3 月宣布破产，瑞士信贷决定冻结格林希尔的资金，并开始结算以偿还客户资金。资金总额大约是 100 亿美元（93.5 亿瑞郎），截至 2022 年 11 月 11 日，瑞士信贷已经向客户偿还了 676 万美元。这笔款项包括在列支敦士登注册的瑞士信贷供应链金融投资基金的最后清算，占该基金关停时资产净值（NAV）的 99.7%。购买列支敦士登基金的客户损失很小。但是，如果将已分配的现金和尚未分配的现金都包括在内，总额约为 73 亿美元，相当于基金暂停时资产管理规模的 73%①，好在这部分也已偿还给客户。瑞士信贷现在

---

① 资料来源：AWP，它是列支敦士登的主要金融信息机构。

正试图尽可能收回剩余的 27 亿美元。

瑞士信贷明确表示不会弥补客户的损失，担心这会成为一个先例。另外，如果该银行提供赔偿，弥补客户的损失，这将导致银行的监管资本大幅增加。这一决定激怒了许多客户，其中一些人已经开始走寻求赔偿的法律程序。

瑞士信贷必须从四个债务人和 / 或四类债务人中追回有待收回的 27 亿美元：

1）必须从英国钢铁业巨头桑吉夫·古普塔的集团公司（自由钢铁）追回 13 亿美元，该公司归属于其控股公司 GFG 联盟；

2）必须从蓝石资源公司追回 6.9 亿美元，这是一家美国煤矿公司，属于亿万富商吉姆·贾斯特，他也是西弗吉尼亚州的州长；

3）必须从倒闭的美国建筑公司卡特拉（Katerra）追回 4.4 亿美元；

4）必须从许多较小的债务人那追回 3 亿美元，而这些人往往不愿意偿还或无力偿还。

自由钢铁 GFG 联盟（Liberty Steel GFG Alliance）：自由钢铁公司与破产公司格林希尔资本、格林希尔银行和瑞士信贷资产管理公司的债权人达成了债务重组协议。然而协议的详细条款不得而知。该钢铁集团表示 [1]，目前只宣布了"各方已经

---

[1] https://libertysteelgroup.com/gfg-alliance-issues-update-on-restructuring-and-refinancing-progress-4-2/

撤回了对自由钢铁相关实体的结算要求"。目前的问题是，由于贷款公司格林希尔资本的破产，桑吉夫·古普塔的控股公司和自由钢铁的母公司 GFG 联盟陷入了严重的财务危机，而它本是格林希尔的主要客户。该集团开始进行大规模重组，以节省资金并筹集资金来稳定其业务。在英国拥有约 3 000 名员工的自由钢铁公司已将英国的几家工厂挂牌出售。但我们仍然不清楚它是否能够履行对瑞士信贷的义务。

在 GFG 欠瑞士信贷的 13 亿美元中，有 2.74 亿美元与其澳大利亚资产有关，这是该集团中盈利能力较强的部分。GFG 偿还了其澳大利亚业务所欠款项的三分之一，并同意在 2023 年年中之前按月连本付息。这么看，这些钱很可能会被收回。但剩下的 9.5 亿美元中的大部分是由其几乎毫无价值的英国业务所欠。

蓝石资源（Bluestone Resources）：吉姆·贾斯特三世（Jim Justice III）是一个人生经历多姿多彩的美国人。他从父

图 18-5　蓝石资源公司（Bluestone Resources）的老板吉姆·贾斯蒂斯三世（Jim Justice III），他也许是格林希尔供应链基金中唯一有债务偿还能力的债务人

亲吉姆·贾斯特二世那里继承了大量农业方面的财富。他也是与唐纳德·特朗普关系密切的政治家和西弗吉尼亚州的州长。此前他将自己的矿业公司蓝石卖给了俄罗斯的梅切尔集团（Mechel），并登上了福布斯亿万富翁榜。后来他得以从管理不善的俄罗斯人手中以低价回购了蓝石公司。为了重组蓝石公司，他很高兴从格林希尔资本那里获得了伪装成供应链融资的低门槛商业信贷。他从格林希尔那里总共得到 8.5 亿美元，其中 6.9 亿美元是瑞士信贷客户的投资。当被要求向瑞士信贷偿还这 6.9 亿美元时，他感到非常惊讶，因为他以为这实际上是一个长期贷款。从这个意义上说，他和其他许多人一样是格林希尔破产的受害者。碰巧的是，贾斯特家族非常富裕，至少有足够的财力与瑞士信贷的新首席执行官乌尔里希·科尔纳（Ulrich Körner）谈判达成债务偿还协议。在 2022 年 6 月 6 日发布的新闻稿中，人们可以看到：

> 瑞士信贷资产管理公司和蓝石资源公司已经达成协议，制定了向包括供应链融资（SCF）基金在内的债券持有人支付现金的方案，然后可以将现金分配给这些基金的投资者。该协议还旨在确保蓝石的采矿业务的未来。……蓝石已承诺从 2022 年 6 月开始，从产生的自由现金流中向债券持有人进行定期支付，最高金额为 3.2 亿美元。这些款项将分配给所有债券持有人，这意味着约 81% 的总额将分配给 SCF 基金，特别是瑞士信贷（Lux）供应链融资基金和瑞士信贷 Nova（Lux）高收益基

金。……蓝石首席执行官吉姆蒂·贾斯特三世还同意，任何出售蓝石实体的收益都将在贾斯蒂斯家族和债券持有人之间分配。

因此，至少从吉姆·贾斯特那里，投资者的债券有望得到偿还。这对瑞士信贷和其客户来说是件好事，但对吉姆·贾斯特先生本人来说太糟糕了，因为现在他已不再是亿万富翁了。

卡特拉（Katerra）：因为卡特拉已经完全破产了，瑞士信贷从这里无法收回任何资金。为了尝试收回部分资金，瑞士信贷采取了不同的方法。该银行已经对软银发起了法律诉讼，软银是一家日本企业集团，其 1 000 亿美元的愿景基金曾支持过卡特拉。目前尚不清楚这是否会成功。

瑞士信贷的索赔源于和软银在 2020 年达成的一项协议，即软银同意向格林希尔资本紧急注资，以偿还卡特拉的债务。后来《金融时报》披露，这笔现金从未到达瑞士信贷的基金账户。瑞士信贷现在正试图通过加州和亚利桑那州法院发送传票，以查明包括软银董事长兼首席执行官孙正义（Masayoshi Son）在内的软银高管的知情情况和所作所为。软银试图阻止这一请求，下次听证会于 2023 年 5 月 20 日举行。瑞士信贷已经宣布，将很快在英国高等法院提起诉讼。

让我们期待，与软银的冲突最终

图 18-6　孙正义
（Masayoshi Son）

能以有利于瑞士信贷的条款达成庭外和解。然而，事发时的瑞士信贷首席执行官托马斯·戈特斯坦（Thomas Gottstein）和软银的老板孙正义之间的个人恩怨很深，可能双方都不愿意妥协。现在取决于瑞银集团收购后新管理层怎么处理。

保险备案： 除此以外，瑞士信贷挽回损失的最后希望就是提出保险理赔。在格林希尔的证券化模式中，保险是必不可少的。在格林希尔资本或格林希尔银行发放的每一笔贷款中，借款人不还款的风险都应由一份特殊的保单来承保，这使得格林希尔向投资者发行的债券似乎都近乎零风险。

早在 2022 年 2 月底，瑞士信贷就已经提出了 11 项违约索赔，总额为 15 亿美元。但格林希尔的信用保险公司——日本东京海上集团表示，覆盖贷方的保单是无效的，因为它们是"以欺诈方式获得的"。瑞士信贷称这种说法"毫无根据"。因此，可能需要等待与东京海上集团的漫长诉讼结束以后，才能够评估瑞士信贷客户的总损失。法庭可能会确认这些索赔确实是以欺诈方式获得的。东京海上集团，这家大型日本保险公司于 2019 年收购了澳大利亚小型信贷承销公司债券信用公司（Bond & Credit Co.，简称 BCC），接手了 BCC 的业务，而 BCC 曾是格林希尔的主要承保人。因此，能否成功索赔很大程度上取决于法庭是否会认为 BCC 的商业行为涉嫌欺诈。

从上述情况可以看出，瑞士信贷管理的格林希尔供应链融资基金的投资者，除了耐心等待并希望瑞士信贷在 4 到 5 年内追回剩余的 27 亿美元资金（或部分资金）之外，就没有得到什么抚慰，只好独自面对困境。他们感到愤怒，但他们能做的也不多。目前还不清楚他们中的一些人是否会获得损失赔偿，以及以何种形式获得赔偿。

总而言之，在格林希尔事件中，瑞士信贷最终的损失仍然可能不会太大，肯定比舵手对冲基金或金枪鱼债券等其他事件造成的损失要小得多。这次事件中瑞士信贷损失更多的是形象和声誉。

独狼顾问盗用资金案

2015 年，日内瓦瑞士信贷的一名客户顾问帕特里斯·莱斯考德隆（Patrice Lescaudron）因盗用客户资金而被解雇。2018 年，他又因欺诈在日内瓦被判处五年监禁。2020 年夏天，莱斯考德隆自杀了。

究竟发生了什么？

莱斯考德隆是一个法国人，曾经是法国香水制造商伊夫·罗歇公司（Yves Rocher）驻俄罗斯的销售经理。他能说一口流利的俄语。他在俄罗斯新贵中人脉关系很广，所以瑞士信贷雇用他来接待俄罗斯客户。在这个职位上，他认识了格鲁吉亚的亿万富翁比济纳·伊万尼什维利（Bidzina Ivanishvili），此人在苏联解体后叶利钦时代的俄罗斯动荡中发家致富，就像所有的"寡头①"一样，通过一些不正当的手段以极低的价格收购了大公司。伊万尼什维利在发了这笔巨财后，先是进入电信业，然后进入了金属和银行业，后来涉足政治领域，曾是格鲁吉亚共和国非常亲西方的总理。莱斯考德隆也是伊万尼什维利的朋友超级富豪维塔利·马尔基内（Vitaly Malkine）的公关经理。

通常，在瑞士信贷这样的银行中，投资组合经理（负责为客户的投资组合做出投资决定的人）和客户关系主管（负责维护与重要客户关系的人）的职能是分开的。莱斯考德隆是一名客户关系主管。由于莱斯考德隆的教育背景是香水调制师和营销人员，而非受过专业培训的金融分析师或投资经理，因此他不应该为客户做出投资决策。但是，在与一些极其富有的俄罗斯客户建立了密切的个人关系后，情况便有所不同。莱斯考德隆的决策权远超一般关系经理应该拥有的权

图18-7　莱斯考德隆受审地日内瓦司法庭 ©sukhjeet

---

① 寡头（oligarch）是一个希腊词，意思是一个小团体的有权势的人。指苏联解体后，那些凭借政治关系迅速致富且不太诚实的俄罗斯商人，他们用钱来购买权力和影响。

力，而这显然得到了银行管理层
的允许。有时莱斯考德隆有权力
从客户的账户中进行资金转移，
有时他会向客户提供投资建议，
客户因此会指示他去做这个或那
个。在这种情况下，这些操作是
莱斯考德隆的建议，但指令来自
客户。因此，银行只得执行这些
指令，却不知道莱斯考德隆已经
超出了他的正常权限。

图 18-8　俄罗斯－格鲁吉亚亿万
富翁、格鲁吉亚前总理，这个国家
最有权力的幕后人物——比济纳·
伊万尼什维利（Bidzina Ivanishvil）

　　当伊万尼什维利后来发现
（因为一开始他似乎并没有非常密切地关注其投资组合），基于
莱斯考德隆建议的投资给他造成了巨额财产损失，他认为莱斯
考德隆在给出某些建议时是代表银行的，于是他以民事责任起
诉了银行。

　　另外，显然莱斯考德隆利用客户的授权，提取客户账户上
的款项，帮助自己发家致富，中饱私囊。瑞士信贷指控莱斯考
德隆为了自己的利益，通过佣金和其他未经授权的交易从客户
那里盗取了 4 500 万瑞郎。在审判过程中，人们发现他花了近
一百万瑞郎为他的妻子购买珠宝，他用这些赃款购买了瑞士的
房产和撒丁岛的两套公寓。莱斯考德隆在审判中供认不讳。

　　莱斯考德隆是典型的独狼，他向银行管理层隐瞒自己的行为，甚至伪造文件，如虚假的客户指示或虚假的银行报表。他以非常神秘而出名，从不与同事分享信息，他起早贪黑都在工作，因为担心在自己离开期间被发现蛛丝马迹，他从不休假。

作为亿万富翁客户的信任者和顾问，莱斯考德隆利用他的特权地位，给客户提供了投资建议，尽管他没有这方面的能力。他建议伊万尼什维利以及马尔金和其他俄罗斯家族办公室将数亿资金投资于一系列高风险的初创公司，如一家名为猛禽（Raptor）的美国早期制药公司，却以惨败而告终。此类糟糕的投资导致伊万尼什维利损失惨重，而他当时并没有立即意识到。莱斯考德隆在为俄罗斯富人客户进行的"猛禽"和其他糟糕的投资中损失惨重（数以亿计），但他在俄罗斯天然气公司的投资却很成功，仍然能够收回部分损失。然而他没有把这些利润全部交给客户，而是把其中一部分据为己有（约3 000万）。

当伊万尼什维利意识到，莱斯考德隆的错误行为导致他总共损失了约8亿美元时，事情变得更糟糕了。

由于猛禽公司现在已经被清算，我们不知道的是，这家公司以及莱斯考德隆推荐给俄罗斯富人客户的其他公司是否也贿赂了他，请他游说投资者认购他们的股票。我们不能确定这种事是否发生过，但我们可以怀疑，因为市场上存在这种做法。

瑞士信贷发现莱斯考德隆违反了内部规定，并进行了造假。因此，莱斯考德隆在2015年被解雇并被起诉。正如骗子经常所为，他假装自己是银行认可的组织系统的一部分，但这是一场骗局。后来，他看到自己的案子没有了希望，精神崩溃，最后自杀了。

所以说，瑞士信贷作为一家银行，已经遵守了规则。这个事件中只是涉及一名员工通过撒谎，有时甚至伪造文件，来冒充具有某些权力的人。他行事孤独，隐瞒了自己的错误行为。瑞士司法部门确认所有这些罪行都是真赃实犯。

伊万尼什维利与莱斯考德隆的其他受害者组成的"瑞士信贷受害者"团体对瑞士信贷百慕大人寿提起诉讼（因为他们的信托由该实体管理），要求赔偿总计约 10 亿美元。伊万尼什维利本人希望在百慕大和新加坡法庭的诉讼中追回 8 亿美元，他认为莱斯考德隆是银行的代表，所以应该追究瑞士信贷的责任。但据彭博社报道①，瑞士信贷也反问，比济纳·伊万尼什维利曾在 2008 年向莱斯考德隆支付了 150 万美元的奖金，而这笔钱是在没有通知银行的情况下，支付给了莱斯考德隆的私人账户，这是为什么呢？伊万尼什维利承认，他确实曾指示银行支付这笔奖金，但他在回答银行律师的问题时只是解释说，当时他太忙了，无暇顾及这些细节。

2022 年 6 月，百慕大法院的判决非常严厉，判处瑞士信贷支付 6.07 亿美元赔偿比济纳·伊万尼什维利的损失。瑞

---

① https://www.bloomberg.com/news/articles/2022–09–07/billionaire-defends-bonus-he-paid-convicted-credit-suisse-banker#xj4y7vzkg

士信贷百慕大对该判决提出上诉。另一项诉讼正在新加坡的法庭上进行。然而，诉讼程序仍可能持续相当长的时间，我们还不知道最终结果。当然，瑞士信贷已大幅勾销了这笔坏账，原告会得到惊喜。

总而言之，这是一个普通的盗用客户款案例，事关一名有失诚信的雇员盗用客户款，并想方设法在一定时期内掩盖其侵占行为。可悲的是，这种情况在各种企业中时有发生，只是大多数时候我们没有听说过。但在本案中，由于受害客户的财富规模大，伊万尼什维利又是一位著名政治家，其损失是数以亿计的，所以当他决定到法庭上起诉瑞士信贷时，这一丑闻就非常引人注目了。

金枪鱼债券

"金枪鱼债券"：一个惊天的政治和金融丑闻

2018 年 12 月 29 日，莫桑比克前财政部部长曼努埃尔·张（Manuel Chang）在南非约翰内斯堡的 O.R. 坦博国际机场被捕，当时他正从马普托飞往迪拜。2019 年 1 月 3 日，因涉嫌参与一起与莫桑比克上市公司签订贷款有关的腐败案件，瑞士信贷的三名前高管安德鲁·皮尔斯（Andrew Pearse）、苏尔詹·辛格（Surjan Singh）和德特利娜·苏贝娃（Detelina Subeva）在伦敦被逮捕。当天，黎巴嫩商人让·布斯塔尼（Jean Boustani）

在纽约市的肯尼迪机场被逮捕。布斯塔尼当时正代表总部位于阿布扎比的控股公司普利维斯特（Privinvest）与莫桑比克进行商务洽谈。

莫桑比克前财政部部长曼努埃尔·张、瑞士信贷的前任银行家和让·布斯塔尼都因涉嫌受贿、证券和电信欺诈以及洗钱等罪名被起诉。这是一个巨大丑闻的开端，这个丑闻涉及一笔超过 20 亿美元的"隐藏"债务，在历史上被称为莫桑比克"金枪鱼债券"事件。

此处讲的是一个金融操作的故事，这个故事还远未透露所有的秘密。

2013 年，由莫桑比克解放阵线主席阿曼多·格布扎（Armando Guebuza）领导的莫桑比克政府启动了一个雄心勃勃的项目，成立了三家国有公司来开发该国的海洋资源：

- 埃玛屯公司（是 Empresa Moçambicana de Atum 的简称，又称莫桑比克金枪鱼公司）；
- 普罗因迪库斯公司（Proindicus）负责海岸监察；
- 莫桑比克资产管理公司（简称 MAM）负责建造和维护造船厂。

埃玛屯公司（莫桑比克金枪鱼公司）成立于 2013 年 8 月，旨在重新夺回其海岸线上的金枪鱼捕捞市场，该市场位于非洲大陆和马达加斯加之间，由外国公司掌控。

一个月后，该公司向法国诺曼底机械制造公司（CMN）

图 18-9　伊斯坎达尔·卡法
（Iskandar Kafa）© https://
www. privinvest.com

订购了 30 艘船，合同价值约 2 亿美元。

这里需要指出的是，诺曼底机械制造公司的老板是伊斯坎达尔·卡法（Iskandar Kafa），他是位见多识广的黎巴嫩亿万富翁，在黎巴嫩内战期间，年轻的伊斯坎达尔担任黎巴嫩基督教民兵的军官，绰号"桑迪上尉"。后来，他成为一名国际说客，专门从事武器合同和政治敏感业务。在 1988 年的一次谈判中，他从黎巴嫩真主党的魔爪中解救了法国人质，这可能是因为他支付了赎金，人质才得以获释。伊斯坎达尔·卡法也是法国一家报业集团的老板，出版杂志《现代价值》（*Valeurs Actuelles*）。他和他的兄弟阿克拉姆（Akram）共同拥有普利维斯特控股公司，这是一家国际军用和民用造船集团，在许多国家都有造船厂。

为了给金枪鱼船项目融资，埃玛屯公司在莫桑比克政府的担保下，从俄罗斯投行 VTB 和瑞士信贷借款大约 8.5 亿美元。这些银行打算将上述"金枪鱼债券"以超过 8.5% 的收益率配售给他们的债券投资者。这个收益率对投资者来说相当有吸引力。

当时，没有人注意到贷款的数额远远高于购买船只的费用。也没有人知道，其中一些船后来会变成装备精良的军事巡逻艇，供莫桑比克海军使用。整个行动并没有正式纳入国家预算，只算是埃玛屯公司名下的一笔债务。后来，当其中几艘船的军事性被揭露后，来自国际货币基金组织和投资者的压力迫使莫桑比克当局将与军事船只相对应部分的埃玛屯公司债务重新纳入政府资产负债表。高额回报和国家担保还吸引了大型投资者，如联升投资（Alliance Bernstein）、丹麦斯凯银行（Danske Bank）、富兰克林·坦普尔顿投资（Franklin Templeton Investments）、荷兰国际集团（ING）和安本标准资产管理公司（Aberdeen AM）。实际上，所有一流的金融机构，

图 18-10　国际军用和民用造船集团普利维斯特控股公司的产品。©https://www.privinvest.com

都参与其中，瑞士信贷与一流同行为伍，挺自在。

问题在 2013 年就已经出现了，总部位于阿布扎比的造船和海上建筑公司普利维斯特①与普罗因迪库斯公司（Proindicus）一起，获得了一份由国际货币基金组织贷款资助 3.66 亿美元的合同。这一项目和其他海洋项目的贷款是由莫桑比克信息和安全局（SISE）申请的。莫桑比克财政部部长曼努埃尔·张向瑞士银行家确认，国家贷款的收益会支付给商业经纪，而不是莫桑比克中央银行。尽管根据莫桑比克法律这种做法是非法的，但张为"金枪鱼债券"提供了担保，甚至将其他内阁成员蒙在鼓里。莫桑比克政府发行了欧元债券，主要是为了偿还隐藏债务和未偿还贷款的利息。但由于政府无力偿还债务，导致欧元债券违约，引起了公众的关注，也让这桩事情浮出了水面。

实际上，"金枪鱼债券"项目并没有使莫桑比克恢复渔业生产，其捕捞量仅达到最初目标的 5% 左右。埃玛屯公司亏损累累，远未达到每年 2 亿美元的预期收入。公司和政府决定背水一战，首先在 2015 年 9 月成功偿还了第一期到期的 1 亿美元贷款。但政府当局为此不得不动用外汇储备，导致本地货币梅蒂卡尔贬值。标普公司引用违约风险，将莫桑比克的主权评级从 B 降级为 CC②。

---

① 伊斯坎达尔·卡法与其兄弟共有。

② CC 是标准普尔评级体系中的一种评级，表示"极高违约风险"，通常用于指示信用状况极度不稳定、可能在近期违约的企业或国家。——译者注

随着亏损不断累积，政府被迫重组埃玛屯公司近 7 亿美元的债务，以便按时偿还债务。因此，债务重组期间进行了一次证券替换协商，85% 的债权人同意用新的 10 年期政府债券取代原来的债券，并把收益率调整为 14.4%。

当时金融界仍对莫桑比克充满信心，因为莫桑比克当时被誉为"小卡塔尔"，寄希望于未来巨大的天然气发现所带来的收益来支撑经济发展。据称，发现的天然气将从 2026 年开始生产。然而，在重组协议签署后不久，债权人不得不面临新的转折点。国际媒体披露，普罗因迪库斯公司和莫桑比克资产管理公司（MAM）分别借债 6.22 亿美元和 5.35 亿美元。最终发现，在 2013 年至 2014 年间签订的隐藏债务总计超过了 20 亿美元（隐藏债务远超该国 GDP 的 10%）。这些债务不仅对国家的债权人隐瞒，包括国际货币基金组织在内的主要捐助国也被蒙在鼓里。

这则新闻引起了很大的轰动，国际货币基金组织和包括日本和英国在内的几个捐助国，立即宣布暂停对马普托政府的援助。该国调整后的总外债从占 2015 年的国内生产总值的 86% 上升到 2016 年的 130%。全世界都在谴责这一丑闻，指责莫桑比克政府，政府最初否认事实，但后来别无选择，不得不承认事实，以减轻信誉损失。

为了揭示整个事件的真相，莫桑比克议会对债务问题进行了调查，但该调查被认为是不充分和不完整的，国际债权人便委托美国克罗尔公司（Kroll Inc.）进行了一项独立调查。从进行的各种调查中发现，隐藏债务的方式各种各样。

尽管根据莫桑比克宪法，只有议会才有权力批准国家担保贷款，而事实上，报告指出，由国家担保的 8.5 亿美元债券贷款未经议会批准。此外，担保金额远远超过了 2013 年和 2014 年预算法规定的上限。另外，埃玛屯项目未对莫桑比克公众公开。几位高级政府官员最终承认，金枪鱼捕捞项目只是一个幌子，以掩盖国家开展的大规模军备行动，为野心勃勃的海上防御计划（军舰、监视系统、造船厂）筹集资金。该计划由普利维斯特公司提供，而该公司的老板则是法裔黎巴嫩军火商、造船商和报社老板伊斯坎达尔·卡法。

"从一开始，我们就想为普罗因迪库斯公司筹集 20 亿美元，"涉案的三家莫桑比克公司的董事安东尼奥·多·罗萨里奥（Antonio do Rosario）说，"显然我们不能告诉银行或其他任何人，发展渔业不是主要目的。"

另一方面，克罗尔公司报告指出，莫桑比克政府购买的 30 艘船远远超出了市场的合理价格。根据克罗尔公司的报告，这批船的实际交付价值与预算金额之间的差距可能高达 7.13 亿美元。

而当人们意识到这笔债务中超过 15 亿美元不翼而飞时，不禁怀疑金枪鱼债券（Tuna Bonds）在莫桑比克政府最高层引发了一场大规模的贪污行动。在这次金融事件中，就像有一个不透明的帷幕遮盖住了事件的主要同谋，以至于在爆料超过两年后，责任追究工作仍未完成。

现任总统费利佩·纽西①（Felipe Nyusi）领导的政府正在试图减轻损失并重新协商债务。自 2017 年 1 月，莫桑比克官方一直处于违约状态，到了当年 11 月，莫桑比克获得了大约 7.265 亿美元到期债券的延期偿付。议会在此之后还认可了前政府所借贷款的债务。现在，随着美国法院介入此案，观察人士正在等着看这场金融戏剧将会如何发展。难道瑞士信贷和 VTB 银行会完全没有意识到这次交易的可疑性吗？

莫桑比克 2018 年再次出现债务违约。

自 2020 年起，多个法律诉讼一直在尝试调查这起丑闻，其中一些是应葡萄牙商业银行和非洲联合银行的要求，对瑞士信贷、莫桑比克政府和埃玛屯公司提起的诉讼。此外，美国司法部像往常一样，声称美国投资者受到了损害，因而也起诉了瑞士信贷。

这起丑闻使瑞士信贷至少承担了一项司法处理结果。2021 年 10 月，瑞士信贷同意认罪并与美国当局达成免起诉协议，为此该银行不得不支付大约 2.75 亿美元的罚款，以解决涉及 2013 年至 2014 年的案件。瑞士信贷还同意向英国监管机构支付 2 亿美元罚款，并取消莫桑比克 2 亿美元的债务。因此，瑞士信贷在金枪鱼债券丑闻中总共需要支付大约 4.75 亿美元的

---

① 费利佩·纽西也是莫桑比克解放阵线的成员，他可能知道关于金枪鱼债券的所有内幕。

罚款，同时因取消莫桑比克债务而承受 2 亿美元的额外损失。换句话说，瑞士信贷总共损失了 6.75 亿美元，这还不包括诉讼费用、律师费和所有其他费用。

2019 年，涉案的三名瑞士信贷高管以贿赂、洗钱和诈骗美国的贷款投资者的罪名，在美国遭到起诉。他们已经认罪。

莫桑比克前部长曼努埃尔·张自被捕以来的经历就像是一出司法题材的连续剧。首先，南非法院决定将他遭返回莫桑比克，但一个反腐败的非政府组织对这一决定提出了上诉，该组织声称如果张被引渡到其祖国，他便不会接受审判，因此也不会为其不当行为承担责任。此案一直上诉到南非最高法院，最高法院于 2021 年 11 月决定将张驱逐到美国，但莫桑比克政府提出上诉，坚持必须将张引渡回莫桑比克。因此，引渡张到美国的决定被宣布为"不可执行"。与此同时，曼努埃尔·张一直被关押在南非，迄今已经被关了 4 年多了，但他对未来并不担心，因为莫桑比克政府在保护他，照顾他的家人，甚至出资为他们建造了新房子。

显然，莫桑比克的新总统菲利佩·纽西有充分的理由不希望张被驱逐到美国，他担心在这种情况下，所有受牵连的人的名字都会被揭露出来。之前，让·布斯塔尼在纽约法庭上透露，他曾给了纽西 100 万美元的贿赂款，这已经让纽西大为恼火。

在瑞士，瑞士金融市场监管局（Finma）公布了对这起事件的调查结果。对于瑞士监管机构来说，瑞士信贷"严重违反了对金融机构的要求，没有根据反洗钱立法规定，尽到及时与监管机构沟通的义务"，"在与莫桑比克的信贷业务中，瑞士信贷集团的风险管理存在严重缺陷"。最重要的是，监管机构强制瑞信"在与财务状况不良的国家开展新的信贷业务时，必须施加一些特定条件"。

充满教训的判决书

这个故事最引人注目的结果之一是，作为伊斯坎达尔·卡法的谈判代表，普利维斯特公司的销售总监让·布斯塔尼最终赢了官司。他被美国司法部指控涉嫌策划了 20 亿美元的欺诈案，在纽约进行了为期七周的审判后，由十二名陪审员组成的陪审团一致裁定他无罪。

他被美国司法部指控，在 2013 年和 2014 年向莫桑比克出售军舰和渔船的三份合同中涉嫌欺诈和洗钱。美国司法系统介入了此案，特别是因为美国投资者受到了融资合同的损害。这是美国当局为了实施其法律制度的治外法权而采取的惯用做法。

这是被美国司法部盯上的法国集团首次赢得法律战。从这个判决中可以得出的第一个教训是：要奋起反抗，不要一开始就以谋求后续的协议安排为借口而轻易认罪。以认罪来换取后续的安排就相当于向美国司法部门① 屈服。

―――――――

① 像瑞士信贷一样，在美国经营的外国银行面临的问题是，为免遭起诉，外国银行必须认罪，这些银行承担不起刑事诉讼。

第二个教训是：永不放弃。伊斯坎达尔·卡法已经证明了他是一个真正的老板和斗士。他从不像其他老板那样为了洗刷自己而指控下属。例如，瑞士信贷的首席执行官布雷迪·杜根①和阿尔卡特的首席执行官帕特里克·克朗（Patrick Kron）就曾这样做。结果，瑞士信贷和阿尔卡特不得不向美国当局支付数十亿美元的罚款。伊斯坎达尔·卡法的集团公司成功度过了这场斗争，避免了巨额罚款的命运。

最后，让·布斯塔尼的胜诉判决是对抗美国治外法权的第一次胜利。有些人认为这是对美国在其管辖权范围之外行使法律权力的挑战。美国司法部必须证明布斯塔尼案件与美国有充分的关联性。但最终陪审团予以驳回。其中一名陪审团成员表示，"我们没有发现与纽约地区有关联的证据。"

商战：道德与不道德的悖论共存

总的来说，从这个事件中还可以得出的一个教训是，精明的黎巴嫩商人或许比瑞士人更胜一筹，他们更擅长在类似金枪鱼案这样的复杂案件中逃脱责任。无论如何，瑞士银行都应该避免这类危险的操作。瑞士并不是一个足够强大的国家，无法总是成功地抵御美国的勒索行为。瑞士能够在美国发起的针对瑞士银行的经济战争中坚持30年，已经非常令人钦佩了。

---

① 详见下文有关布雷迪·杜根的内容。

最后，瑞银集团和瑞士信贷在美国遭遇困难是它们犯了许多错误。奖金制度引发了贪得无厌和铤而走险。在与大卫·所罗、莱克斯·格林希尔、比尔·霍克、桑吉夫·古普塔、孙正义、伊斯坎达尔·卡法等精明的商界人士打交道时，瑞士银行管理层的表现有些幼稚，有时甚至有些无能，风险控制能力也明显不足。尽管如此，人们不应忘记这样一个事实，即美国通常会渗透具有战略价值的重要国际公司，要么窃取它们，要么摧毁它们。

我们必须清楚这种事情的确存在。这就是美国用来摧毁像阿尔卡特－阿尔斯通（Alcatel-Alsthom）这样的大型法国工业集团的方法，他们设置了许多陷阱来制造怀璧其罪的证据，对公司进行指控，并最终为了美国的利益，将公司窃为己有。美国很可能将这种手法用在瑞银集团和瑞士信贷身上。我们可以怀疑，瑞银集团过度涉足次级信贷，瑞士信贷牵涉进格林希尔事件或金枪鱼债券丑闻，美国都在其中起了作用。

瑞士银行需要从这些经历中吸取教训，并在未来行事更加谨慎。了解商界的中国读者清楚，中国大型企业也面临这个问题。我们可以观察到，美国陷害瑞士大银行的方式与陷害法国大银行（例如法国巴黎银行）和工业公司（例如阿尔卡特－阿尔斯通）的方式非常相似。山姆大叔①也将同样的勒索方法用

---

① 山姆大叔指的是美国。

于中美贸易战，例如勒索华为和其他中国公司。

中国作为一个大国，拥有比瑞士更多、更强大的武器来抵御美国的讹诈。但是，瑞士银行遭受的打压事件可能会引起中国决策者的警觉。有必要详细讲述这些故事。事实上，这象征着国际金融领域中的某种趋势，不幸的是，瑞士信贷已经屈服于这种趋势。这个故事可能会让读者颇为震惊。在瑞士大银行用保守方式管理的时代，这种事情是不会发生的。它们首先是为瑞士经济服务的信贷机构，然后在银行保密制度助力下，才成为大型财富管理机构。但在全球化时代，瑞士银行不再能有这样的奢望。它们直接与高盛这样的大鲨鱼竞争，而后者毫不犹豫地采取有悖道德的做法。例如，高盛曾精心设计了一个复杂的、完全不择手段的系统，在隐瞒欧洲当局的情况下，让希腊政府利用其作为欧元货币体系成员的身份，在超出其真实财务能力的情况下秘密负债。丑闻被发现的后果是希腊国家破产，引发了金融危机，希腊人陷入困境。但是高盛从未被追究法律任何责任，而瑞士信贷则因不幸卷入"金枪鱼债券"丑闻遭到起诉，而且是站在了美国的法庭上。此处并不是在为这些案件辩护。瑞士信贷不应该在一个欠发达国家投资，而且它应该嗅出当地政治阶层转移资金的企图。瑞士需要吸取的教训之一是，瑞士不是一个大国，不能承担高盛所能承担的风险，高盛可以逍遥法外是因为高盛得到了美国霸权的政治支持，而美国却并不是瑞士银行的朋友。

虚荣的篝火

"选秀赛"以及美国的影响

至少可以说，瑞士信贷最引人注目的方面之一是，在众多高风险业务的监督方面，一直缺乏后续跟进和连续性。冒险并不是坏事，但必须计算好风险，为此，老板们需要时刻保持警惕，就像指挥作战的将军一样，他们必须熟悉地形，了解自己的部队，不断评估形势，并像拿破仑常说的那样"注意细节"。显然，瑞士信贷在过去的 15 年中一直匮乏这些，原因之一是瑞士信贷缺乏稳定的银行领导层。

这在一定程度上是由于大型瑞士银行高层中流行起了"明星效应"，高层领导更加关注个人的声望和荣誉，而不是为客户提供最好的服务，不幸的是这种趋势还占据了主导地位。突然间，再也看不到那些严肃冷静、低调内敛的典型瑞士面孔了。精英们通过各种各样向上攀登的阶梯来证明自己。不是说瑞银集团和瑞士信贷的首席执行官是根据他们在瑞士军队总参谋部军官学校的分数来挑选的吗？他们也照搬，同时从军攒资历。

现在我们的银行已经成为全球最顶尖的投行。我们收购了世界上顶尖的投行，可以从全世界银行业的精英中招募人才。能够从这样的人才库中吸纳人才有其优势，但也有其不利之处。我们将不再遵循相同信念和原则，也会失去一些瑞士严肃和谨慎的优良传统。但最糟糕的是，这些大牌人物之间会出现攀比之心，斗勇比美，互不服气。最终导致这些大腕之间出现了类似争奇斗艳的选秀赛局面。这么比喻有些讥讽，但事实上就是这么回事。

我们得承认，瑞士银行时髦的新老板们，有点像发了财的农民，扛着靠银行保密法攒下的满满一口袋钱进入了上流社会，他们像暴发户一样炫耀自己的财富，挥金如土地买下了所有待售的投行。他们一错再错。虽然这些错上加错在未来会得到纠正，但他们的确大错特错了。

除了领导层的自负，还存在其他问题。在 21 世纪，瑞银集团和瑞士信贷已不再是纯粹的瑞士银行了。起初，因为瑞士在与美国的战争中失败并取消了银行保密制度，它们变成了美国银行。我们看到并感到痛惜的是，瑞士银行在莱纳·古特和马塞尔·奥斯佩尔的推动下逐渐美国化。早知今日，何必当初。也就是说，在 21 世纪，我们必须适应这样一种想法，那就是这些大型瑞士银行在某种程度上已经成了华尔街的一部分，或者至少会在一段时间内（而不是永远）跟随华尔街的步伐。特别是瑞士信贷，这家由苏黎世贵族阿尔弗雷德·埃舍创立的银行，现在落入真正的华尔街狮子们手里。

麦氏刀，非瑞士军刀，2001—2002 年瑞士信贷首席执行官

瑞士信贷第一位完全美国化的大老板是约翰·麦克（John Mack），他出身于清贫的黎巴嫩移民家庭（他把名字

从 Machoul 改成了美国化的 Mack ），他的大部分职业生涯都在摩根士丹利度过，是知名的投行家和成本削减专家，并因此得了绰号"刀子麦克"。

实际上，约翰·麦克起先并非加入了瑞士的银行瑞士信贷，而是加入了美国投行第一波士顿（First Boston）。

图 18-11　刀子麦克（John Mark Dougan）

正如我们在前文所看到的，该投行后来被雷纳·古特购入，成了瑞士信贷第一波士顿。因此，麦克是通过加入一家美国投行，以美国银行经理的身份意外进入了瑞士信贷，对他而言，瑞士信贷首先是美国金融机构之一，而非瑞士金融机构。

瑞士信贷第一波士顿因著名的奖金文化出现了入不敷出的问题，不得不进行整顿。另一方面，该投行在美国已经分化为多个部门，每个部门都倾向于保护自己的特权，就像彼此独立、毫不相干一样。作为公司领导，约翰·麦克将自己的任务定为在三年内改变公司文化，使公司上下步调一致，齐心协力。与此同时，他要求每个人都为公司利益做出牺牲，鼓励交易员降低收入。这一举措取得了成效。但在此期间，他仍然裁掉了 1 万人。他赢得了这场赌局，并令瑞士信贷第一波士顿公司起死回生。从此"刀子麦克"这个绰号与他如影相随。

瑞士信贷集团为什么调约翰·麦克到苏黎世与出色的德国银行家奥斯瓦尔德·格吕贝尔（Oswald Grübel）共同领导瑞信仍然是个谜。其中一个原因无疑是麦克以铁腕手段整顿瑞士信贷第一波士顿而闻名，而瑞士信贷集团也需要进行类似的清理整顿。当时一直都有很多传闻（无法确定其真实性）提到瑞士信贷集团计划与德意志银行合并，从而创造一个比瑞银集团还要庞大的全球银行集团。也许麦克与格吕贝尔的共同领导就是为了这个目的。但是这个项目遭到了太多人的反对，其中包括瑞士信贷集团董事长、前温特图尔保险公司董事长沃尔特·基尔霍尔兹（Walter Kielholz）。从 1997 年到 2006 年，温特图尔保险公司（Wintherthur Insurance）是瑞士信贷旗下的一部分。当时，所谓的"银行–保险"理念非常流行，人们以为银行和保险之间的协同作用会产生高利润。很可能因为沃尔特·基尔霍尔兹坚持他的"银行–保险"理念，导致集团放弃了合并计划。此举拯救了瑞士信贷集团。但不幸的是，温特图尔保险公司在 2006 年被出售给了法国安盛保险公司，这非常令人惋惜。

布雷迪·杜根，2007—2015 年瑞士信贷首席执行官

作为摩根士丹利派的代表，约翰·麦克在任期内没能做到

让美国人完全接管瑞士信贷。因此，在 2002 到 2007 年的过渡期里，该银行由一位教皇式的人士掌舵，他是德裔的瑞士银行家奥斯瓦尔德·格鲁贝尔（Oswald Grübel）。但到了 2007 年，美国人占了上风，他们任命了布雷迪·杜根（Brady Dougan）。布雷迪·杜根，他毫无疑问是被麦克刀选中并推上高位的。布雷迪·杜根像他的导师一样，是一个工作狂和靠自力更生成功的投行家，他出生在美国工人阶级家庭，父亲是一名铁路工人。他勤奋学习，考入芝加哥大学并成为瑞士信贷第一波士顿银行的交易员。他也很幸运，因为在他那个时候，瑞士信贷第一波士顿投行已经成为加州科技公司的领先投行，在遭遇网络泡沫破裂（2000–2010 年）整改之前，该投行因科技潮（1992—2000 年）取得了傲人的业绩。

在 47 岁时，布雷迪·杜根已经在投行领域建立了一番事业，成为瑞士信贷历史上最年轻的首席执行官。人们不禁要问，为什么他有资格管理一家大型瑞士银行？他没有，因为

图 18-12　布雷迪·杜根（Brady Dougan）

他完全不了解瑞士银行的文化。但人们可以有把握地认为，他的任命是由于"刀子"麦克促成的。在约翰·麦克和布雷迪·杜根的领导下，摩根士丹利的文化被强加给了瑞士银行，其中著名的理念是银行业应该只有三个部门：资产管理、财富管理和投行。但这种嫁接并不成功，美国和瑞士的文化无法很好地融合。

后果就是我们看到的舵手对冲基金公司事件、金枪鱼债券丑闻和格林希尔公司事件等连串败笔。

事实上，在布雷迪·杜根的任期内，首席执行官的薪酬跃升至前所未有的水平，在 2007 年至 2014 年期间，他收到了大约 1.6 亿瑞郎的薪酬和奖金，而公司股票价格却下跌了约70%。一个首席执行官让股东财富大幅缩水，在这种情况下怎么能够获得如此之高的薪酬呢？这样的首席执行官的贡献是什么？因此，可以说布雷迪·杜根并不是一位称职的首席执行官。他带来的完全是灾难。

布雷迪·杜根不得不面对严重的问题，特别是不得不在美国参议院常设调查委员会（负责起诉瑞士银行帮助美国纳税人逃税）面前作证。杜根将责任推给下属，并声称他个人对此并不知情，这种说法无法取信，瑞士信贷员工大失所望，怨声载道。

这是一场文化革命，如果人们记得瑞士银行（如瑞银集团、瑞士银行公司和瑞士信贷）的经典概念是全能银行，混合零售、信贷（抵押贷款和商业信贷）和财富管理，强调客户的保密性。

瑞士公众、商界和政界对他的批评声不绝于耳，他在严厉的批评下结束了任期。他简直是被人恨透了。

谭天忠，2015—2020 年瑞士信贷首席执行官

瑞士信贷时任董事长乌尔斯·罗纳（Urs Rohner）本人是纯瑞士血统，而谭天忠与他截然不同，他为什么选择了谭天忠？似乎有些神秘。也许是想要尽可能吸引眼球，体现多元文化。瑞士信贷董事会选择了一位才华横溢的人物，但他在瑞士信贷的表现并不出色。在典型的美国工薪阶层代表布雷迪·杜根之后，一位真正的非洲王子登场了。谭天忠是科特迪瓦总统胡夫维特·博安尼（Houphouët Boigny）的侄子，也是该国前皇室家族的后裔。谭天忠拥有科特迪瓦和法国的双重国籍，毕业于法国最顶尖的院校：法国理工和矿业学院

图 18-13　谭天忠（蒂亚内 - 蒂亚姆，Tidjiane Thiam）

（Polytechnique and Ecole des Mines），是一名工程师。他本可以在科特迪瓦和法国两国担任部长，实际上他在 1998 年担任了科特迪瓦的规划和发展部部长。他还拥有法国枫丹白露欧洲商学院（INSEAD）的工商管理硕士学位。他像许多领导人一样，在麦肯锡镀过金，后来在法国英威达保险集团（AVIVA）中担任职务，之后在伦敦的保诚集团（Prudential Bache）担任首席财务官，随后在 2009 年成为首位在伦敦上市公司担任首席执行官的黑人。

因此，谭天忠在成为银行家之前是一名保险业者，但他以一次虽败犹荣的金融行动打动了国际金融界。在他的推动下，保诚公司对美国国际集团（AIG）的亚洲分公司友邦保险（AIA）发起了 355 亿美元的收购，当时该公司在危机中遭受了重创。这个决定遭到了投资者的严厉批评，他们认为 355 亿美元的价格太高了。但我们后来发现，按照这个价格来看，这笔交易很划算。因反对派迫使保诚集团提出更低的价格，谭天忠的这笔交易未能达成，而在他失败之后不久，友邦保险的价值就已经上升到了 800 亿美元。因此谭天忠被认为是金融界的拿破仑。也许这就是瑞士信贷聘用他的原因。

伊克巴尔·汗和"间谍门"

谭天忠执掌瑞士信贷的时间短暂，声名很不光彩，最后黯然下台。无疑他为银行做了不少好事，但却没有因此被人铭记，因为全球媒体大肆渲染了一桩损害其任期形象的荒唐丑闻。

伊克巴尔·汗（Iqbal Khan）是典型的瑞士金融界高级骁将。他出生在巴基斯坦，在苏黎世的郊区长大，他的学业平平，只拥有一份很普通的应用商科文凭，后来成了一名银行实习生。最终，他进入了银行，似乎在财富管理方面表现出了极高的天赋，成了瑞士信贷财富管理的最高主管。

谭天忠成为首席执行官时，他的下属伊克巴尔·汗自豪地宣布他在苏黎世富有银行家聚集的时尚湖区赫利博格（Herrliberg）买了一栋房子，做了谭天忠的隔壁邻居。国王肯定不喜欢一个朝臣竟敢把宫殿建在王宫旁边。但现实就是这样子。令谭天忠特别烦恼的是，从伊克巴尔·汗家的阳台上就可以看到谭天忠家的客厅，而他和他的伴侣（当时正在闹分居）曾经在客厅大吵大闹。这样一来，两人之间的关系就变得冷淡了，邻里间的争吵也就此展开，而且愈演愈烈，以至于伊克巴尔·汗觉得办公室的氛围很不舒服，因此他辞职加入了瑞银集团。这并不是一个很大的举动，新东家就在苏黎世的帕拉德广场拐角处。当然，他还带走了几个关系密切的同事，因为担心他还会挖走大量客户，伊克巴尔·汗的离职便是瑞士信贷心头的一个问题。

伊克巴尔·汗曾多次感到自己被私人侦探跟踪，于是他进行了投诉，此事随之成了公众关注的焦点。世界金融媒体都感到好笑，这也成为全球银行业界最搞笑的故事。瑞士信贷内部不得不开展调查，谭天忠否认曾下令监视他的合作者。但这种怀疑始终没有消除。为了平息丑闻，一名董事不得不辞职。最终，谭天忠本人也不得不离开，带着对瑞士的糟糕记忆，以及一种遭受种族歧视的强烈感觉，这种感觉或许并非完全没有道理，因为瑞士银行业从未接受过一个非洲人担任瑞士信贷的首席执行官。

也许，导致谭天忠姆辞职的真正原因是威尔卡德（Wirecard）事件，这是一家欺诈性的德国信用卡公司，瑞士信贷曾在其中投入巨资，但最终以惨败收场。（这一事件某种程度上类似于格林希尔事件，但远没有那么引人注目。）

不管怎么说，像谭天忠这样杰出的人才在瑞士信贷表现不佳是相当不幸的。也许是因为他运气不好，或许他是种族主义的受害者。但人们不禁好奇，他在担任首席执行官期间，怎么可能没有听说正在进行的舵手对冲基金、金枪鱼债券和格林希尔等事件。因此，他也并非是完全无可挑剔的管理者。

此外，如果人们想起他在任期间获得了约 6 400 万瑞郎的报酬，而瑞士信贷股价却下跌了 40%，也会质疑他的实际贡献到底是什么。

在未来，我们可能会再次听到谭天忠的消息，因为就像他的叔叔乌弗埃特那样，他很可能有一天成为科特迪瓦总统。

安东尼奥·奥尔塔－奥索里，2001—2002 年瑞士信贷董事长

在此之后，托马斯·戈特斯坦（Thomas Gottstein）取代谭天忠成为首席执行官。他曾任该银行瑞士国内市场的总经理，风格要低调得多。乌尔斯·罗纳是一位商业律师和优秀的运动员，自 2011 年以来一直任职董事会主席，于 2021 年 4 月退休。他具有典型的瑞士背景，是瑞士建制派的典型代表。其继任者葡萄牙贵族安东尼奥·莫塔·德·苏萨·奥尔塔－奥索里奥（António Mota de Sousa Horta-Osório）爵士上任后，瑞士信贷迎来了第一位非瑞士籍董事长。安东尼奥是马耳他骑士，喜好拥有匹配的各种头衔。这次人们看到登场的骁将，与过去人们熟悉的那种瑞士大银行负责人很不一样，比如在瑞士大银行的黄金年代里担任领导人的典型瑞士上校银行家。

但奥索里奥的资历很好，他曾因清理劳埃德银行而闻名。可悲的是，他也在 2022 年 1 月因看似微不足道的小事被迫辞职。2021 年 7 月路透社称，他观看了在伦敦举行的温布尔登网球公开赛决赛，但未遵守英国新冠检疫规定。除此之外，他还因为每个周

图 18-14　安东尼奥·莫塔·德·苏萨·奥尔塔－奥索里奥爵士（Sir António Mota de Sousa Horta-Osório）

415

末乘坐银行的私人飞机从瑞士前往葡萄牙的家而受到批评，这种过度奢侈行为震惊了瑞士公众，也违反了瑞士实施的新冠检疫规定。

有了所有这些高层骁将走马灯般的轮番作秀，难怪瑞士信贷管理层在这段风雨岁月里的表现不尽如人意，尤其是对需要格外审慎的业务跟进呈现出怠惰松弛。瑞士信贷首席执行官一直在换人，没有足够连续性。独狼顾问案就是很好的例子，该案发生在 2007—2015 年布雷迪·杜根担任瑞士信贷首席执行官期间。在瑞士信贷艰难岁月里，他对这种情况却根本没有严加监督。

回归根本和理性（2022 年）

最终一个颇有瑞士银行经理范儿的人取代了活跃花哨的葡萄牙人，他便是圣加仑大学德高望重的教授和经验丰富的银行经理阿克塞尔·莱曼（Axel Lehmann）博士。他上任几个月后，就任命乌尔里希·科尔纳（Ulrich krner）为新任首席执行官，他也是瑞士公民（拥有瑞士和德国双重国籍）。科尔纳终于等到了这个职位，他对前任们的奢侈和愚蠢嗤之以鼻。他在 2007 年就已经是该职位的候选人，但布雷迪·杜根当时更受青睐。任命乌尔里希·科纳可能会比任用布雷迪·杜根更合适。

虽然瑞士信贷因管理不善连遭灾难，丑闻频出，但阿克塞尔·莱曼和乌尔里希·科尔纳没有责任，他们的名声的确没有污点。将这些丑闻和管理不善归咎于他们是毫无道理的。希望在经历了所有这些冒险之后，新的管理层能够成功地让这家久负盛名的银行重振雄风，踏上成功之路。

莱曼和科尔纳的任务吃力不讨好。他们只能收拾烂摊子，削减成本，进行裁员。这些都不是什么令人愉快的事情，但却都是必要的。如果给予莱曼和科尔纳足够的支持和足够的时间，而不是像搞政变一样使用紧急法令迫使其与瑞银集团合并，那么他们完全有可能在 2024 年成功将瑞士信贷扭亏为盈。

莱曼和科尔纳做的第一件事是组织增资，以加强资产负债表，再次夯实银行的基础。10 月 30 日，沙特国家银行宣布将以 15 亿美元（14 亿瑞郎）的价格增资购买瑞士信贷 9.9% 的股权。对瑞士信贷的投资是沙特国家银行 687 亿美元的整体投资组合的一部分。9.9% 的股份将占沙特国家银行预估投资账

图 18-15　瑞士信贷的新领导人：主席阿克塞尔·莱曼（Prof Dr Axel Lehmann，左图）和经验非常丰富的首席执行官乌尔里希·科尔纳（Ulrich Körner，右图）

面的 2.2% 左右，约占股东权益总额的 3.5%，仅占合并资产总额的 0.6%。因此，对于沙特阿拉伯来说，这不是什么大买卖。

莱曼和科尔纳的这一举动遭到了一些评论者的批评甚至嘲讽（见蒙太奇照片，其中莱曼和科尔纳被乔装成了阿拉伯酋长）。这照片看起来挺可笑，但却令人反感，对当事人也不公平，因为事实上，沙特阿拉伯拥有 9.9% 的股份，到目前为止，对瑞士信贷没有任何控制权。此外，沙特阿拉伯也是一个坚定、沉默的股东，相信瑞士信贷的老传统，并看好这家银行的长期潜力。因此，莱曼和科尔纳的此番举措非常明智。

沙特阿拉伯国家银行并不是唯一参与增资的投资者。根据 2022 年 11 月的新闻报道：

"瑞士信贷集团通过向合格投资者发行 462 041 884 股新股份的方式执行增资计划，从中获得 17.6 亿瑞郎的总收益，并宣布了完全承销认购权发行的最终条款，预计将为瑞士信贷集团带来 22.4 亿瑞郎的总收益。瑞士信贷集团从这两项交易中

图 18-16　一张在瑞士社交网络上广为流传的愚弄蒙太奇的照片

预计将获得总共约 40 亿瑞郎的总收益。"

增资后，瑞士信贷的名义股本为 124 511 584 股，增加了 18 481 675 股，增幅刚刚超过 17%。凭借这一点，瑞士信贷的资产负债表可以算是银行业中最稳健的资产负债表之一。换句话说，科尔纳和莱曼有足够的股权缓冲来重组银行，即使瑞士信贷的全面复苏可能会经历一个缓慢的过程。

我们知道，科尔纳专业能力非常强而且经验丰富。2009 年，当瑞银集团需要重组时，奥斯瓦尔德·格鲁贝尔（Oswald Grübel）聘用他全面管理瑞银集团。他现在在瑞士信贷所做的一切与他曾在瑞银集团所做的并无二致。他大幅减少了高风险的投行业务，专注于更稳定、回报更好的财富管理业务。因此，可以说，在危及存亡时期，科尔纳确实是最有资格重组瑞士信贷的人。

我们对科尔纳的个性了解的不多。他是一个顾家的父亲，也是一个相当腼腆的人，不追求在公开场合的曝光度。这是一个银行家，尤其是一个瑞士银行家应有的品质。不过，此处提一个中国读者可能会感兴趣的细节。乌尔里希·科尔纳的爱好是驾驶老式汽车，甚至参加比赛。2013 年，他和他的朋友约翰·菲格利斯塔勒（Johann Füglistaler）一起参加了北京巴黎拉力赛，驾驶一辆老式保时捷 911 穿越草原和戈壁一路到达北京。他的伙伴说，是乌尔里希·科尔纳主动承担在各种天气条件下搭晚上睡觉的帐篷和准备食物的。他们在坑洼地搁浅后，科尔纳躺在车下亲自修车，更换减震器等。也许，这充分说明科尔纳是一个有能力、有毅力的人，能够面对许多困难并克服困难，最终达成自己的目标。我们可以期待这样的品质将帮助他成功完成重建瑞士信贷的艰巨任务。

乌尔里希·科尔纳宣布了一些痛苦的决定，这些决定是合情合理的。例如，他们想要完全剥离第一波士顿，这对那些盲目相信瑞士银行有望成为华尔街之王的人来说是拱手而降。而且，这会让仍担任瑞士信贷荣誉主席的雷纳·古特先生（91岁）不高兴。但这么做是必要的。如果我们将瑞士信贷作为一家美国大银行所获利润与其面临的美国投行业风险以及美国勒索所造成的损失加以权衡的话，那么剥离其美国子公司瑞士信贷第一波士顿证券（CSFB）就意味着减轻负担。因此，这个决定是相当通情达理的。不过，这还要看瑞银集团新管理层是否保持这一决定。目前还不知道谁会是买家，但肯定会有多方感兴趣，由于存在竞争，会卖出个好价格。

图 18-17　乌尔里希·科尔纳（Ulrich Körner）在 2013 年北京至巴黎拉力赛中，驾驶他的老保时捷 911 穿越戈壁

瑞士信贷何去何从

恐慌来临

突然间，一场恐慌开始了。尽管瑞士信贷并没有陷入困境，国际媒体对瑞士信贷的描绘充满了恶意。其中有很多人幸灾乐祸，也有一些人只是讨厌瑞士和瑞士银行而已。结果，瑞士信贷的股价暴跌至每股不到 2 瑞郎，即使是保守估计，这也与该银行的内在价值相去甚远，非常离谱。以这个价格计算，瑞士信贷的总市值不到 65 亿瑞郎。很明显瑞士信贷的市值完全被低估了。它甚至不到瑞士巧克力制造商瑞士莲（Lindt & Sprüngli）市值的三分之一。这荒谬至极。瑞士信贷可是比瑞士莲重要得多的企业。但现在，在被瑞银集团强制收购后，瑞士信贷股东只剩下每股 0.76 瑞郎，整个瑞士信贷的估值为 30 亿瑞郎，这低估太荒谬。

因此，莱曼先生和科尔纳先生唯一所需要的就是足够的时间，以从容地实施他们的策略。这是一项不讨好的任务，因为结果不会立即显现。结果是，由于我们上面讨论的事情以及第一轮重组的成本消耗，2022 财年 [①] 瑞士信贷的亏损达到 73 亿瑞郎。乌尔里希·科尔纳已经宣布，大部分重组成本将计入 2023 财年。因此，很可能 2023 年也将出现巨额亏损。但从

_____

① 　https://www.credit-suisse.com/about-us/en/reports-research/quarterly-interim-reports/quarterly-results.html

2024 年起，瑞士信贷可能会再次呈现出良好的业绩。

在这种情况下，许多股东失去耐心并抛售股票是正常现象。但是，新股东会取代他们，以非常低的价格进入瑞士信贷，而且，他们本来会因为信任乌尔里希·科尔纳的重组计划，在几年后得到回报。然而，如果许多瑞士信贷的客户被负面的、耸人听闻的媒体报道吓倒并撤回资金的话，这将是瑞士信贷面临的最大风险。即便如此，瑞士信贷也不会有破产的风险。事实上，瑞士信贷从未破产，而是瑞银集团在瑞士政府的支持下，强行接管了这家银行。

谣言满天飞的一周

从 2023 年 3 月 12 日到 19 日这戏剧性的一周内发生了许多事情。

3 月 10 日，因科技热潮而迅速成长起来的加利福尼亚小型地区银行硅谷银行宣布破产。3 月 17 日，该银行正式申请破产，但在整整一周内，恐慌在全球蔓延开来。3 月 12 日，另一家从事加密货币业务的美国小型银行标志银行（Signature）面临挤兑。第三家银行银门银行从 2022 年 11 月开始陷入困境，于 2023 年 3 月 8 日宣布了清算计划。但这一消息并没有引起巨大的市场恐慌。真正触发恐慌的是硅谷银行的资不抵债。为了避免银行挤兑，美国当局保证客户可以使用在这三家即将被结算银行的存款，每人最高限额为 25 万美元，但这并没有阻止恐慌情绪的扩散。

瑞士信贷的资产负债表非常稳健，其商业模式也与硅谷银行完全不同。因此，假设硅谷银行这样的美国小银行倒闭会影响瑞士信贷，是很荒谬的。实际上，瑞士信贷注意到，客户开始重拾信心，正在回归。

3月14日，乌尔里希·科尔纳在伦敦接受了彭博社①的采访，他的回答非常精彩。科尔纳解释说，瑞士信贷绝对没有受到三家美国银行问题的影响，这三家银行因通货膨胀和加息而受到挤压，这个问题不可能影响瑞士信贷。

然而，第二天，也就是3月15日周三，瑞士信贷股价暴跌至1.6瑞郎，考虑到瑞士信贷的重要性，这个价格非常离谱。显然，沙特国家银行主席阿马尔·胡达里（Ammar Al Khudairy）发表的一份有点不合时宜的声明引发了这次抛售。他说，由于监管方面的原因，沙特国家银行将不会增持瑞士信贷的股份（因为目前他们持有9.9%的股份，如果增持比例超过10%的门槛，将会在全球范围内出现太多的监管和合规问题）。阿马尔·胡达里补充说，瑞士信贷并不需要任何新的增资，这个观点是完全正确的。3月16日，胡达里再次接受了美国消费者新闻与商业频道（CNBC）的采访，并重申了他对

---

①　https://www.bloomberg.com/news/articles/2023-03-14/credit-suisse-ceo-urges-patience-as-bank-sees-inflows-this-week#xj4y7vzkg

瑞士信贷稳固性充满信心①。

事实上，胡达里的发言极大地鼓舞了瑞士信贷，证实了瑞士信贷正走在正确的轨道上，不需要任何帮助。科纳也是这么说的。但国际媒体歪曲了这一声明，大肆宣传沙特国家银行正在放弃瑞士信贷。这似乎表明，以美国为主导的媒体正在进行一场摧毁瑞士信贷的运动。事实上，我们知道，因为瑞士金融中心是美国的一个强劲竞争对手，美国意欲将其摧毁。

2022年3月16日的晚上，瑞士国家银行决定向瑞士信贷提供500亿瑞郎的信贷额度，以确保该银行的流动资金不会出现问题。瑞士当局此举效果很好，并在次日对市场产生了巨大的利好影响，瑞士信贷的股价从1.64瑞郎跃升到2.5瑞郎，这意味着瑞士信贷的市值也从65亿跃升至82.2亿瑞郎。

这一宣布是令人鼓舞的，这表明人们对瑞士信贷仍有信心。这已经足够了，没有必要再进一步支持瑞士信贷。但是，瑞士、瑞士银行和瑞士信贷的敌人，并没有放下武器。媒体贬毁运动继续膨胀。

3月17日，路透社宣布，美国股东正在对瑞士信贷发起集体诉讼②，矛头直指莱曼和科尔纳个人，指控他们向公众提供

---

① https://www.cnbc.com/2023/03/16/saudi-national-bank-says-panic-over-credit-suisse-is-unwarranted.html

② https://www.reuters.com/legal/credit-suisse-is-sued-by-us-shareholders-over-finances-controls-2023-03-16/

虚假信息，这完全是不实之词。这件事情让我们想起了过去瑞士在美国发动的反对银行保密制度战争中所遭遇的攻击手段。

在那个周末，3 月 18 日（周六）和 19 日（周日），各种关于瑞士信贷救援计划的谣言不绝于耳（这绝对是没有必要的）。他们一如既往地遵循这样的原则，"如果想淹死你的狗，就说它有狂犬病"。

有传言称，由曾在第一波士顿工作的拉里·芬克（Larry Fink）创立的巨型投资基金贝莱德（BlackRock）将对瑞士信贷进行竞标，但贝莱德公司对此进行了否认。

据传闻，瑞士当局已经决定将瑞士信贷与瑞银集团合并，而且这将在下个星期一之前成为定局。然而，后来传出瑞银集团提出了荒谬的 10 亿瑞郎的低廉收购价格，简直相当于盗窃。甚至有传言称，一些人正在考虑修改相关的法律规定，使得股东大会不再需要审批此事。这样的法律变更无异于抢劫。

有人甚至提到，瑞士政府将彻底把瑞士信贷收归国有。

还有人在猜测，在瑞士信贷银行和瑞银集团合并后，谁将成为新银行的下一任首席执行官。有人认为，现任瑞银集团首席执行官拉尔夫·哈默斯（Ralph Hamers）有望担任该职位，他是荷兰人，曾经领导荷兰银行 ING，以提倡全面数字化银行业务而著名，但他的业绩尚有争议。另一些人则认为，乌尔里希·科尔纳将成为新银行的首席执行官。他经验最丰富，非常了解瑞银集团和瑞士信贷，曾成功地对瑞银集团进行了重组，并正在对瑞士信贷进行重组。可能是在与"刀子麦克"比较之下，人们赋予了乌尔里希·科尔纳"瑞士军刀"的绰号。

167 年辉煌历史的悲剧结尾

在 3 月 19 日周日晚间新闻时，整个瑞士政府，以及瑞士国家银行的主席、瑞银集团和瑞士信贷的领导人，共同召开了一次媒体发布会，宣布瑞银集团兼并瑞士信贷。股东权利因为紧急权而被忽视（如同战争期间）。新任首席执行官将是塞尔吉奥·埃尔莫蒂（Sergio Ermotti），这还是应被视为一个好消息，因为埃尔莫蒂是近年来瑞银集团的一位成功的首席执行官，他经验丰富，而且是瑞士人。

必须承认，笔者更希望瑞士信贷保持独立，而且如果瑞士当局宣布支持瑞士信贷（这仍然可行），并给乌尔里希·科尔纳足够的时间来完成他的重组计划，这是有可能的。但是，恐怕有些强大的利益集团正在全力推动瑞士信贷按照瑞银集团的条件与之合并。

这项行动早就计划好了，只是在 2023 年 3 月 18 日和 19 日周末紧急付诸实施。如果需要的话，瑞士政府本可以选择支持瑞士信贷，而不是将其与瑞银集团合并。但这并不是他们的目的。让我们简单地引用瑞士政府官方声明中的几段话，领会一下字里行间的意思：

图 18-18　伯尔尼瑞士联邦宫 © Roland Zumbühl

保障金融市场稳定：瑞士联邦委员会
欢迎并支持瑞银收购瑞士信贷

　　伯尔尼，2023 年 3 月 19 日——瑞银集团计划并购瑞士信贷，瑞士联邦委员会表示欢迎。为了在收购完成之前增强金融市场的稳定性，联邦政府向瑞士国家银行提供担保，以获得额外的流动性援助，用于保证瑞士信贷的资金流动性，并确保收购的顺利实施。联邦委员会采取这一措施是为了维护金融稳定和瑞士经济。

　　瑞银集团今天宣布已为并购瑞士信贷做好准备。联邦委员会欢迎这一举措，认为这是对稳定金融市场做出的重要贡献。联邦委员会已经同意采取额外的流动性措施，以确保瑞士信贷在并购完成之前保持业务连续性，并减轻瑞士的经济负担。

首先，联邦委员会已经打下了必要的法律基础，使瑞士国家银行能够向瑞士信贷提供额外的流动性援助。具体而言，联邦委员会已经为这种额外的流动性援助建立了破产优先权利。这为瑞士国家银行提供了必要的保障，以便向瑞士信贷提供大量额外的流动性。

其次，为了确保瑞士信贷在任何时候都有足够的流动性，联邦委员会决定根据《联邦宪法》184条和185条（紧急法）向瑞士国家银行提供流动性援助的违约担保。

为了降低瑞银集团的风险，如果未来的损失超过某个阈值，联邦政府还向瑞银集团提供了一份90亿瑞郎的担保，以承担瑞银集团并购的某些资产可能产生的损失[①]。

这是一次用强制手段完成的合并，并将给成千上万的银行雇员带来痛苦，因为在瑞士的每个城镇都有一家瑞银集团和瑞士信贷的分支机构。这两家银行中有一家将不得不关闭，其员工将被解雇。此外，沙特阿拉伯王国也不会吃哑巴亏，肯定会提起诉讼。但所有那些与瑞士信贷或瑞银集团有关的业务，都将照常营业。这是故事中不幸中的万幸。

---

① https://www.admin.ch/gov/en/start/documentation/media-releases.msg-id-93793.html

瑞银集团坐享其成

交易解析

瑞银集团以 30 亿瑞郎的价格并购瑞士信贷。

瑞士联邦政府同意吸收最高至 90 亿瑞郎的瑞银潜在损失。

瑞士国家银行（SNB，瑞士央行）向瑞银集团和瑞士信贷提供 1 000 亿瑞郎流动资金以使交易顺利进行。

瑞士信贷的股东们会受到影响。股东将以 22.48 股瑞士信贷的股票兑换 1 股瑞银集团的股票，换算为每股 0.76 瑞郎。

债券持有人也会受到影响。160 亿瑞郎的瑞士信贷额外一级资本债券将被减记。这是违反法律规定的（紧急状态法可为此提供依据）。债券持有人对此非常不满，因为他们应该比普通股股东更早得到清偿。债券持有人可能会针对这种不公平的非法行为，对瑞士政府提起法律诉讼。

沙特国家银行因此遭受约 10 亿美元的损失。可能会针对这种不公平的非法行为，对瑞士政府提起法律诉讼。

瑞银集团正在以超值的价格收购瑞士信贷银行的优质业务，这将帮助该行扩大规模，改善运营现状。由于所有风险都由瑞士政府承担，所以对瑞银集团而言没有任何风险。

来自圣加仑的务实女士……

另外，提请读者注意以下事件。在这场危机事件中，或者

图18-19 瑞士联邦委员、财政部长卡琳·凯勒－苏特（Karin Keller-Sutter）。©Schweizerische Bundeskanzlei / Matthieu Gafsou

说是这场政变中，可以看到瑞士财政部部长凯勒－苏特夫人果断地采取行动。这位女士不仅聪明睿智、雄心勃勃、精力充沛，而且气质优雅、容貌出众，也很冷酷无情。值得一提的是，她来自圣加仑，曾是圣加仑州政府的领导人。

凯勒－苏特在新闻发布会后说了一些不同寻常的话："这是一场商业交易，而非紧急财政救援。"是的，对瑞银集团来说，这的确是一笔不错的商业交易。这一点是可以确定的。因此，让我们务实地看待事情积极的一面。但笔者也想评论一下凯勒－苏特夫人有趣的思维模式。

现在，中国读者对瑞士的历史，特别是瑞士金融史有很多了解。读者们知道圣加仑在瑞士金融史上扮演着非常特殊的角色。凯勒－苏特夫人的观点典型地体现出商人之都圣加仑的重商主义。在圣加仑领导人看来，商业利益高于国家利益。早在19世纪初，现代圣加仑州的创始人卡尔·穆勒－弗里德伯格（Karl Müller-Friedberg）就建议瑞士联邦抛弃提契诺州，因为这符合纺织业的利益。（圣加仑是纺织业的中心地带）。这是一种圣加仑式的思维方式。凯勒 – 苏特夫人说，强制性将瑞士信贷低价卖给瑞银集团是一笔商业交易，她的话非常具有圣加仑特色。

这笔交易难道不是托根堡圣加仑银行（托根堡是圣加仑州的一个农村地区）后来实施的报复，该银行是瑞银集团的前身，而瑞士信贷精致的绅士们总是看不起它？谁知道呢？其中可能有某种讽刺命运的东西吧。

如果在新银行实体的名称中没有保留瑞士信贷的名字，也就是说这家银行如果没有像法国巴黎银行（BNP-Paribas）或摩根大通（JP Morgan-Chase）一样，被称为瑞银 – 瑞士信贷（UBS-Credit Suisse），那么笔者会倾向于相信，确实存在这样一种报复。

凯勒 – 苏特女士还说："我们没有受到任何压力。"这真引人发笑。谁会相信呢？但谁知道呢，也许她说的是事实。在这种情况下，这意味着他们没有受到压力，因为他们自发地做了强权美国想要的事情。因此，没有必要对一个预知美国愿望而遵从的人施加压力。

总之，表示遗憾是毫无意义的。现在，瑞士信贷已经成为历史。瑞士及其金融中心的历史仍在继续。"戏照演，唯前行，不休止。"

瑞信已逝，瑞银万岁！

与此同时，瑞银高管的更迭……

我们看到，瑞士联合银行与瑞士银行公司合并后，来自瑞士银行公司的马塞尔·奥斯佩尔仍然担任首席执行官，但来自瑞士联合银行并已成为新银行董事长的马蒂斯·卡比亚拉维塔[①]因他负责的 LTCM 破产事件而被迫辞职，后由亚历克斯·克劳尔博士临时接替了他的职位。克劳尔博士是瑞士银行公司的董事，也是诺华公司的董事长兼首席执行官，他来自巴塞尔，备受尊敬，行事谨慎。

但是在两年半之后的 2001 年，奥斯佩尔担任董事会主席，大权独揽，一直干到 2008 年辞职。他任命自己的心腹之人担任首席执行官：首先是彼得·沃夫利（Peter Wuffli）[②]，然后在沃夫利因狄龙瑞德[③]破产而辞职后，又任命了马塞尔·罗纳（Marcel Rohner）。

关于马塞尔·奥斯佩尔是如何在瑞银集团巩固自己权力的可以写一本书了。在瑞银帝国内，奥斯佩尔会把男爵、伯爵或公爵封号赐给不同的人，以此来奖赏对他忠诚的人。关于这

---

① 马蒂斯·卡比亚拉维塔的职业生涯并没有就此结束，他现在是黑石的领导人之一。因此，他没什么可抱怨的。

② 有趣的是，彼得·沃夫利是瑞士信贷首席执行官海因茨·沃夫利的儿子，他父亲在 40 多年前（1977 年）因基亚索丑闻而辞职。

③ 一家著名的美国投行，1997 年被瑞士银行公司收购，合并后成为瑞银集团的子公司。

方面的书①已经出版了，写得非常好，值得一读。

马塞尔·奥斯佩尔倒台后，他的密友彼得·库雷尔临时接替了他的位置。库雷尔是一名商业律师，可能能够帮助马塞尔·奥斯佩尔避免许多不幸的后果。

然后，在 2009 年，瑞士联邦前主席卡斯帕·维利格（Kaspar Villiger）当选瑞银集团的董事会主席②，任期至 2012 年 5 月 3 日。在

图18-20　曾经的瑞士联邦主席、2009—2012 年的瑞银集团董事长主席卡斯帕·维利格（Kaspar Villiger）

这段时期内，瑞银集团获得了 650 亿资金，来摆脱破产危机。它需要一个公众人物来告诉世界，瑞银集团大而不倒，瑞士联邦保证其永续经营。在此之后，瑞银集团不仅全额偿还了国家提供的贷款的利息和本金，而且还因为暂时缺乏流动性的次贷资产后来可以出售获利，国家从中获得了巨额利润。因此，对

---

①　Dirk Schütz, Das Sytem Ospel. A biography of Marcel Ospel. Verlag Bilanz, Zurich, 2007

②　对有些读者来说，前政府总统成为银行董事长似乎很令人惊讶。在瑞士，前总统或部长被选入瑞士大公司董事会是司空常见的现象。瑞士社会完全接受，甚至被认为是一种荣誉，因为在瑞士，商界通常高于政界。同时，这也是对政治家良好服务的奖励，让他 / 她有机会在退休后通过担任雀巢集团或瑞士大型银行的董事获得不菲的收入，而他 / 她在政府经验也可以对公司有帮助。

于瑞士的公共财政来说，这实际上是一项非常有利可图的操作。

外国势力在瑞士的影子

阿克塞尔·A. 韦伯（Axel A. Weber）接替卡斯帕·维利格担任瑞银集团董事会主席。韦伯肯定不算是一位自负的人物。他看起来也不像。但他也不算是真正的银行高管。他是一位来自德国的经济学教授和高级公务员，持欧洲主义和全球主义观点，以致力于美国构想的欧洲和全球治理事业而著称。让我们评判一下：他曾担任德国央行（Bundesbank）的主席，这个履历对担任大型商业银行负责人的业务和职责没有太大帮助。从 2004 年到 2011 年，韦伯是欧洲央行理事会的成员。自 2012 年以来，他一直是三十人集团（即 G30）的成员。G30 是一个由金融家和学者组成的私人国际组织，发布有关监管大型国际金融机构等方面的建议。这个非常强大的智囊团是由洛克菲勒基金会创建的，前美联储主席保罗·沃尔克（Paul Volker）担任名誉主席。因此，G30 是一个致力于在世界范围内宣扬美国金融影响力的机构，他们认为，欧盟和瑞士应纳入美国超级大国的保护伞下。阿克塞尔·A. 韦伯年轻的时候，加入了德国精英组织大西洋之桥（即 Atlantik-

图 18-21　阿克塞尔·A. 韦伯（Axel A. Weber）2013 年上任瑞银集团董事长

Brücke）的青年领袖计划，该组织负责挑选完全致力于在德国境内推广美国利益的精英。阿克塞尔·A.韦伯也是三边委员会的成员。该组织于1973年由兹比格涅夫·布热津斯基（Zbigniew Brzezinski）创立，目的是在美国、日本和欧洲的最高决策层、商业和政治精英之间建立永久联盟，以加强美国的世界霸权。当然，韦伯教授也是包括中国在内的多个国家顶级银行协会的顾问委员会成员。这并不奇怪，因为这样的人物参与高水平的国际公关是很正常的，在某些情况下他也只是仪式性的参与。但重要的是，他最积极参与的组织，比如G30，其宗旨明确是为了促进和服务于美国的利益。

出人意料的是，他却被任命为世界上最大商业银行之一的负责人。人们应该记得，该银行刚刚摆脱了一场严重的危机。在阿克塞尔·A.韦伯教授担任董事会主席期间，瑞银集团的业绩表现良好。但不能说这是他的管理能力使然，而更多地归功于新任首席执行官塞尔吉奥·埃尔莫蒂（Sergio Ermotti）的管理能力。最重要的原因是，在2008年的金融危机之后，瑞银集团决定大幅削减投行的高风险业务。

那么，阿克塞尔·A.韦伯的任务是什么？某种金融机构可能有隐蔽的意图，要把中立国家瑞士纳入欧盟体系，特别是纳入北约体系，这不符合瑞士中立国的立场，但反映出了美国的主导影响。瑞士输掉了瑞士银行与美国势力之间的战争，其结果是瑞士银行和瑞士银行系统过度美国化，尤其不幸的是，伴随而来的是美国过度施压，导致在某些问题上瑞士政治与美国意愿保持一致。瑞银集团由阿克塞尔·A.韦伯担任主席，无论他的私人身份多么令人尊敬，似乎都证实了这种趋势的存在。

在阿克塞尔·A.韦伯担任瑞银集团董事会主席期间，他积极推动瑞银集团与瑞士信贷合并，他认为这将是帮助瑞士信贷摆脱困境的良好解决方案。这个名为"信号行动"[①]的方案虽然于 2020 年在媒体进行了大肆讨论，但在阿克塞尔·A.韦伯教授担任董事会主席期间并未实现。然而，这个想法终归来自他，最终在 2023 年 3 月 19 日完全实现了，因此，我们不要低估这位先生的政治影响力。

2022 年底，韦伯教授宣布他将根据银行章程卸任，该章程规定任期最长为 10 年，科尔姆·凯莱赫（Colm Kelleher）被任命为他的继任者，于 2023 年 4 月 6 日上任。64 岁的科尔姆·凯莱赫是一位爱尔兰天主教徒，学过历史和哲学，曾在摩根士丹利工作过 30 年。值得一提的是，科尔姆·凯勒赫和布拉迪·杜根一样，也是约翰·麦克培养出来的人才。

科尔姆·凯勒赫受过高等教育，是一位经验丰富的摩根士丹利银行家。从专业角度看，他可能是保持瑞银集团在全球投行联盟中的领先地位的最佳选择。他比阿克塞尔·韦伯更有

---

① https://www.finews.com/news/english-news/44106-ubs-credit-suisse-consolidation-axel-weber-urs-rohner-merger-wealth-management and here：https://insideparadeplatz.ch/2020/09/14/projekt-signal-axel-weber-plant-ubs-cs-fusion/

资格做这件事。我们只有一个担心，希望这个担心不会成为现实：记得在约翰·麦克的时代有很多关于瑞士信贷和德意志银行合并的讨论，而约翰·麦克是科尔姆·凯莱赫的导师。我们希望未来瑞银集团不

图 18-22　2023 年瑞银集团董事长科尔姆·凯莱赫（Colm Kelleher）©DR

会与德意志银行合并，一旦合并，这将在北约战争背景下创造一个巨大银行，对瑞士施加过高压力，并迫使瑞士放弃其中立地位，参与世界事务，并且总是站在美国这一边。

在这个节点，很难说会发生什么。德意志银行有可能在未来也会陷入动荡。德意志银行的情况比瑞士信贷要糟糕得多。因此，不确定是否有可能将其与其他银行合并。德意志银行的倒闭也有可能会引发普遍的金融崩溃。如果是这样的话，也许回过头来人们会感谢卡琳·凯勒 – 萨特，因为她发动了一场被称为"商业交易"的政变，并强迫瑞银集团收购了瑞士信贷。在这种情况下，新瑞银集团可能是唯一一家在金融大崩溃中幸存的大型瑞士银行。请拭目以待……

第十九章 ：

走向新的平衡

首先，我们希望本书能够阐明瑞士源远流长而丰富多彩的金融传统。瑞士虽然是个小国，但是外国人很难真正理解其根深叶茂的文化传统。瑞士的商人、金融家和银行家向意大利（意大利本身可能也向中国借了钱）、德国、法国、英国和美国等其他国家借了很多钱。这些人甚至与中国保持了几个世纪的贸易关系（例如，16世纪末日内瓦弗朗西斯科·图雷蒂尼的大丝绸精品店）。他们总是把从别人那里学到的东西融入自己的传统中，从而整合成属于他们自己的新东西。不过最后出现了一个小插曲：瑞士满怀征服美国金融界的雄心，广泛参与了美国的金融活动，但最终其所遇到的对手实际上是一个充满敌意的美国，美国发动了长达三十年的战争，让瑞士损失惨重。

其次，我们希望证明，瑞士作为金融中心已领先于世界，以致它在许多竞争对手眼中是不受欢迎的，并试图对它进行报复。

最后，瑞士作为一个资源匮乏、不临海、没有奉行帝国主

义或殖民扩张的小国，却以其在工业和金融领域的卓越表现让
世界信服。凭借实施独特的银行保密制度的高明和机智，瑞士
在世界上有举足轻重的地位。瑞士银行家凭借几乎令人难以置
信的顽强精神，能够排除万难保持这一优势，并顶住来自大国
的压力，使瑞士在第二次世界大战后成为全球头号跨境基金管
理中心。盎格鲁撒克逊列强从不接受瑞士的这种领先地位，他
们精心准备实施报复行动，并对瑞士金融中心发动了战争，我
们已经描述过该战争的主要情节。这本书展现的事实不言而喻。

　　显然，在与美国的战争中瑞士战败了。这很容易让人想起
1515 年瑞士在马里尼昂战役中的失败，当时瑞士不得不放弃
成为欧洲军事强国的雄心壮志，连续几个世纪进入了另一种状
态，并最终在 1815 年宣布中立。

　　如今，在不得不承认银行保密制度战的失败之后，瑞士的
金融力量正在寻求一种新的平衡。我们必须意识到瑞银集团在
瑞士事务中的压倒性优势，因为让·齐格勒（Jean Ziegler）观
察到瑞士政府听命于银行，他是对的。当然，政府也听命于药
业集团（诺华和罗氏），但银行，尤其是像现在这样合并成一
个独特的瑞银集团，在瑞士具有决定性作用。简单地说，瑞银
集团和瑞士信贷已经成为美国势力在瑞士的特洛伊木马，因为
它们的大部分业务都是在美国市场进行的。它们合并后，美
国势力对瑞士施加压力将更加容易，因为只需要打一个电话
（给瑞银集团），而不是两个（给瑞银集团和瑞士信贷）。最近

的俄乌战争证实了这一政治后果。

起初，瑞士联邦决定谨慎地保持中立立场。但在瑞银集团和瑞士信贷的压力下，被迫改变了立场。这就是瑞士放弃中立的实际原因，此举取悦了美国总统乔·拜登，却让海外华商感到深忧。俄罗斯政府则将瑞士排在敌对国家名单的第三位。每个人都应该清楚事情的真相。

然而，正如笔者向海外中国客户和朋友所解释的那样，这一政治错误令人震惊，但可能仅仅是瑞士历史上的一个例外情况。根据民意调查，89% 的瑞士人赞成中立，因此瑞士最终将回归到更传统的中立政策上来。

曾几何时，在外国干涉下，瑞士政府和议会被迫同意从国民财产中拿出 70 亿瑞郎捐给团结基金，但在政治上未能实现。因此，瑞士政治体系内部存在一些纠偏机制，会在面临失衡风险时，重新建立平衡。

现在，由 7 人组成的瑞士联邦委员会拒绝支持联邦委员伊格纳齐奥·卡西斯的计划。他计划重新定义中立，称之为"合作中立"。这是一个好兆头。现在，爱国的瑞士人民党（UDC）① 刚刚发起了一项新的政治倡议，要求恢复永久的武装中立，瑞士人民将对此进行投票表决。这项倡议将有助于重新建立更为合理的平衡，希望瑞士人民会投票支持这一倡议，

① UDC 全称 Union Democratique du Centre（Swiss People's Party），译为中央民主联盟（瑞士人民党），是一个瑞士右派政党，为瑞士最大的政党。——译者注

反对政治家的个人意愿。

惊喜！瑞士仍然稳坐全球跨境金融、资产和财富管理中心的头把交椅

如果看一下金融市场，就会发现瑞士在全球资产管理市场的份额为27.5%[1]，管理的资产约为2.4[2]或2.6[3]万亿欧元，瑞士仍然是跨境财富管理的全球领导者。这是必须注意到的事实。这表明，尽管失去了银行保密制度，瑞士仍然吸引着来自世界各地的资金。因此，这证实了银行保密制度是一个明智的策略，它将瑞士推向财富管理的世界领先地位，一旦达到这一地位，即使没有银行保密制度，瑞士也有能力保持优势。

这也意味着30年的反瑞士战争并没有达到取代瑞士金融中心的目标。瑞银集团成功躲过次贷危机，甚至为国家带来了巨额利润。因此，瑞士仍然是金融领域的世界领导者，其金融基础非常坚实。

这是一个非常积极的信号，因为它显示了瑞士作为世界金融中心的强劲韧性。

---

① 根据2019年6月瑞士银行数据。

② 根据2021年10月德勤公司的数据。

③ 根据波士顿咨询集团的一份题为"2021年全球财富：客户何时领先"的研究报告。

21世纪要选择新道路、新方向吗

然而，如何重塑自我也是一个值得反思的问题。在瑞士的历史上，瑞士人总会敏锐地尝试一切可能的方法。不过并非所有的尝试都会成功。瑞士不会浪费时间做无用功，但会一如既往地探索新构想，并尽可能使其行之有效。瑞士人对巧克力、纺织机、蒸汽机车、轮船发动机和手表等就是这么做的。巧克力、纺织机、蒸汽机车和手表都不是瑞士发明的。巧克力来自非洲，纺织机和蒸汽机车是英国发明的，轮船发动机是德国发明的，手表是意大利和法国发明的。但是瑞士人把这些创新引进到自己国家，并加以完善，瑞士便成了巧克力、纺织机械、蒸汽机车、船舶发动机和手表的全球行业领导者。针对金融科技、加密货币和金融界的其他革新，瑞士人也会这么做的。

加密谷、数字金融、影响力投资和小额信贷

在所有这些引领潮流的领域，瑞士做了很多尝试来进行自我定位。瑞士政府对数字资产持积极态度，不断规范和改善其法律框架。瑞士在影响力金融、小额信贷等方面拥有同样的雄心壮志。尽管并不是每个人都热衷于此，但这确是当下非常时兴的领域。可以肯定的是，在瑞士有许多公司、机构和智库在从事这些领域的工作。因为瑞士致力于在这些领域设定标准，

对于所有对此感兴趣的人来说，瑞士也是值得一去的地方。

在加密货币领域，瑞士甚至开创了"加密谷"的概念。楚格州授权公民可以用加密货币纳税。让我们拭目以待，密切关注这些演变。

目前，加密币还真可以与 18 世纪纸币的新概念相提并论。就像我们在约翰·劳计划（也被称为密西西比系统）中看到的那样，加密币也产生了巨型泡沫经济。这种投机能使人一夜暴富，也能让人瞬间一无所有。很多人都毁于一旦。加密币也是如此，有人会因此大赚一笔，有人会输得很惨。但最终，可能在20年到30年后，这个体系会稳定下来。正如我们前文所见，由于拿破仑、佩雷戈、霍廷格和一些瑞士人的作用，以及法兰

图 19-1　全球首个加密谷楚格州（Zug）© Roland Zumbüh

西银行的创建，纸币体系慢慢稳定下来。加密币也可能会经历同样的过程。

与此同时，如果那些以加密币发家致富的人足够聪明的话，就会明白，他们最好拿出所赚利润的一半，以更传统的方式进行投资，把新财富存入认真谨慎的瑞士私人银行。

图 19-2　实物黄金背景下的数字黄金比特币（Bitcoin）

自我批评和创新思维的必要性

银行保密制度让瑞士银行家轻轻松松赚到了钱。他们却忘记了在国内发展投资银行业务，而是参与了一场孤注一掷的国际竞赛，成了高盛银行等的全球大型竞争对手。而实际上与瑞士实业

图 19-3　座落在瑞士加密谷之一卢加诺市的区块链标志 © GSW 旅游公司

一起脚踏实地地开展并购发展壮大才是更明智的做法。创建一个新的市场也可以弥补零售银行业务不再盈利的局面。

人们也可以在中国和瑞士之间开展跨境并购业务。我们只

需想想中国化工对瑞士先正达的巨额收购，就知道这儿有一个巨大的市场亟待开发。不仅是中国公司收购瑞士公司，也可以是瑞士公司收购中国公司。中瑞之间也可以建立更紧密的联盟关系。

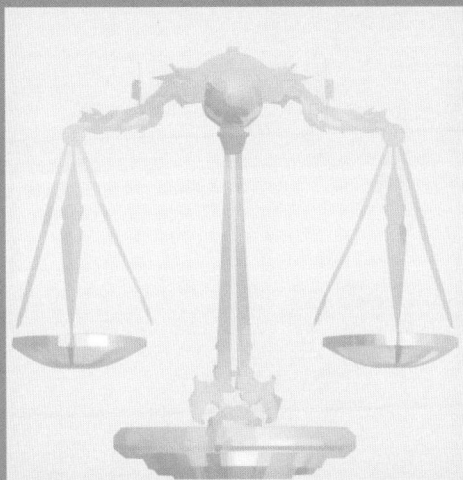

第二十章 :

中瑞金融合作与前景

未来在东方：与中国建立特定关系的必要性

瑞士和中国的金融体系之间存在着协同效应和互补性。两国合作具备有利的外部环境。尽管最近瑞士外交政策出现了令人遗憾的失误，但瑞士和中国之间依然保持良好的外交和商贸关系，这仍然是发展两国贸易关系的基础。瑞士是比纽交所更好的上市地点，中国大型企业在瑞士上市是两国一个完美的合作。

证券交易恒等性地位的认可

我们从最近发生的一件事中可以认识到瑞士股票市场的重要地位以及它对中国公司来说所具有的巨大潜力。瑞士与欧盟的关系一直难以处理。瑞士人在几次全民投票中已经排除了加入欧盟的可能性。但欧盟领导人一直试图迫使瑞士达成一项机制性协议，以使瑞士同意将其政治和立法主权置于欧盟控制的机制之下。他们试图对瑞士实施托管统治，三十年来，瑞士人一直在努力抵制这种征服他们的企图。瑞士希望和谐发展与欧盟之间的关系，但不愿意被自大傲慢和专横跋扈的外国势力所摆布。所以，因为主权问题，双方关系一直不平坦。

2014年2月9日，瑞士直接民主制度下的一次公民投票[①]引发了瑞士与布鲁塞尔之间的冲突。当时瑞士人正在遭受大规模移民带来的不良后果，于是他们决定对此进行主权管制。此举惹怒了布鲁塞尔的官僚机构，他们认为欧洲大陆上任何国家都无权在移民领域实行自治政策，即使瑞士这种不属于欧盟的第三国也不行。就是从那时起，欧盟领导人认为是时候惩罚这个小国了，或者至少要给它一个教训。欧盟领导人想出了各种各样刻薄的报复方式。他们拒绝瑞士学生参加欧洲的学生交流项目，这是一种非常不厚道和狭隘的报复行为，绝非出自双赢。

与此同时，欧洲委员会仍坚持要求瑞士签署一项"机制性框架协议方案"，其中包括一些与瑞士主权以及保护瑞士劳工免受社会倾销相抵触的内容。布鲁塞尔想要强加的内容在瑞士国内政治辩论中引起了强烈的抗议，瑞士政界的左翼和右翼都

---

① 2014年2月9日，瑞士公民以50.3%的赞成票通过了"反对大规模移民"的公投，决定对在瑞士工作生活的欧盟公民人数设定上限。目前在瑞士的外国居民是本国居民的20%以上，即160万人口以上为外籍人士。——译者注

持反对态度。这就是为什么瑞士政治领导人对承诺实现布鲁塞尔要求的框架协议草案犹豫不决。欧洲委员会对瑞士行动缓慢和缺乏进展感到失望，认为要让瑞士低头，就必须狠狠打击其经济。他们认为不再承认瑞士 SIX 股票交易所①的交易恒等性地位，就会迫使它屈服。为此，2019 年 6 月 17 日，欧盟专员约翰内斯·哈恩（Johannes Hahn）以非常不客气的语气，给瑞士联邦主席写了一封信，宣布将于 6 月 30 日撤销瑞士股票市场在欧盟的恒等性地位。该信明确指出，采取这一措施是为了敦促瑞士当局迅速签署框架协议。

　　瑞士股票交易所获得欧盟临时授予的交易恒等，有效期至 2019 年 6 月 30 日。股票交易恒等认可是一种促进欧洲所有重

图 20-1　瑞士新证交所大楼（建于 1987—1991 年）©lkiwaner

---

① 参见 https://www.six-group.com/en/products-services/the-swiss-stock-exchange.html。

要金融市场股票交易的机制，前提是这些市场达到某些优秀标准，当然瑞士股票交易所完全符合这些标准。因此，拒绝承认瑞士股票市场的交易恒等是恶意满满的行为，意图严重损害瑞士交易所的利益，使其从根本上丧失地位，直至瑞士政府彻底交出瑞士的政治自决权。换句话说，这仍然是敲诈，但达到了一个新的高度。要么瑞士服从框架协议，放弃主权，要么欧盟通过禁止欧洲投资者在瑞士交易来抵制瑞士股市。

但这一次，他们惊讶地发现，瑞士竟然已经准备好了防御和反制措施。瑞士拟定了一项名为"保护瑞士证券交易所基础设施的措施（Measure to protect Swiss stock exchange infrastructure）"的法令，并使其立即生效[①]。这实际上是一个非常简单的措施。如果欧盟公司的股票不能再在瑞士交易所的股票市场上购买，那么来自瑞士以外的欧盟国家投资者，如果想购买瑞士公司的股票，将不再有机会在瑞士以外的股票市场（例如法兰克福、巴黎或布鲁塞尔的股票交易市场）购买。他们将不得不完全直接从瑞士交易所购买瑞士证券，而不再像以前那样，通过另一个欧洲证券市场的等价系统购买。

很明显，国际投资者和经营者不会放弃大型瑞士公司的股票交易，例如，ABB、奇华顿、嘉能可、拉法基豪瑞、龙沙、

---

① 这项法令可以从瑞士政府网站上看到，网址是 https://www.sif.admin.ch/sif/en/home/finanzmarktpolitik/meuasure–protect–swiss–stock–exchange–infrastructure.html。

雀巢、诺华、历峰、罗氏、瑞银、苏黎世保险、瑞士通用公证行（SGS）、西卡、苏尔寿、斯沃琪集团、瑞士再保险等。因此，该措施的直接效果是瑞士证券交易所的交易量大幅增加，自那以后，该交易所获得了惊人的利润。欧盟的要挟产生了适得其反的效果。

这一事件说明了非常重要的一点：瑞士是一个小国，但却是一个金融强国，因此不可能把这样重要的一个金融市场逼的无路可走。这就像试图把石油和天然气大国俄罗斯逼入绝境一样。这很荒谬，效果适得其反。这对于瑞士和中国在金融领域的合作有着直接而明显的影响。

中瑞股票市场互联互通机制：中瑞通

中美政治关系紧张和瑞士与欧盟的合作关系不佳促成了中瑞两国政府建立中国 – 瑞士股票通机制（简称"中瑞通"），允许中国上市大公司以全球存托凭证（GDR）形式在瑞士交易所再次上市，这取代了以前的美国存托凭证（ADR）。越来越多的中国大型企业准备通过中瑞通实现国际化。

从 2022 年 7 月 28 日首批 4 家中国企业在瑞士上市到 2022 年年底，已经有 9 家中国大型企业通过中瑞通在海外市场融资，而不是选择在纽约证券交易所或其他海外市场上市。在不到一年的时间里，约有 40 多家中国企业正在排队通过瑞士上市来发行 GDR。在此之前，没有一家中国公司在瑞士证券交易所上市。

反思关键要素

瑞士是一个中立的国家，其货币稳定，市场监管高效。瑞士金融中心管理着全球大约 30% 的跨境资金，拥有庞大的国际机构投资者。瑞士银行业在融资能力、投资能力以及跨境资产管理方面都是全球领先者。

瑞士证券交易所是欧洲第三大证券交易所，也是欧洲最开放和流动性最强的交易所之一。它是由苏黎世、巴塞尔和日内瓦三个有百年历史的证券交易所合并而成的。在瑞交所上市的公司中，外国公司占 25%，这一比例几乎与伦敦交易所相同，超过了法兰克福交易所。

根据笔者对瑞士和中国金融市场的深入了解和专业交流情况来看，目前中国公司在其他海外市场上市相对困难，尤其是在美国。就目前而言，在瑞士上市的中国公司有中国政府的政策支持，是一个相对安全的新融资渠道。就融资速度而言，瑞士上市的整体审批时间基本在一个半月到两个月之间，整个上市过程最短三个月，最长六个月，与其他市场相比，时间短，效率高。

综上所述，通过强化当前 A 股上市公司赴海外再次上市的热潮，瑞士与中国实业和金融业之间存在着良好的合作历史机遇。当中国企业需要布局海外业务时，将需要融资。中瑞通顺应潮流，为中国实业海外上市提供便利，进一步发展势在必行。

制衡霸主势力

从地缘政治角度来看，这样的发展对中瑞两国是互利的，也可以平衡美国对瑞士的影响。瑞士需要与霸主势力相抗衡的力量，以能够实践其平衡其他国家之间利益的传统政策。美国不应该成为对瑞士决策者所考虑的唯一经济大国。总之，加强中国公司在瑞士交易所上市的合作是目前两国在金融领域合作共赢的重要机会。

结语

中国和瑞士的金融故事形成了有趣的对比。中国金融在中央集权政府的领导下，作为庞大帝国的一部分发展起来。瑞士金融是从复杂的迷你团体网络中发展起来的，每个团体都有自己的金融特性和传统，但在典型瑞士精神的指引下，这些细小的微观金融文化找到了彼此间的共生合作关系。这种文化多样性，这种深藏不露的专业技能，最终造就了一个世界金融帝国。正是中国和瑞士在金融领域的两种文化和传统之间的惊人差异，使得这两个国家以及两国的金融体系具有互补性，并将在未来实现富有成效的双赢合作。

近年来，中瑞经贸合作保持高速和高质量发展，金融领域合作势头良好。两国继续举行高质量的金融合作对话。中国和瑞士在资本市场、资产和财富管理、大宗商品市场、自由贸易等领域有着广阔的合作空间。中国银行业协会与瑞士银行家协会于 2014 年建立了双边合作机制，已成功举办五轮金融圆桌论坛。中瑞金融合作前景广阔。

在回顾了瑞士和中国金融中心那些鲜为人知的故事之后，我们意识到这两个国家，巨大的中国和小小的瑞士都不得不经历许多困难和逆境才发展起来。当你读到瑞士始于微末却终于创建世界金融强国的迷人故事时，再与中国辉煌灿烂的经济史长河中的串串珍珠相比，你会惊奇地感受到，在相距如此遥远的两个国家，所发生的事件之间好像有着神秘的对应关系，就像音乐中的对位。

有朋自远方来，不亦乐乎！

参考文献

[1] Adams, Henry: The life of Albert Gallatin, Philadelphia, 1880.

[2] Ammann, Hektor: Die Anfänge der Leinenindustrie des Bodenseegebietes und der Ostschweiz Zeitschrift für schweizerische Geschichte, 1943.

[3] Ammann, Hektor: Die Diesbach-Watt Gesellschaft : ein Beitrag zur Handelsgeschichte des 15. Jahrhunderts St. Gallen : Fehr'sche Buchhandlung, 1928.

[4] Ammann, Hektor: Die Zurzacher Messen im Mittelalter, Nachrichten des schweizerischen Burgenvereins, Basel, 1978.

[5] Ammann, Hektor: Nachträge zur Geschichte der Zurzacher Messen im Mittelalter, Argovia, Jahresschrift der historischen Gesellschaft des Kantons Aargau, 1936.

[6] Arnoux, Patrick Olivier: La place bancaire genevoise : passé, présent, futur / Patrick Olivier Arnoux, Berne ; Stuttgart ; Wien : P. Haupt, 1996.

[7] D'Aroma, Antonio: Banques et banquiers à Bâle [Basle] /

Revue internationale d'histoire de la banque 22/23, 1981, p. 145–161.

[8] Aubert, Maurice: Le secret bancaire suisse. La Suisse et les autres états. Editeur: banque Hentsch, Genève, 1975. First draft of this standard work on the subject, which was constantly revised, augmented and republished.

[9] Aubert, Maurice: Le secret bancaire suisse. Droit privé, pénal, administratif, fiscal, procédure. Entraide et conventions internationales. Stämpfli Verlag, Berne, 1982.

[10] Aubert, Maurice: Le secret bancaire suisse: portée générale et évolution. Fondation Genève place financière, Geneva, 1997.

[11] Bauer, Hans: la Société de Banque Suisse, der Schweizerischer Bankverein, 1872–1972, publisher Swiss Bank Corporation, Basle. This work has been completed by Peter Rogge for the 25 following years.

[12] Bauman, Claude: Robert Holzach, ein schweizer Bankier und seiner Zeit (a biography of Dr Robert Holzach, with a preface of Dr Henry Kissinger), Verlag Neue Zürcher Zeitung, Zurich, 2014.

[13] Bergier, Jean-François: Genève et l'économie européenne de la Renaissance, 1963.

[14] Bergier, Jean-François: Histoire économique de la Suisse, Payot Lausanne, 1983.

[15] Bieri, Ernst ; Holenstein, Peter; Völk, Karl: Eine Bank und

Ihre Familie, eine Familie und ihre Bank, 1890–1990 / Bank Julius Bär, Zürich ; Zürich : Bank Julius Bär, 1990.

[16] Blum, Georges: Société de Banque Suisse – Union de Banques Suisses, La vérité et le pourquoi de cette fusion, Editions Favre, Lausanne, 2015.

[17] Cassis, Youssef, und Tanner, Jakob: Banken und Kredit in der Schweiz, Banques et crédit en Suisse : (1850–1930). Youssef Cassis, Jakob Tanner (Hg.) Baumann, Jan-Henning ; Cassis, Youssef (1952–) ; Decurtins, Daniela ; Grossmann, Susi ; Guex, Sébastien ; Hiler, David ; Marguerat, Philippe (1941–) ; Mazbouri, Malik (1963–) ; Paquier, Serge (1960–) ; Perrenoud, Marc (1956–) ; Ruggia, Luciano ; Ruoss, Eveline (1956–) ; Siegenthaler, Hansjörg (1933–) ; Tanner, Jakob (1950–) Zürich : Chronos-Verlag, 1993.

[18] Cassis, Youssef: Le Crédit lyonnais en Suisse, 1876–2001 / [Youssef Cassis] Genève : Crédit lyonnais (Suisse), 2001.

[19] Cassis, Youssef: Debrunner, Fabienne. Les élites bancaires suisses, 1880–1960 / Schweizerische Zeitschrift für Geschichte 40, 1990, p. 259–273.

[20] Charguéraud, Marc-André: La Suisse lynchée par l'Amérique. Lettre ouverte au juge fédéral américain Korman. 1998–2004, préface de Franz Blankart, éditions Labor et Fides.

[21] Darier & Cie: Darier & Cie, banquiers: 1837–1987, cent cinquante ans de vie genevoise Genève : 1987.

[22] Dubois, Hervé: Faszination WIR : resistent gegen Krisen, Spekulationen und Profitgier / Lenzburg : Faro, 2014.

[23] Friedländer, Ueli: Medaillen und Allianzjetons zum kaiserlichen Adelsbrief 1578 der St. Galler Familie Zollikofer von Altenklingen. Article in Schweizer Münzblätter Nr 66, 2016.

[24] Gaudard, Gaston: La Banque fribourgeoise au 20e siècle, Renens, Foma édition, 1983.

[25] Gilomen, Hans-Jörg, Die städtische Schuld Berns und der Basler Rentenmarkt im XV. Jahrhundert, in Basler Zeitschrift für Geschichte und Altertumskunde, 1982.

[26] Girod de l'Ain, Gabriel: Les Thellusson, histoire d'une famille du XIVe siècle à nos jours, Neuilly-sur-Seine, 1977.

[27] Heyd, Wilhelm: Die grosse Ravensburger Gesellschaft, Cotta Stuttgart, 1890.

[28] Hiler, David; Cougnard, Jules: CEG Genève, Caisse d'épargne de la République & Canton de Genève, 1816-1991. Genève : CEG, 1991.

[29] Jung, Joseph: Von der Schweizerischen Kreditanstalt zur Credit Suisse Group : eine Bankengeschichte Zürich : NZZ-Verlag, 2000.

[30] Jung, Joseph: Rainer Gut, Die kritische Grösse, Zurich, NZZ Verlag, 2017.

[31] Jagmetti, Carlo: Alte Schatten, Neue Schatten, Zeitzeuge in den USA 1995–1997 (souvenirs of Ambassador Carlo

Jagmetti on the dormant accounts crisis). 2002, Zurich, NZZ Verlag

[32] Körner, Martin: Solidarités financières suisses au 16e s. Payot Lausanne, 1980.

[33] Körner, Martin: Anleihen, Kapitalflüsse und Zahlungsverkehr, in Das Reich und die Eidgenossenschaft 1580-1650, éd. U. Im Hof, S. Stehelin, 1986, 225–237.

[34] Körner, Martin: Europäische Sparkassengeschichte / hrsg. von der Wissenschaftsförderung der Sparkassenorganisation Körner, Stuttgart : Deutscher Sparkassen-Verlag.

[35] Körner, Martin: Kreditformen und Zahlungsverkehr im spätmittelalterlichen und frühneuzeitlichen Luzern, in Scripta mercaturae, 1987, 116–157.

[36] Körner, Martin: Banken und Versicherungen im Kanton Luzern vom ausgehenden Ancien Régime bis zum Ersten Weltkrieg. Strukturen, Wachstum, Konjunkturen, Luzern-Stuttgart 1987.

[37] Körner, Martin: Kawerschen, Lombarden und die Anfänge des Kreditwesens in Luzern, in: Hochfinanz, Wirtschaftsräume, Innovationen. Festschrift für Wolfgang von Stromer, Bd. 1, Trier 1987, S. 245–268.

[38] Körner, Martin: Kreditformen und Zahlungsverkehr im spätmittelalterlichen und frühneuzeitlichen Luzern, in: Scripta mercaturae 21 (1987), S. 116-157.

[39] Körner, Martin: Luzerner Staatsfinanzen 1415–1798:

Strukturen, Wachstum, Konjunkturen, S. 44–99. Luzern; Stuttgart: Rex-Verlag, 1981.

[40] Körner, Martin: Banques publiques et banquiers privés dans la Suisse préindustrielle: administration, fonctionnement et rôle économique. Atti della Società Ligure di Storia Patria (1947) 31, 1991, p. 879–892.

[41] Labhardt, Robert: Kapital und Moral Christoph Merian - Eine Biografie, Basel, Christoph Merian Verlag, 2011.

[42] Mazbouri, Malik: L'émergence de la place financière suisse (1890 – 1913), Antipodes, Lausanne, 2005.

[43] Mazbouri, Malik: Les trois changements d'état de Léopold Dubois (1859-1928) : analyse d'une «carrière sociale», Musée neuchâtelois sér. 4, a. 5, 1993, p. 145–177.

[44] Lüthy, Herbert: La banque protestante en France de la Révocation de l'Edit de Nantes à la Révolution. Edition originale en français (2 vol. Paris, 1959-1961). Réédition en 1999 Parution : 1999 en 3 volumes 1'138 pages au total aux EHESS Editions de l'Ecole des Hautes Etudes en Sciences Sociales, Paris. Nouvelle traduction allemande, Zurich, 2005, éditions de la Neue Zürcher Zeitung 2 vol. Editeurs Urs Bitterli, Irene Riesen. Avec une préface de Jean-François Bergier.

[45] Mathiez, Albert: Le banquier Perregaux, in Annales révolutionnaires, 1919 p. 243 – 252 and 1920 p. 237 – 243.

[46] Mottet, Louis H: Regards sur l'histoire des banques et banquiers genevois, Tribune éditions, Genève, 1982.

［47］Palluel-Guillard, André: L'aigle et la Croix Genève et la Savoie 1798–1815 Cabedita, Yens-sur-Morges 1999.

［48］Peyer, Hans-Conrad: Von Handel und Bank im alten Zürich, 1968 H. C. Peyer Leinwandgewerbe und Fernhandel der Stadt Sankt Gallen von den Anfängen bis 1520, 1961 2 vol. sources: Zollikofer & Co.

［49］Peyer, Hans-Conrad: Leinwandgewerbe und Fernhandel der Stadt St. Gallen von den Anfängen bis 1520.

［50］Peyer, Hans-Conrad: Die Seidenfirma Muralt an der Sihl, (für die Familie bearbeitet von Staatsarchivar), Lausanne, Rencontre, 1966.

［51］Ramelet, Denis: La « banque protestante » trouve-t-elle son origine dans la Genève de Calvin? Revue vaudoise de généalogie et d'histoire des familles, Lausanne, 2017, pp. 15–30.

［52］Rauchhaus, Günter: Die Bank für internationalen Zahlungsausgleich und die Basler Zusammenkünfte / [Übers. der deutschen Ausg. von Maria Sonntag und Günter Rauchhaus]; Sonntag, Maria Basle : BIZ, 1980.

［53］Rogge, Peter G. ; Unold Peter: Die Dynamik des Wandels: Schweizerischer Bankverein 1872–1997 : das fünfte Vierteljahrhundert; unter Mitarb. von Peter Unold ; [hrsg. durch den Schweizerischen Bankverein anlässlich seines hundertfünfundzwanzigjährigen Bestehens] Peter. Basle, Kommissionsverlag F. Reinhardt, 1997.

［54］Rowlands, Guy: Dangerous and dishonest men: the international bankers of Louis XIV's France, Basingstoke, Palgrave Macmillan, 2015.

［55］Saager, Hansjürg und Vogt, Werner, Bruno Max Saager– Bankpionier der Nachkriegszeit, 270 Seiten, NZZ-Verlag, 2017; 44 Franken.

［56］Saint-Germain, Jacques de: Samuel Bernard, le banquier des rois. Paris, Hachette, 1960.

［57］Léon Say, Jean-Baptiste. Histoire de la caisse d'escompte (1776 à 1793), Reims 1848.

［58］W. Schnyder: Aus der Geschichte des Zürcher Seidenhandels, Zürcher Taschenbuch 1945.

［59］Schaltegger, Christoph A. (Universität Luzern) Napoleons reiche Beute. Eine aktuelle Einordnung zur Bedeutung des gestohlenen Berner Staatsschatzes von 1798, Bern, Stämpfli-Verlag publisher, 2020.

［60］Schulte, Aloys: Geschichte der großen Ravensburger Handelsgesellschaft des Mittelaters und der Neuzeit, deutsche Veralgsanstalt, 1923.

［61］Schütz, Dirk: Herr der UBS, Der unaufhaltsame Aufstieg des Marcel Ospel (eine Biografie von Marcel Ospel), Orell Füssli, Zürich, 2007.

［62］Stepczynski-Maitre, Maryvonne, Les origines [de la Caisse d'Epargne de Genève]: Une banque pour les gagne-petit / Maryvonne Maître Dossiers publics Genève 1991, n° spécial, juin, p. 4–25.

[63] Strehle, Res: Gian Trepp, Barbara Weyermann Ganz oben - 125 Jahre Schweizerische Bankgesellschaft 224 Seiten Januar 1987.

[64] Vogler, Robert U.: Das Schweizer Bankgeheimnis : Entstehung, Bedeutung, Mythos, Zürich (Postfach 6188, 8023) : Verein für Finanzgeschichte (Schweiz und Fürstentum Liechtenstein), 2005.

[65] Whatmore, Richard and Livesey, James: Étienne Clavière, Jacques-Pierre Brissot et les fondations intellectuelles de la politique des girondins, Annales historiques de la Révolution française, No 321. 2000, 1–26.

[66] Weck, Philippe de: L'évolution du système bancaire suisse. Revue économique franco-suisse (1930) 55, 1975, n° 1, p. 14-17.

[67] Weisz, Leo, Die wirtschaftliche Bedeutung der Tessiner Glaubensflüchtlinge für die deutsche Schweiz, 1958, Zürich, Verlag Berichthaus, 1958.

[68] Weisz, Leo: Studien zur Handels- und Industrie-Geschichte der Schweiz. Band 2, Verlag Neue Zürcher Zeitung, Zürich 1940.

[69] Weisz, Leo: Die Werdmüller - Schicksale eines alten Zürcher Geschlechtes. 3 Bde. Zürich 1949.

[70] Jean Ziegler: Une Suisse au dessus de tout soupçon, Paris, Seuil, first publication 1976, constantly republished since then.